心一堂彭措佛緣叢書・索達吉堪布仁波切譯著文集

因明論集

全知麥彭仁波切　　薩迦班智達根嘎嘉村　等著

索達吉堪布仁波切　漢譯

Śūnyatā

書名：因明論集
系列：心一堂彭措佛緣叢書・索達吉堪布仁波切譯著文集
原著：全知麥彭仁波切　薩迦班智達根嘎嘉村　等
漢譯：索達吉堪布仁波切
責任編輯：陳劍聰

出版：心一堂有限公司
地址/門市：香港九龍尖沙咀東麼地道六十三號好時中心LG六十一室
電話號碼：(852) 6715-0840　(852) 3466-1112
傳真號碼：(852) 2214-8777
網址：www.sunyata.cc　publish.sunyata.cc
電郵：sunyatabook@gmail.com
心一堂　彭措佛緣叢書論壇：　http://bbs.sunyata.cc
心一堂　彭措佛緣閣：　　　http://buddhism.sunyata.cc
網上書店：　　　　　　　　http://book.sunyata.cc

香港及海外發行：香港聯合書刊物流有限公司
香港新界大埔汀麗路36號中華商務印刷大廈3樓
電話號碼：(852) 2150-2100
傳真號碼：(852) 2407-3062
電郵：info@suplogistics.com.hk

台灣發行：秀威資訊科技股份有限公司
地址：台灣台北市內湖區瑞光路七十六巷六十五號一樓
電話號碼：(886) 2796-3638
傳真號碼：(886) 2796-1377
網絡書店：www.govbooks.com.tw
經銷：易可數位行銷股份有限公司
地址：台灣新北市新店區寶橋路235巷6弄3號5樓
電話號碼：(886) 8911-0825
傳真號碼：(886) 8911-0801
網址：http://ecorebooks.pixnet.net/blog

中國大陸發行・零售：心一堂・彭措佛緣閣
深圳流通處：中國深圳羅湖立新路六號東門博雅負一層零零八號
電話號碼：(86) 755-82224934
北京流通處：中國北京東城區雍和宮大街四十號
心一堂官方淘寶流通處：http://sunyatacc.taobao.com/

版次：二零一三年十二月初版，平裝

定價：　港幣　　　一百四十八元正
　　　　新台幣　　四百九十八元正

國際書號 ISBN 978-988-8266-44-9

目　錄

因明論集

解義慧劍論釋科判

2

因明論集

量理寶藏論釋科判

量理寶藏論釋科判

因明論集

量理寶藏論釋科判

量理寶藏論釋科判

8

因明論集

量理寶藏論釋科判

因明論集

量理寶藏論釋科判

因明論集

量理寶藏論釋科判

因明論集

量理寶藏論釋科判

因明論集

因明論集

量理寶藏論釋科判

因明論集

因
明
論
集

量理寶藏論釋科判

因
明
論
集

因明論集

量理寶藏論釋科判

因
明
論
集

量理寶藏論釋科判

因明論集

量理寶藏論釋科判

解義慧劍

全知麥彭仁波切　著

索達吉堪布仁波切　譯

宗正盡斷過，三義無懷疑，
妙慧智寶藏，文殊尊前禮。
深廣難通曉，佛教之甘露，
何者欲品嘗，賜彼智慧光。
諸佛所說法，真實依二諦，
世間世俗諦，超凡勝義諦。
二諦之自性，無謬解慧入，
修成淨二量，勝妙之慧目。
顯現此等法，皆依緣起生，
無所觀待法，不現如空蓮。
因緣齊全故，起生果作用，
諸具果性法，皆待各自因。
故知因與果，處及非處理，
行止諸作為，宗派工巧等，
皆源彼根本，是故彼者攝，
世間之學問，出世之學處。
緣起生諸法，皆具依自體，
住不共法相，堅硬濕熱等，

名言此法爾，不可否認也。
一法由異法，建立遣餘名，
安立無邊義，以自體性住，
現量所取境。何者以反體，
假立似異法，分別識分析，
實體反體立，由此二方式，
亦了諸所知，彼廣多安立。
因果體之法，真實中觀察，
能生不可得，觀待生亦無。
雖現各自體，體性本為空，
三解脫法界，勝義之法爾。
作用觀待理，有實之法爾，
理終歸法爾，緣由無所覓。
二諦之法爾，隨同而衡量，
事勢理成故，即是證成理。
現相與實相，自體現量顯，
或依現量見，無欺比量他。
現量共有四，無誤根現量，
以及意現量，自證及瑜伽，
現彼境自相，是故無分別。
設若無現量，無因無比量，
因生彼滅等，凡現皆不容。
若爾彼空等，依於何者知？

解義慧劍

不依名言諦，不得證勝義。
五根所生識，明了受自境，
根現量彼無，如盲不覺境。
意根所生者，明斷內外境，
意現量彼無，共知法識無。
依教善修行，終明受自境，
瑜伽現量無，不見超凡境。
現量領受色，如實除增益，
自心若有彼，知彼他無窮。
故以明知體，猶如知對境，
無待而自明，此即稱自證。
依他現量受，能定現量者，
唯自證彼無，依他皆不成。
比量本現量，現量自證定，
歸不誤心受，而無餘能立。
故依離分別，不錯現量已，
於現前諸法，能除諸增益。
取境義共相，混合名能知，
是有分別識，圓行異名言。
不諳名言士，心現義共相，
依可混名念，於境行取捨。
若無分別識，破立名言無，
故比量學處，誰亦無法示。

因明論集

分別衡量證，　尋後等隱事，
分別比量無，　皆成如嬰兒。
依何能知何，　即因彼宗法，
同品異品遍，　三相全無誤。
現量所抉擇，　因中能推測，
個別隱蔽分，　依繫證所立，
果因自性因，　不得相違得，
破所破不得，　如是歸三因。
真實諸顯現，　本來等性故，
心淨見清淨，　住淨自性中。
有實依緣生，　無實依假立，
是故實無實，　自之體性空。
實相義空基，　空性無異故，
現空離說一，　各別自證知。
所有諸建立，　歸集證有是，
所有諸遮破，　無遮非遮攝。
依量破立理，　如理確定已，
他前亦合理，　能說破與立。
破者即運用，　三相自續因，
依於他承許，　以應成語破。
名言亦有二，　實現①符不符，
依於清淨見，　不淨觀現世，

解義慧劍

----

①實現：實是指實相，現是指現相。

二種名言量，　如天及人眼。
彼二之差異，　體因果用分，
似義無欺心，　如理取境生，
觀現世對境，　遣除諸增益，
盡持分位義。　廣大之智慧，
緣如法性生，　不可思議境，
遣除諸增益，　具盡所智果。
勝義有二種，　相似真實理，
能量觀勝義，　彼量亦成二。
依前而入後，　猶如患目愈，
正量明目淨，　現見淨等義。
無分別分別，　二月夢繩蛇，
有錯未錯分，　故成量非量。
若無量非量，　誤妄無誤真，
永不可分故，　宗派不容有。
真性中析已，　現量及比量，
非量如何立，　如是之戲論，
皆成體性空，　故離諸戲論，
如火之熱性，　住名言戲論。
是故現與空，　無離住萬法，
方便方便生，　遮一另不證。
不析量非量，　唯依世人見，
趣入勝義諦，　此說雖不遮，

因明論集

37

見此生彼果，世間之現量，
依之比量故，未稱不捨義。
無二名言量，淨見成虛妄，
不淨見海螺，白黃真假非。
無二勝義量，不知二諦融，
勝義墮戲邊，自我毀滅矣。
所量世俗無，能量心自證，
析無如水月，終無別一諦，
涅槃真實際，諸法究竟故，
識境無別身，智相離中邊。
如此深與廣，慧眼睜開已，
定見佛佛子，諸具大慧者，
由經之妙道，顯密乘法理，
難得誰已獲，莫令空無果。
具此四種理，具備妙慧光，
不隨他轉智，定生四法依。
不具如此慧，如盲依盲人，
為名句易了，四依成顛倒。
是故不依人，而當依正法，
由說理成道，解脫說者非。
何者若善說，說者縱如何，
如佛為化眾，幻現屠夫等。
違大乘義說，說者縱現似，

解義慧劍

38

賢善亦無益，如魔化佛陀。

聞法而思維，依義不依句，

通達所詮義，何說皆無違。

為了義欲說，命名而知彼，

復勤戲論句，如得象尋跡。

耽著詞句繁，妄念增無盡，

由此背離義，凡愚徒勞因。

用樹之一詞，境等外無止，

僅此亦知彼，名言必要已。

手指示明月，愚童視手指，

唯耽句愚者②，想知亦難知。

悟入意義時，知了不了義，

不依不了義，而當依了義。

佛陀遍知已，隨眾界根意，

猶如階之梯，宣說乘次第。

念及何用意，秘密意趣八，

依詞以量害，必要說亦有。

是故四派至，究竟金剛乘，

下未證悟分，上者明抉擇，

依教理更成，見而持了義，

天鵝水析乳③，智者遊教海。

---

②原文是唯耽句不取義之愚者，限於字數僅能省略而譯。
③天鵝水析乳：原文本是像水中析乳的天鵝之義，但限於字數只能以此表達。

甚深金剛乘，六邊四理印，
傳承竅訣伴，無垢理抉擇。
諸法本清淨，大等性雙融，
依憑二正量，抉擇之真義。
顯宗及生起，圓滿大圓理，
詞總隱究竟，無違入此要。
深得解了義，勝慧諸佛子，
持無盡法藏，教法證法幢。
實修了義時，不依隨詞語，
分別二取心，而依無二智。
有緣之本性，二取自性心，
彼緣彼虛妄，不證法性義。
緣有實無實，緣二緣非二，
如何緣亦緣，緣取是魔境，
此乃經中說。依憑何破立，
無法壞所緣，見無破立解。
離諸所能取，自然智自明，
遮諸四邊戲，此說殊勝智。
如盲前日色，凡夫前未見，
如何思不知，凡愚皆生懼。
然依真聖教，破諸邊之理，
上師竅訣力，如得目自見。
爾時得品嘗，佛法甘露味，

解義慧劍

40

百倍信喜眼，專注佛智身。
於此諸正法，究竟歸等性，
得無說確信，說無盡法藏。
精通二諦理，見二諦融義，
如為精除皮，知勤諸方便。
故佛知方便，方便稱正道，
於師彼聖教，起不退轉信。
得勝不住智，自解有寂邊，
無勤大悲心，遍及時空際。
依擇二諦理，四理而深思，
作用四法依，無垢勝因中，
甚深智慧果，普照遍一切，
印持覺性界，八種辯才開。
先前聞思義，不忘正念藏；
彼彼深廣義，盡辨智慧藏；
所有經續義，通達了悟藏；
無餘所聞義，不忘總持藏；
善說令眾生，滿足辯才藏；
妙法大寶庫，普護正法藏；
三寶之種族，不斷覺心藏；
無生等法性，得忍修行藏。
自在富不離，無盡八大藏，
佛菩薩讚歎，成三界怙主。

量因佛陀語，　依量成立故，

量道生定解，　見量語諦果。

所見極清淨，　大悲臻究竟，

善逝示道言，　我得甘露味，

願依四道理，　四依得品嘗。

分享此甘露，　然於此濁世，

由反其道致，　難嘗法妙味，

見此以淨意，　最敬教心著。

願此思所生，　無垢慧生理，

略說之善根，　眾成文殊果。

蒙文殊語日，　心蓮以信啟，

溢此善說蜜，　願善緣蜂喜。

此《解義慧劍》，我本有書寫之意，近日承蒙智者淨意幢（拉色丹畢嘉村）勸請，而於護地年三月二十九一日內，文殊歡喜（麥彭仁波切）撰寫，願吉祥！共有一百零四頌，善哉！

解義慧劍

42

量理寶藏論頌

薩迦班智達根嘎嘉村　著

索達吉堪布仁波切　譯

梵語：札瑪納耶達訥德

藏語：擦瑪熱畢得

漢語：量理寶藏論

頂禮聖者文殊童子！

具見一切所知之慧眼，具成眾生妙善之大悲，

具行無邊事業之威力，怙主文殊上師足下禮。

妙慧頂佩功德寶珠飾，二諦舌出空性毒蛇聲，

智悲目光反方無法忍，智者海嚴具德龍王勝。

雪域千萬智者之群星，雖啟法稱教典之蓮苞，

然至吾慧陽光未普照，無法明現論意之花蕊。

以慧明目如實慎重見，法稱論師所許之意趣，

具足妙慧正直以慈憫，求義他眾意樂說此論。

第一品　觀境

境之法相識所知。　設若聲稱義共相，
無現二者皆為境。　則違取彼二識誤。
若謂境有然如繩，　執著為蛇本錯亂。
執雜境有故未錯，　由境無故執蛇謬。
設若二種顯現境，　除識之外異體有，
處可見位之他人，　亦應親睹如瓶等。
若謂雖皆為外境，　然如不見軀體內，
錯亂二相恆聯己，　是故他者不得知。
內身非為可見境，　是故自己亦不見。
若謂與己常繫故，　彼二亦非可見境。
唯與自心相聯故，　縱說他者亦不解。
若謂相繫各自心，　是故言說他知彼。
二人所詮義共相，　乃互異故無法合。
若謂各自人前有，　二種心相皆雷同，
於同耽著為一體，　應用名言故不違。
自前呈現乃自境，　未曾顯現彼非境，
是故異體所取境，　焉能執著為一體？
若謂雖本是異體，　然錯亂為一境取。
執為一體錯亂故，　成立彼非所取境。
依理觀察本無有，　多數仍舊耽著境，
如以指尖指示時，　愚者誤謂見虛空。

量理寶藏論頌

44

所量唯獨一自相。若謂相違許二境。
取境式言自共相。若謂無現同所量。
彼無境之必要力，髮等相即識本身，
浮現毛髮實不成。若分析彼有實法，
存在與否乃共相。若謂二種無實法，
自證間接成立破。二顛倒識無有境，
以自證所領受故，彼等即為識自身，
無執有故乃錯覺。謂若無非自相境，
相違無實成所量。建立所說所破法，
有實無實故無違。個別論師則聲明，
外所取境智者破，識所取境此不容，
唯一所量亦非理。相異宗派各宣稱，
乃為本性自在天，主物塵識及緣起，
自宗他宗所承許。傳說阻隔不見故，
非識有依根能見。乃無情故非能見，
同時之中無相屬。雪域派說境與識，
同時即為所能取。時間同故無相屬，
無因有識誠相違。謂前剎那境為因，
同時乃是所取境。由境已生故識成，
同時之境無所需。由對境根及作意，
所產生者乃為識。食等雖是生子因，
似父母相境亦爾，是故對境有二果，
心識亦許為二相。遠離一及眾多故，

因明論集

45

外境無有相亦無。　依於世俗世共稱，
則與量立成相違。　明知俱緣因證成，
俱緣不允是他體，　若為他體因不容，
如現二月藍識同。　他遮餘邊能否定。

謂心相續同有支，　剎那猶如微塵分，
由是三剎那性故，　遠離一體及多體。

由是三剎那性故，　一剎那成不容有，
若一剎那不容有，　顯然已失三本性。

粗塵同時環繞故，　居中微塵成有分，
三時頓時不生故，　現在剎那乃無分。

現外境乃識本身，　此者顯現外無有，
習氣堅固不堅固，　能立真實與虛妄。

乃至承認有外境，　期間因稱所取境，
如若所知納入內，　境及有境別不成。

第一品終

量理寶藏論頌

第二品　觀識

識之法相即明知。由境而言成多種，
由識而言一自證，現而不定伺察意，
已決顛倒猶豫識。伺察意終不待因，
唯是立宗成猶豫，若觀待因不超越，
真因或三相似因。二具理由伺察意，
若不攝三似因中，則成第四相似因。
伺察意若非似因，則已出現第三量。
若實決定仍非量，比量亦應成非量。
若定仍未斷增益，則非能害與所害。
若謂雖然無決定，真假猶豫三不違。
無決定失伺察意，成二則難立猶豫。
或如真實伺察意，倒伺察意何非理？
許則失真伺察意，非爾前者亦同非，
模棱兩可成猶豫，設若容有壞定數。
若是倒識伺察意，亦應成量同等理。
設若無因伺察意，真實一切成真實。
若是倒因伺察意，則與意趣成相違。
知自他宗教典識，歸四識非伺察意。
設若現而不定識，非為真實之正量，
一切現量成非量，現量決定已遮故。
已決識若以理究，則已成為不悟識，

因明論集

47

顛倒識或正量識，此外他識不容有。
現量現在無分別，已決過去乃分別，
境時緣取方式違，彼二同體豈可能？
謂取種續乃現量，後知即是已決識。
種類非為現量境，所見境無已決識。
相違之故無同體，是現量故非回憶，
種類相違根對境，現見前後無差異。
若有決定非現量，執著相同乃分別，
是故以識可遮破，現量決識同體理。
境根極微相聚合，盡其所有剎那數，
生起領受之心識，即為異生之現量。
所有數目之分攝，乃以種類差別為，
所有內部之分攝，承許歸屬彼範圍。
不欺不成即非量。不悟顛倒猶豫識，
三種正量之違品，乃以緣取方式分，
本體而攝即唯一。不執彼者非彼者，
乃不悟識有三類，尚未入境未圓滿，
雖已圓滿然未得。執彼即有非彼害，
乃顛倒識分為二，分別以及無分別，
彼一一分共五類。執彼復有非彼者，
乃猶豫相分二類，現前猶豫及隱蔽，
均衡偏重而執取。正量之識雖有二，
然歸唯一自證量，非量之識雖有三，
然除不悟實無他。

量理寶藏論頌

第二品終

第三品 觀總別

緣取自相無分別，執著共相乃分別，
其中自相有實法，共相不成有實法。
實體反體總與別，顯現遣餘分別否，
其他論師另行說，我遵論典講解許。
比量不取有實法，故彼實法非應理，
乃遣餘故智者許，比量即以反體立。
遣異類法即總相；亦除自類乃別相。
總別各自悉皆有，異體先後二分類，
異體別乃他實體，先後別則遮一體。
有稱總別是異體。異體可見不得遮。
有說總別乃一體。縱一實體然非見。
境時形象相違別，若與一總相關聯，
生滅本體皆成一，非爾一體二分違。
總別若是一實體，縱許有支如何遮？
根亦應成有分別，諸違法成一實體。
倘若謂與一一別，相繫之總有數多。
如此法相不成立，且壞一切破立理。
傳聞法相同一總，與別乃為一實體。
相同乃由分別合，分別心法外境無，
若外境有相同法，見前未見亦成同。
相同不容一實法，非一不具總之聲，

一總若未現心中，　執同亦非堪當總。
部分相似普皆有，　一切相同悉不具，
亦明顯違正理王，　所說一切之真理。
遣除非彼之自性，　於諸實法皆成立，
彼即遣餘之總相，　誤為自相行破立。
若謂外境無有總，　遣餘增益無實法，
雖成與境無關聯，　是故失毀諸名言。
外境自相及遣餘，　妄執一體而取境，
唯得自身之法相，　乃正量故實合理。
許異體總鴟梟派，　謂一實體數論派，
諸雪域派追隨彼，　智者之宗許遣餘。

第三品終

量理寶藏論頌

50

第四品　觀建立遣餘

無分別以顯現取，名分別以遣餘執，
彼等各有二分類，顛倒無倒共有四。
對境所有一切性，一體不容有眾多，
眾多住一不可有，一法無有明不明。
諸現量前境盡現，一法不現不同相，
異體不容顯現一，以顯現取無輪番。
依如何存對境力，根識由此而生起，
無則決定不生故，識境互相無錯亂。
現量亦即無分別，是故無需決定性。
現量遠離分別念，以未顛倒立為量，
依彼抑或憑他力，決定之式行破立。
決定青色之反體，乃分別故是遣餘，
誤得照了境自相，內觀自證許為量。
當知何者具定解，依憑彼者斷增益。
決定增益二意識，以遣餘而緣取故，
謂彼二者非現量，實是徹知理者說。
名分別以顯現量，破立應成同時知。
一事縱取眾多名，實是異名非不同。
以反體分即遣餘，於彼立名有實已，
自認顯現乃錯亂。否直接違而緣取，
許為遣餘之有境。假立故遣無實境，

因明論集

51

顛倒取境即自相。　於自相之一異體，
遣餘緣取共有四。　作用法相同一性。
由習氣力誤為一。　若謂原本同異體，
果識一異實相違。　猶如心識及藥物，
雖是相異有差別。　破立一切異體事，
同時同地即了知。　遣餘不同之行境，
一體可分異反體。　如詞分別緣取式，
外境耽著為異體。　未了一體為一體，
為令其知而分析。　依於執著有與無，
遣餘即有二分類。　憑名分別之差異，
有無遣餘亦分二。　遣餘乃識緣取式，
無情外境無遣餘。　境遣餘即自相故，
成顯現境失遣餘。　顯現亦同境中有，
若許盲人當滅絕。　有實遣餘除無實。
由以顯現不顯現，　對境而分有二類。
顯現自身之法相，　盡其所有決定識，
名言分別作剖析，　故遣餘成反體境。
自之法相不顯現，　無論觀待不待因，
皆為名言分別境，　是故決定亦遣餘。
真實非真及二邊，　分別取式有三種。
無實遣餘除有實。　由有或無所破言，
遣餘亦可分二類。　諸無實法無本體，
無體性故非所知，　由此於遮有實法，

量理寶藏論頌

52

假立稱謂無實已。有實皆由因所成，
無需觀待無實法，無實非由因所生，
故遮有實心前成。若謂兔角等本無，
然無為法二倒境，憑依顯現為彼力，
彼對境得成立有。顯現彼者即心識，
許總以量不可測，是故三種無為法，
二顛倒境皆無量。若謂設使無虛空，
則違世間及論典。無自相故非現量，
無相屬故無比量，是故所謂有虛空，
絕無能立之正量。呈現藍色乃顯色，
孔隙即未見色故，莊嚴孔隙之虛空，
非為虛空之能立。謂若無為法皆無，
則與說常相違背。外道以及聲聞宗，
此二常派許恆有，法稱則於遮無常，
安立恆常之名言。根識如啞具明目，
分別似盲善言語，自證諸根齊全者，
充當彼二之聯絡。若謂無有共相故，
彼名應成無因者。欲詮所牽運用故，
諸詞不定觀待境。宣稱若爾則言說，
法與有法成無義。境之本體同一性，
依欲說力用二語。除直接違遣餘詞，
彼即相互依存故，一者不成終無二，
由此遣餘不容有。

因明論集

53

汝亦直違若未除，　則無法知彼本體，
若除不曉違品故，　一切名言皆成無。
若謂非由遣直違，　建立彼者有實法，
然見一境立其名，　用名言時亦知彼。
命名之際若未除，　非樹木則樹不成，
設若已遮雖成樹，　然彼成立是遣餘。
現見有枝有葉物，　於彼立名為樹木，
此名應用彼種類，　種類非除遣餘有。
遮遣其餘運用故，　諸詞具有特定性。
所知等詞無所遣，　彼者否定實相違。
彼縱無餘有實法，　然有假立而否定。
謂若汝之彼反體，　乃有實法同共相，
無實則無必要力，　是故反體無所需。
於此藏地多師許，　有實反體為有實。
若爾則於總所說，　此種過失難消除，
遮遣非樹彼有實，　若是沉香餘非樹，
餘若是樹沉香非，　彼之自性非他故。
受持法稱意趣者，　反而破斥大師理，
如棲林間之猴群，　糞便灑於綠樹中。
反體不成有實法，　若析心識緣取式，
一切有實皆具足，　是故遣餘無此咎。
由此縱說一詞語，　亦具破立二功效。
二法不容是一體，　反體本性不成立，

量理寶藏論頌

54

是故依憑說反體，成立自體之有實。

謂諸異體若無總，蓮花以及藍色等，

諸法不匯一體中，由此應成同體無。

青蓮藍色非異體，遣餘分之又攝集，

分別識前乃同體，非取自相根行境。

親睹建立及遣餘，淨目明慧兼備者，

徹見因明之所知，實相真理如佛陀。

第四品終

因明論集

55

第五品、觀所詮能詮

個別派系謂瓶等，外境自相是所詮。
自相分開而確定，無邊無法立名稱，
縱是運用名言時，亦難獲得初自相。
過去未來非所詮，彼者無有自相故。
若依名言詮自相，眼根等則無所需。
外境無有關聯故，諸根不能執相屬，
銜接所謂彼即此，乃伺察故是遣餘。
最初應用關聯時，雖已指示自法相，
然於共相取名稱，為用名言而立名。
若根能取雜語義，即使無名亦應知。
若謂隨從根門意，見名混如無分別，
否則見覺境異體，了知外境不現實。
有無分別之二識，頓時取一照了境。
縱次第取然速疾，故諸愚者執為一。
識亦乃為自法相，是故命名不應理。
若謂詞語不詮別，類總所詮故無過。
外境無總設若有，於彼命名無需力。
謂予與總有聯繫，自相命名知自相。
棄無必要能力總，於真自相立名稱，
若言自相無邊故，無法立名此亦同。
雪域派與聲聞宗，許名言義真所詮。

量理寶藏論頌

56

於不相應行立名，　如何了知無關色？
猶如詮說瓶子中，　不能了知無關牛。
若謂雖然無關聯，　相同錯亂而取境。
相同致誤則時境，　偶爾錯亂非皆誤。
此乃恆時錯亂故，　非由相同致錯謬。
由名所知與能知。　由講用者之差異，
各各有二共有四，　講時分析而精通，
入時誤為一體得。　外境與識為自相，
二種共相乃無實，　此等四者非所詮，
故勝義中無所詮。

分別本性即錯亂，　浮現名言義共相，
於彼耽著為外境，　彼即假立名所詮。
迷亂習氣薰染故，　命名之時混合立，
名言時亦如是知，　故雖錯亂亦真實。
謂名義若未遮他，　則成有實為所詮。
勝義之中雖不遣，　顯現遮遣乃迷亂。
不許共相為迷亂，　是故豈能同彼等？
若謂詮說分別像，　則成心識為所詮。
自相反體非所詮，　錯亂假立乃無實，
是故為令世人入，　於分別像立名已。
謂若遣餘總立名，　則與不相應行同。
義共相若成實體，　汝真實然為無實，
是故知無遣餘境，　則無所詮與能詮。

因明論集

謂無所詮錯亂妄，　是故毀壞諸名言。
以錯亂式取自相，　是故名言實合理。
借助術語知關聯，　錯亂關聯無所需。
自相以及義共相，　二者誤解為一體，
縱於此三立名稱，　然無錯亂無真名。
於此自相及共相，　誤為一體令趨入，
命名老人立名稱，　依此錯亂取外境。
名言真實所詮無，　耽著所詮乃自相，
誤為相屬而實行，　取境士夫不受欺。

第五品終

量理寶藏論頌

58

第六品　觀相屬

所有遮破及建立，　觀待相違相屬故，
觀察正量法相前，　當析相違及相屬。
二法不容有一體，　一體相屬亦不容，
各自本體而存在，　諸有實法無相屬。
無有本體無實法，　若有相屬成有實，
何法不捨其他法，　即諸相屬總法相，
有實互不混淆故，　無實無體故皆無。
一體無有二種法，　無有二法無相屬，
是故所作與無常，　外境之上無相屬。
若謂所作及無常，　反體於聲不成立，
則成三相不容故，　境有同性之相屬。
一實體境雖相同，　諸反體於境若有，
反體無關則非因，　相屬成果或異名。
非前後則無彼生，　若有前後無其一，
是故有實無實法，　無有彼生之相屬。
設若宣稱滅與生，　存在連結之相屬。
彼若為常非有實，　無常則成無窮盡。
若謂相互不觀待，　火與煙間是相屬。
若爾目睹單一者，　亦應決定二相屬。
因果彼此觀待利，　是故相屬不抵觸。
因果有實與無實，　所利能利難合理。

因明論集

謂無不生是相屬，　則左右等成相屬。
外境無則不生屬，　依觀實體反體破。
有謂自相無相屬，　因果種類有相屬。
種類若是因果性，　不離先前之過咎，
若除此外種類有，　總時遮破已究竟。
依此可將俱會集，　差別以及差別者，
能作接觸等相屬，　所有觀點一併遮。
有謂棗核依銅盆，　彼為俱有之相屬。
有謂無常依常有，　稱為會合之相屬。
有謂所作無常等，　聚集一境之相屬。
有謂依他知他法，　即是差別法相屬。
有謂滅因現在果，　稱為連結之相屬。
有謂我與所作二，　則具能作之相屬。
有謂眼睛見色法，　乃是接觸之相屬。
主僕以及配偶等，　皆是相屬愚者說。
承許外境有相屬，　依觀一異而遮破。
若謂俱有等相屬，　以遣餘連而理解。
俱有者等有能害，　若無能害攝二中。
法稱論師已棄之，　多數惡念愚者取，
服嘔吐藥所吐物，　除非犬外誰食用？
分別念境之前依，　世間名言而分攝，
前後分別而銜接，　立照了境應相屬。
所作無常心連結，　境前若成乃境屬，

境前彼等若不成，　非境能立辯方說。
假立亦有二類別，　相符事實與不符，
相符獲得照了境，　堪當相屬另者非。
若謂無則不生煙，　若無彼者成無因，
若有彼者即已成，　有實法之相屬也。
縱有外境之煙者，　設若無火則不生，
然執前後而銜接，　非分別念無法連。
法相名相之相屬，　以及總別之相屬，
皆以錯亂立一體，　方得成立非其餘。
謂凡有彼滅如瓶，　聲亦有即自性因。
已生之法決定滅，　無需其餘之滅因。
謂滅觀待他因故，　此無觀待不成立。
所毀滅事有實法，　滅法無實此二者，
皆牽涉滅之名義，　然二者悉無需因。
瓶滅無實不待因，　有實自成何需因？
他因所作彼不滅，　是故成立滅無因。
謂滅無實因所作，　若爾自成無觀待。
無實法由因所造，　及因何者皆未作，
彼二意義實相同，　如見無與無所見。
謂聚齊全然如芽，　此無觀待不一定。
此等聚合皆變遷，　觀待之故非不定。
謂所作亦觀待時。　若觀待時所作變，
則成毀滅無觀待，　不變如前無損住。

因明論集

61

謂聚無變之一體，　是故此因不成立。
聚合猶如後萌生，　一體之故初應成。
謂縱一體有障礙，　是故生芽不決定。
有障無障異體故，　雖許一體已成二。
謂青稞因相聚合，　待生稻芽無觀待，
然由稻芽不出生，　是故此因不一定。
稻芽觀待自種故，　是無觀待因不成。
謂作有非剎那滅，　觀待毀滅之因也。
苗芽觀待各自因，　有實滅非待他因，
滅法無實無需因，　是故不需他滅因。
成直接違一實體，　此外他法悉非理，
有礙無礙皆一致，　彼三太過不遮此。
謂如烏鴉會有白，　有實法常不相違。
常者若不起功用，　乃無實故實一致，
若能力變失常有，　若無變則違能作。
何法非作彼無實，　如虛空常亦無作。
有法常有之遣餘。　遮有實即所立法。
謂宗法以現量成。　緣取所破無需生。
有謂唯一分別受。　邪分別皆不容有。
是故剎那而空無，　破起功用之因成。
謂自性常諸分位，　變化故可起作用。
二者若一二法違，　若為異體違能作。
謂雖無有剎那滅，　然有粗大之改變。

量理寶藏論頌

62

起始剎那若不滅，　粗大改變焉容有？
遮破能起功用者，　周遍成立無實法。
言有害因之前行，　無觀待因非密意。
是故對治二邪念，　方宣說此二種因。
謂以五層定因果。　太過分故此非理。
因果即是能所利，　因分近取與俱有。
彼即隨存與隨滅，　有此二種三層次。
法相不成之太過，　誤他於此無妨害。
凡由非因所產生，　彼者即非彼之果，
形象相同而誤解，　假立彼之名稱已。
石及柴等非火因，　火因本為火微塵，
微塵合而為一因，　方是石柴等如根。
抑或前後之因果，　互為異體而存在，
猶如由從火與煙，　所生之果煙有別。
單獨自相及共相，　相屬事相非應理，
乃是唯獨於共相，　誤為自相之遺餘。
能樂歡喜論師言，　憑藉伺察定相屬。
諸尼洪師則承許，　依憑正量定相屬。
依量之力所產生，　具有遺餘決定性，
錯亂伺察一實法，　由此決定彼相屬。
有實外境無相屬，　二種相屬皆增益，
共相誤認為自相，　由此生起相屬念。

因明論集

第六品終

63

第七品　觀相違

何法能害於某法，　此即彼者之違品。

違品有實不並存，　無實互絕之相違，

觀待對境之差異，　而承許有此二種。

許不並存能所害，　若經分析非應理。

是故所害與能害，　猶如因果為異體，

令其所害無能力，　此因即稱能害者。

諸不並存相違者，　有實法涉能所害，

彼乃相續非剎那，　即是所生能生故。

謂剎那若不相違，　相續不成違非理。

由從前前剎那中，　前所未有後後生，

於彼增益為相續，　能遣除之無過咎。

謂違微塵若並存，　則已相違不並存，

不並存則毀一者，　由此因果成同時。

有者承許已隱晦，　有者則許遇而轉，

個別承許無接觸，　此等常派皆錯謬。

設若並存失相違，　若轉則違許常有。

是故微塵生微塵，　令無力故不相違。

有謂三成事剎那，　有說長久相共存。

長期共處不並存，　此一相違實稀有。

接觸令無能力生，　三剎那境違品滅，

生起決定令增益，　不復生即識相違。

64

謂一剎那若無分，則粗相續皆成無，
如若有分成無盡，故三剎那難消失。
剎那原本無部分，相續亦唯剎那生，
微塵剎那不同故，於三剎那滅違品。
有者如是而聲稱，冷觸無阻之功能，
生具功能無功能，如何冷觸無需用。
冷觸無阻之功能，乃二剎那近取因，
值遇相應俱有緣，方可出生彼之果。
謂所斷體或斷種，無論如何亦非理。
亦有斷種之對治，定無增益無二過。
猶如相屬此相違，亦於實境不成立，
唯以分別念增益，而安立此為相違。
除非可見不可見，無定相違之他量。
謂冷觸滅火共相，不定具力則不成，
有者說用具力因。自體唯依火共相。
若謂某法離他法，即是互絕之相違，
分類直接間接違，間接違亦許二類。
實體反體之相違，各有二種共六類。
若離他法是相違，所有相屬成相違。
若承許此相違破，相屬則立皆失毀。
謂異體屬或無關，是自本體遮他體。
相違可得遮破故，可見不得成無需。
說異體法是相違，實是假立如相屬。

因明論集

65

依因與識之差異，安立一體與異體。

異互利害屬與違，無利無害唯他體。

遮非自即直接違，間違自破非能遍。

謂藍等非違不破，是互絕而非相違。

互絕相違遮一體，是彼以非彼者破，

互絕之二有實法，可見不可得遮破。

第七品終

量理寶藏論頌

第八品　觀法相

三法周遍諸所知，是故闡釋彼安立。
法相能了境之法，名相所了心之法，
事相所了所依法，彼等即是能所立。
三法悉皆需理由，若無一切成錯亂。
有謂法相具實體，無需法相需無窮。
有謂義雖無所需，建立名言則必需。
餘謂義需其名相，同彼如因無窮盡。
安立之因未決定，所立之果若決定，
法相已成無必要，未定無盡皆失壞。
因事相立所立義，是故無窮無過失。
三相垂胡未決定，唯定所作及花白，
無常黃牛亦應知。許謂名言亦復然，
若無可耽非所知，設若有可耽著事，
則彼乃後之法相。若爾枝椏亦復然，
無有枝椏非為樹，彼有枝椏則樹木，
亦成法相無止境。謂枝雖無他樹枝，
然枝本身即建立，與檀香樹無別體，
是故不成無窮盡。名言縱無第二者，
名言自身之法相，建立所知本體故，
名言豈成無窮盡？何時了達名義繫，
爾時名言得成立。因及法相此二者，

因
明
論
集

67

各有二類總及別，　總別以三論式竟，
第四之後無所需。　謂若三相無三相，
不成因有則無盡。　三相唯一煙之法，
無差別而無他法。　依於此理亦能除，
法相應成無窮過。　有謂安立名相因，
因相何故不同此？　有許三法皆齊全。
待名相故此非理。　乃遣直違義反體。
雪域諸師承許言，　法相之過歸攝三。
運用論式視為過，　則義反體無轉他，
若未運用定為咎，　不住事相成無義。
此等過失若合理，　智者頂飾何不許？
不遍過遍不容有，　即是法相之總過。
名言義之諸否定，　唯此三者別無他。
謂立事相與不立，　法相不容有事中，
遮遣抑不遮名相。　彼二辯論不害此。
有謂法名一實體，　名言許為名事相。
名相即以名為體，　故見法相之根識，
亦成有分別識矣，　證成義理亦實有。
名相事相亦非理，　命名運用即名言。
具有緣由名言識，　即是名相之法相。
事相命名予理由。　如是知已三門行，
依此形成彼名言。　乃觀待義之名稱，
是故彼者為假有，　有實不成故假立。

量理寶藏論頌

謂法名相非一體，　　則自相因不應理。
名言之義誤為一，　　由此運用名言者，
世間事中不欺故，　　焉違共許之比量？
法相所依即事相，　　分類有二真與假。
有謂三法自反體，　　即自行相可顯現。
倘若如此則三法，　　應成無分別對境。
是故顯現之反體，　　非為三法遣餘前，
浮現三法自反體，　　則有遮破及建立。
法相名相自性聯，　　事相多數暫時繫。
錯亂執為一體性，　　受故法名相屬成。
事相名相之相屬，　　智者現見而回憶，
於愚者前需建立，　　憶名名言之比量。
三法各二總與別，　　屬此論式共六類，
反體亦六論式中，　　法相事相會無過。
謂屬此論式法相，　　於事名相若遮遣，
成遮事相之垂胡，　　若不遮遣則過遍。
遍義反體不遍於，　　自反體故無過失。
謂名相達遮名言，　　直達事名無諍論。
是故有者顯相達，　　相同論式亦容有。
謂法事相境一體，　　異體量不等皆誤，
實有假有決定性，　　事法等量一本體。
彼等相互皆顛倒，　　安立於此無妨害。
不欺及明未知義，　　稱為異名或分說。

因明論集

69

法相若以二安立，　名相亦應成二體，
若許法相名相二，　總法相一不容有。
遣不遍式此非理，　區分為二非意趣。
無需不遍不容有，　承許悟真義者具。
不欺及明未知義，　相同了悟自相故，
名言量及勝義量，　皆可運用此二者。
其中不欺具作用，　作者所作三本性。
謂不遍於量無實，　於染污識則過遍。
分析自相有無故，　應理染污說欺惑。
依量之力引定解，　定解違品乃增益。
彼之法相棄真理，　分別他邊有二類，
分別倒識及懷疑。　有謂未悟驟然中，
了悟尚未遣增益。　比量非由顯現取，
乃是遣餘彼對境，　執著同他無有火，
是故許為顛倒識。　定解增益此二者，
對境本體時間中，　觀察一體及異體，
三種辯論不害此。　定解增益耽境一，
耽式相異故遣餘。　非量真實已遮破，
真實分說即錯謬。　是故正識即為量，
由此理當作分基。　分類現量及比量，
觀察彼等一異體，　二量皆是有實法，
是故非為遮一體；　觀待對境一與異，
即非一體非他體；　是故心之本體一，

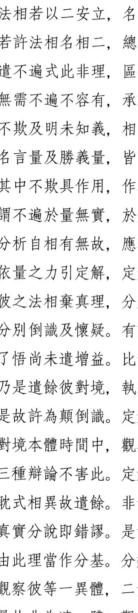

量理寶藏論頌

70

觀待對境為異體。比量非境與自證，
一體故離諍過失。所量二故量亦二，
除此他數已遮故。名稱釋詞及說詞，
彼者釋說有四類，相違以及不相違，
時爾相違時不違。此等名稱種類詞，
諸位智者分二類。有許境時及行相，
錯亂之分為現量。無自相故非現量，
由因決定可比量。有者聲稱取色識，
彼於所觸是現量。不明處之差別致，
因法誤解為現量。有謂分別境時相，
錯亂之故非現量。分別錯亂然不障，
根識猶如取藍量。個別師言是非同。
不同對境異體故。有謂依於珠寶光，
推知寶珠非比量。若爾稻芽稻種等，
果因多數成荒謬。謂因所立縱錯亂，
外境及分乃正量。如是之因無三相，
證成無有因差別。謂彼等量決定者，
由自他何所證知？有者承許自決定，
個別宣稱他決定。此二棄理說理許。
二種境證與自證，以及比量自決定；
初者心未專注者，諸具錯因他決定。
依起作用具串習，比量悉皆可決定。
有謂對境及本體，分析不容他決定。

彼等現量與分別，作用混淆一起已。
顯現有實之有境，遣餘之前有破立，
遮破則有遣除立，及不遣除二方式。
有謂直接與間接，亦是建立與遮破。
比量成為間接知。若非則成第三量。
是境是識有境識，由此建立二二四。
遮破反之分為四，破立亦以量證實。
所謂間接之證知，意趣作用或比量。

第八品終

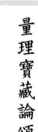

量理寶藏論頌

72

第九品　觀現量

謂領受斷增益錯。　現量不誤離分別，
分別名言義執著。　不錯亂彼有四種，
由從對境及所依，　補特伽羅現量分。
四種現量經部許，　有部三類唯識二。
分開而立法相誤，　是故根識不錯亂。
根即取境之能力，　隨存隨滅決定成。
明現成立無分別，　取自相故不錯亂。
根即不共之因故，　稱謂根識如鼓聲。
對境根識此二者，　無間所生即是意，
依之而不錯亂識，　乃意現量之法相。
意現量雖有多種，　猶如根識一自證。
無錯亂故是正量，　無相續故非決定。
從有色根而生根，　是故根識具相續，
意根中非生意根，　是故彼者無相續。
輪番以及相續際，　二者悉皆有能害④。
是故根者乃根識，　不共之因成意緣。
即自證故非他續，　由此現量三步同。
緣取他境觀待根，　是故此中無二過。
證知自之本體識，　即是現量智者許。
自生前所未有生，　自證唯遮無情法，

---

④此兩句頌詞在本釋中沒有解釋。

73

量理寶藏論頌

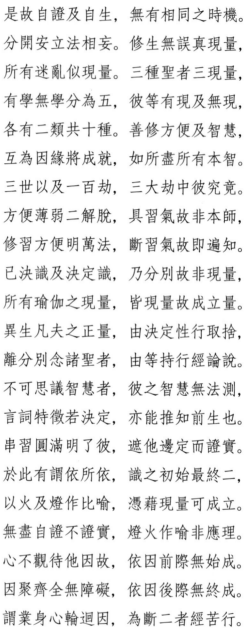

是故自證及自生，　無有相同之時機。
分開安立法相妄。　修生無誤真現量，
所有迷亂似現量。　三種聖者三現量，
有學無學分為五，　彼等有現及無現，
各有二類共十種。　善修方便及智慧，
互為因緣將成就，　如所盡所有本智。
三世以及一百劫，　三大劫中彼究竟。
方便薄弱二解脫，　具習氣故非本師，
修習方便明萬法，　斷習氣故即遍知。
已決識及決定識，　乃分別故非現量，
所有瑜伽之現量，　皆現量故成立量。
異生凡夫之正量，　由決定性行取捨，
離分別念諸聖者，　由等持行經論說。
不可思議智慧者，　彼之智慧無法測，
言詞特徵若決定，　亦能推知前生也。
串習圓滿明了彼，　遮他邊定而證實。
於此有謂依所依，　識之初始最終二，
以火及燈作比喻，　憑藉現量可成立。
無盡自證不證實，　燈火作喻非應理。
心不觀待他因故，　依因前際無始成。
因聚齊全無障礙，　依因後際無終成。
謂業身心輪迴因，　為斷二者經苦行。
無力無益無需故，　盡業滅身非正道。

74

生因無明由其中，　亦起煩惱業輪迴。
從此處中生他處，　彼之賢劣業所為。
慈等與我不相違，　因非能斷輪迴根。
無我與我相違故，　現見無我彼即除。
種子雖非有初始，　然為火焚見後際，
如是輪迴雖無始，　然見無我成後際。
生起明心因已齊，　無障礙故決定起。
串習畏等生明受。　無二取故成無謬。
有謂不能不知曉，　不穩故無斷解脫。
非自性故有方便，　及除因故解合理。
謂以跳水熔金喻，　成立串習非容許。
觀待勤奮不穩固，　復生起故不堪喻。
謂由修習空性悲，　變成彼性雖可能，
然諸所知無有邊，　建立遍知實困難。
主要之義不欺惑，　乃是遍知如眾聚。
了達一切必要義，　諸智者稱一切智。
悉皆雲集而聽聞，　黃牛雖無非過失。
抑或憑藉比量者，　成立彼為一切智。
縱經劫間有所說，　然於鏡內頓時現，
如是所知無止境，　佛智剎那即徹知。
所有錯亂之心識，　即承許為似現量。
彼有分別無分別，　無分別亦根與意，
分別有三說六種，　為除邪念而分說。

見與決定立量果，接觸證境許量果，
說彼差別差別法，有許根識為量果。
所立能立之因果，承許此二為量果。
彼者自證量果者，立識宗派多數同。
境證派依各自見，分別安立量果理。
諸位智者承許說，火之自相為所量，
煙生遺餘識即量，證知彼者乃為果。
現火習氣精藏中，生起現煙之習氣，
是故於士不欺惑，稱謂比量智者許。

第九品終

量理寶藏論頌

76

第十品　觀自利比量

比量有二其自利，由三相因知本義。
宗法即法與有法，聚合宣說乃真名，
為持彼之一方故，任意一者用假名。
隨欲說依前命名，理解彼義即真名，
依彼個別之緣由，了達他法許假名。
聚義即是宗法名，諸智者前原本成。
立名觀待餘相似，以及相屬之理由。
法取所立之名稱，相違之因妄執真，
為遣如此邪分別，或就組合而命名。
若說有法具錯事，若遮諸邊延誤時，
若說真名失聲律，為輕易知故說宗。
謂宗有法皆等同。就共稱言有差別。
與法相屬宗法名，即所諍事如具手，
與法相屬有法名，不能確定如具首。
法與有法非所立，彼等不具法相故。
作衡量事欲知法，彼上成立即宗法。
謂具不具所立法，乃是同品與異品。
思維二品直接違，復慮出現第三品，
有師不知量對境，分實反體而說明。
稱實體法一異體，反體依於自反體。
實體反體如何分，無法決定其二品，

因明論集

77

二者所涉實反體，　諸智者前見成立。
若於外境行破立，　量之對境不得知，
若於心前行破立，　將成有無不定矣。
不許欲知為宗法，　故觀待事初成無，
若不許初觀待事，　宗法法相實難立。
初觀待事定二品，　其餘二種觀待事，
決定有無同異遍，　啟齒而說亦極難。
宗法二品若一體，　亦以反體而區分，
諸因皆墮真違中，　不定之因豈可能？
若許所知定二品，　觀待事三誠相違。
若許觀待事亦二，　觀待彼因成二相。
決定同品異品二，　此阿闍黎不承許。
若隨實體與反體，　各自分開毀名言。
依自反體而建立，　觀察此理無實質。
謂若二品非直違，　一切破立皆失毀。
破立非由二品為，　定量相違相屬證。
依因所立相屬力，　決定有無隨存滅。
宗以所立之總法，　相同不同乃二品。
相同對境之宗法，　假立遣餘非二者。
於此無有他說過，　論典意趣亦僅此。
所謂實體即有實，　遣餘之外無反體，
是故實體與反體，　誤為一體行破立。
依於有實無實法，　以三名義立二法。

量理寶藏論頌

78

謂煙因中灰白物，三相之因總所知，
觀察同品異品攝，則已失毀量安立。
煙及三相二遣餘，與灰白色及所知，
自相緊密相聯繫，反體聯二故合理。
遣破法因之二品，四種辯論他答錯。
無遮名言即無遮，總反三品故合理。
凡是安立為因者，悉皆依賴三種事，
真實任一事不齊，然識前許觀待事。
於依遣餘行破立，分開實體及反體，
二品辯過無妨害，精通量之對境故。
一相直至六相間，相似安立許他錯。
宗法成立相屬定，即因無誤之法相。
二相及以同品遍，引出異品二過無。
可定非因懷疑故。決定是因能了故。
於此無有他說過。有者承許所諍事，
所差別法因事相。非有否定依諍事，
而是我等無諍議。別有否定無同遍，
所立之法與其同。因之事相即遣餘，
於此無有他過失。具此法相之此因，
分門別類成多種。具德法稱阿闍黎，
由論式言定三類。遮破所破具三相。
體不可得有四類。相違可得分二種。
四類熱觸滅冷觸，故說論式十六種。

因明論集

79

功能無阻非為火，　無相續故非能滅。
論中雖說多安立，　能滅即是前十二。
真實互絕之相違，　因與立宗無論式，
然而彼所差別法，　能遍相違可得因。
以量有害之相違，　亦屬能遍相違得。
實法相屬已遮破，　謂不並存聚生錯。
相屬境反屬法反，　故反相屬心前成。
證成其是具三相，　本體無別自性因，
彼之同分攝其中。　一故不染他體過。
證成其有具三相，　彼生相屬即果因。
彼之同分攝其內。　立異體故無過失。
有謂相屬分九類，　能知相屬有四種。
於此安立相違背，　非符論典之意趣。
憑藉能所之差別，　相屬不知所立法，
唯依彼體或他義，　相屬之力方了知。
某因三相不成立。　宗法因無不成因。
宗法外境或心前，　即是不住不成立，
論者一或雙方前，　不能成立分析說。
不定生起猶豫因。　非宗法外不成立，
不共不定有四類。　異於宗法俱涉共，
分類正餘不定因。　見於二品不斷異。
真正有餘見同品，　而於異品未現見。
異品中見於同品，　未見相違之有餘。

因成遍反即相違。　不得自性因中攝，
是故相違有二類。　剛剛勤生無常果。
恆常不變故相違。　無常變故不同此，
如是無變亦非理。　不可得因立為三，
反之相違亦成三。　有謂以法及有法，
差別而有四相違。　明說暗說法有法，
相違是以欲說致。　若謂真因亦相同，
作用渺小故置之。　意圖所說此二者，
同等乃為所立故，　證成利他相違等，
此三相違外不許。　遮破他邊固定性，
安立為因定數四。　所立之因有四種，
功能亦當有四類。　集量論說具五相。
理門論中所立許。　於此不遍及過遍，
於因等同無諍辯。　承許所立之事相，
分為真假證成妄。　名言共相執自相，
即是所立之事相。　此立有實及無實，
無有諍論之時機。　相違成立宗上抵。
五類歸納說四種，　由對境言比量分，
由此相違說四類，　現量比量事理量，
承許共稱乃增益，　是故歸屬比量內。
謂如比量則現量，　亦當分為二相違。
承許唯一是果因，　可說不以現量成。
立宗即與受相悖，　即是現量之相違。

81

如若三相事勢理，　抵觸立宗因相違。
可信之詞與立宗，　抵觸信許之相違。
彼分承許與自語。　餘謂聖教與自語。
阿闍黎許語差異。　集量論以一比喻，
闡示聖教與自語。　理門論教另說喻。
二量不害二所量，　自語不害隱蔽事，
即是佛語我等教，　說為歸攝比量內。
是故以理成立教，　乃是正量若不成，
則與自語等同故，　即承許為能障性。
非凡共稱教皆量，　以量成立即聖教，
先許後察愚者舉，　先察後許智者軌。
謂違他教亦成彼。　貪等非法離貪法，
非斷見者一致說，　沐浴貪等因不違，
如此諸論非聖教。　若謂自語及論義，
障礙之中僅生疑，　彼乃無咎之所立，
故非宗法之過失。　此非由依障礙中，
生起懷疑成為過，　是由彼詞不證成，
所立安立為過失。　立宗表明自意樂，
如若相違毀立宗。　是故有過之言詞，
辯論之時招自負。　立宗與世共稱悖，
即是共稱之相違。　聲論派師所承許，
名義直屬前已破。　隨意所說已證實，
是故共稱亦成立。　依有之因能遮破，

量理寶藏論頌

82

懷兔即是月亮說。　此無比喻凡有者，
所有名詞可說故，　名詞之義存在者，
可稱月亮故相違。　世間使用名詞成，
承許彼者即共稱。　彼於一切所知法，
可故共稱遍一切。　有稱則謂共稱詞，
於未共稱違世間。　於諸所知皆適宜，
用共稱名如烹飪。　可共稱於事成立，
然依名稱與說意，　名詞若成即說成，
故謂名成之共稱。　依於共稱比量證，
相違不誤不可能。　共稱若由事理成，
如比量境成決定。　依欲說意所命名，
諸名無有何不用。　是故涉及一切故，
共稱於境不適用，　此說他喻難尋覓。
非共同因如所聞。　乃為講說共相時，
懷兔作為比喻已，　說明遍及諸所知，
達哲非樹等亦同。　冰片以及水銀等，
以月亮名共稱他，　彼作比喻而證成，
具涼光月共同因。　諸所用名乃共同，
若於一成於眾成，　此者乃為事勢理，
若破共稱亦壞汝。　是故隨欲所命名，
顯然普及一切法，　予以遮破世間害，
故違共稱即意趣。　有者將此分二種，
術語名言之共稱。　若爾名言非此義，

法相如是前已遮。謂直耽著之可說，
術語共稱亦有二。講時雖有此二種，
而應用時無差別。是故二種之說法，
講成直說耽著誤。前者名已成共稱，
無比量故不可破，抑或彼無對立方，
由此決定故能害。後者說明此共稱，
比量對境之差別。若知此理則成立，
共稱相違智密意。

第十品終

量理寶藏論頌

第十一品　觀他利比量

他利比量自所見，　於他宣說之語言。
立論敵論見證者，　次第立破與裁決。
辯論雙方以功過，　實施制服及攝受。
如是而說有勝負，　非爾無二論中說。
妄言諂誑雖制服，　不許彼者有勝負。
世許奪施制服攝，　取捨宗派則承許，
正士折服及受持。　負處雙方共有四，
乃知理者之意趣。　立論三二共六過，
敵論三二亦有六，　見證有三皆有一，
雪域派師許十六。　若是負處前含攝，
非爾非為所制服，　於見證者無負處，
竭力而為太過分。　壞宗異宗相違宗，
捨宗異因及異義，　不可解義與無義，
缺義重言不至時，　缺減增加不能誦，
不知以及不能難，　認許他難與避遁，
忽視應可責難處，　責難不可責難處，
離宗義及相似因，　即是足目本師說，
二十二種之負處。　於彼具德法稱師，
說彼部分非負處，　若是負處可歸二。
所謂壞宗之負處，　即是說非能立支。
所謂異宗之負處，　了知遮破歸不定。

因
明
論
集

立宗與因等相違，　　若說立宗無所需，
未說則成因三過，　　因無過失非負處。
捨宗歸屬不定中，　　第二負處乃無義。
異因如若詞圓滿，　　不定未完非負處。
異義立論不定故，　　負處敵論非過咎，
由說而言予折服，　　非為除此之負處。
無義說非能立支，　　此外他者實非有。
不可解義非義名，　　攝於說非能立中，
具義說三敵論者，　　不解絕非立論負。
缺義誣賴無關語，　　歸屬非能立支中。
不至時即序顛倒。　　如若解義非負處，
若不解義則歸屬，　　說非能立支之中。
缺減二支之過失，　　無立宗等非負處。
增說攝於非能立，　　汝之觀點非負處。
重言詞重非過失，　　義重歸攝非能立，
彼亦論式立為過，　　長篇故事非為錯。
不隨說若敵論者，　　未說立論之諸言，
非過需說未宣說，　　則攝不能難之內。
不知義於敵論者，　　非為不能難之外。
不能難者屬不說，　　能立支抑不說過。
避遁真實非負處，　　有狡猾歸不能難。
認許他難知不知，　　依次不定不說過。
忽視應可責難處，　　辯雙不能難中攝。

量理寶藏論頌

86

責難不可責難處，　唯不能難之負處。
彼者所謂離宗義，　攝於不說能立支。
相似之因為負處。　值遇未遇相似因，
恆常無說與未生，　果法同法及異法，
分別無異與可得，　猶豫知義及應成，
皆是集量論所說。　觀理論謂增與減，
言說未言及正理，　各喻所立無常作，
生過相似似能破，　如是所許二十四，
陳那已破法稱置。　未知此等似能破，
講說諸大論典者，　多數未了前觀點，
故乃籠統分開詮。　三種人有六說法。
宣示三相真論式。　五支立宗與應用，
結論三者屬多餘，　周遍不全故非理。
二支亦用第三格，　及第五格引立宗。
設若立宗未言說，　語未圓滿故需問。
愚前應用簡與繁，　二者先後無差異，
復加末尾結束詞。　於智者前唯憑因。
謂與集量之虛詞，　分析而說誠相違。
彼乃第三格所攝，　是故無有何相違。
令他生起果比量。　運用錯誤之能立，
即似論式之法相。　義理思路語言分，
相似論式亦三種。　說過而除邪思維。
對境本體用詞分，　故真能破有三類。

因明論集

似能破過不說過。　外道藏地個別師，
雖作定數不合理。　即不說過說非過，
詳細分類不可思。　自續論式前已說。
謂應成四分十四，　諸雪域派如是許。
能遮不能遮遣中，　真似應成各有七。
六種與半不招引，　第七之半則招引。
自續因亦同等故，　因無周遍相違故，
似能破定非理故，　應成分四不應理。
分二不成屬多餘，　相違似應成減缺，
無因遍成實錯謬，　是故應成非十四。
說承許而立不許。　建立應成具三相，
雖非真實證成語，　反之則有立法相。
有謂應成法倒轉，　引出建立之言詞。
應成語引自續因，　宗法失毀諸論式，
應成語引自續義，　語言反之非如實。
真應成反不引義。　當知果自性法相，
三不可得不招引。　餘真因皆引能立。
倒轉四種引自類，　招引異類有十四⑤。
說許未立不承許。　謂若承許乃是因，
則成容有第四因，　承許若不堪當因，
以應成證不合理。　於他遍計之假立，
以應成證無過失。　雪域諸師如是說，

量理寶藏論頌

---

⑤十四：在自釋頌詞中有十六，但本釋作者已說明這是蒙文本中出現的。

應成答覆三方式。相違不定變成一，
若許似因變成二。最終一切相似因，
皆攝不成一者中。若謂不成分二同，
抑或相違彼成錯。是故智者應成答，
以四方式而答覆，以答不能顛覆者，
隨從彼乃智士軌。何者了知諸破立，
正理論典之教義，彼等智者得受持，
圓滿正覺教真義。

第十一品終

以往生世反覆依，精通智者潛研習，
今生略聞一二次，根嘎嘉村遍知論。
全勝陳那法稱師，集量釋量彼諸釋，
通達了知因明理，造此正理勝理藏。
為摧淡黃足目師，裸體派師鴟梟子，
受持現世美論士，聲聞雪域諸論師，
彼等惡劣邪尋思，方造此部大論著。

雖具些微智力未得善說髓，
日夜勤奮論典略知未究竟，
時刻精進禪修背離佛喜道，
濁世滿足之士慎思依智者。

因明論集

棄說七論正理即如此，老生常談我說此法理，
知理智者縱然歡喜此，多次聽聞亦非愚行境。
依憑善說啟開慧眼已，如實善示所知真如義，
以此善願得見萬法智，而成一切有情之依處。

此《量理寶藏論》，乃出生於印度北方雪域，於聲
明、因明、聲律學、詩學、修飾詞、辭藻學名言之一切
學問無所不知、具有講辯著才華、無誤通達《集量論》
與因明七論、於教理竅訣獲得智慧光芒的釋迦比丘根嘎
嘉村吉祥賢，捨棄措辭語調，淺顯易懂而詮釋，於薩迦
寺撰著。

量理寶藏論頌

解義慧劍論釋

——普照佛教之日

拉色丹畢嘉村尊者　著

索達吉堪布仁波切　譯

依憑其意無二智，降伏無餘諸魔軍，
攝受一切諸含識，怙主文殊前敬禮。
天王成就仙人聖聲聞，住十地大菩薩諸有情，
恭敬稽首禮拜其蓮足，釋迦佛前三門齊敬禮。
救度脫離深不見其底，無邊無際三有之苦海，
趨至遍知寶洲賜慰藉，持彼妙法僧眾前敬禮。
徹知無餘佛教智慧藏，以其大悲開示之善說，
除善緣者心中之貧困，文殊怙主上師足下禮。
以簡短語開顯諸佛理，二諦實相殊妙之含義，
前所未有論典善說句，依師威力盡己所能釋。

　　具有智慧的補特伽羅依靠曾經累積善根之因作為前提，根據各自的緣分品嘗到如來教甘露的所有這些人首先認識到，眾生在欲、有、見、無明四大瀑流盈盈充滿、無邊無際的三有之處周而復始地流轉，與水車有六個方面的相同點，（故如水車。）隨之帶著極不悅意的念頭渴望棄離痛苦的驚濤駭浪，而棄離的辦法只有如理如實洞悉萬法的佛陀所宣說的妙法，除此之外，被數論

派等宗派視為天尊的遍入天、自在天等天神，以及名揚世界的人間轉輪王等，他們誰的教派中也不具有。從而將獨一無二本師佛陀的聖教視為殊妙絕倫，倍加珍惜愛重。依照（《俱舍論》中所說：）「守戒具足聞思慧，極為精勤而修行。」作為有幸步入如意寶般佛門的我們，相應各自的智力，在不久的將來必能越過輪迴、寂滅二邊而自在富有圓滿功德法。佛教具有博大精深的特性，堪為包括天人在內一切眾生唯一的吉祥依怙，甚至佛的名號也是千載難逢，遠遠超勝遍滿奇珍異寶的大海與甘露汪洋。因此，我們要原原本本地按照聞思修的次第來進行。佛教也包括所詮與能詮兩個方面，我們要通過認認真真、詳詳細細辨別這些道理的方式來品嘗正法的美味。有關在聞法階段重要性的問題，當參閱至尊上師（麥彭仁波切）所著的《聲明論》來了知。

此處講解通過思維的途徑通曉意義要點的論典《解義慧劍論》分三：一、能說之名；二、所說之論；三、圓滿末義。

甲一、能說之名：

解義慧劍：

其中的「義」，通常而言，就是世間上人們共稱「句義」中的「義」，它是指能詮與所詮中的所詮。而這裡的「義」，是指世尊所闡示的因法相乘與果密宗金剛乘即顯教密教如意寶以及解釋它們密意的所有注疏。

92

成為如實地通達佛法一切要訣的障礙，就是未證與邪證，由這種垢染導致我們不能輕而易舉地品味到世尊的妙法甘露，而徹頭徹尾地消除這所有障礙之後，再通過正理的管道來抉擇佛陀及其追隨智者們所承許的意義所在，進而毫不顛倒、毫無懷疑地生起定解，就像白天現見眼前存在的色法一樣。而通過聽聞等途徑深入研學此論結果必能在自他相續中生起這樣的定解，故為「解」。

如果有人想：怎樣才能生起定解呢？

依靠無誤通達二諦實相的智慧來生起定解。由於憑藉這種智慧能夠頓時斬斷不悟識、顛倒識與懷疑等愚昧之網，為此從同法的角度而稱為「劍」，因為與鋒利的寶劍劈斬莽莽密林的作用相仿。

我們要明確，此論的取名方式是以所詮與比喻相結合來取的。

甲二（所說之論）分三：一、初善造論分支；二、中善所造之義；三、末善結尾之義。

乙一（初善造論分支）分二：一、禮讚句；二、立誓句。

丙一、禮讚句：

宗正盡斷過，三義無懷疑，

妙慧智寶藏，文殊尊前禮。

作者首先頂禮，對於依靠教理詳加分析達到極點的

因明論集

意義，以更無高超的定解作為安立的界限來相應安立，這就是宗派。宗派的意義有符合實相的正確之義與不符合實相的錯誤之義兩種。錯誤之義，就是指淡黃派等所安立的與實相不符的相似教理，以狡猾惡劣手段創立的宗派。佛陀安立的聖教是符合真正實相的聖教量，依之能夠獲得解脫與遍知果位這一點憑藉正理可以證實，故而成立正確無誤。淡黃派等，依於相似的顛倒教，是在對萬法實相一無所知的同時加以推理宣稱，因此純粹是錯誤的，並且依之不能獲得解脫與遍知果位這一點憑藉正理也能證明。

　　為什麼佛陀的聖教是正確的呢？

　　因為此教的宣說者是已經如理如實現量照見萬法實相而盡斷一切過失的緣故，他所指示的道完全與實相一致，因此正確無誤，就像無有眼翳者的所見一樣。相反，那些外道本師自己尚未斷除迷惑，因此他們所講說的教也絕對是錯誤的，如同有眼翳者的所見一樣。

　　如果有人問：佛教是聖教量、本師遍知的智慧現量照見萬法是正量這一點怎麼成立呢？

　　由於通過正理的途徑毫不顛倒地闡示所量的緣故，以比量足可證明本師是正量、佛法是解脫無與倫比的津梁，誠如理自在的論典等中所說的那樣（由此也能證明佛法是正量）。對於現量照見一切所知的佛陀所宣講的正確宗派，如果以宗法、同品、異品這三相或者三義的

解義慧劍論釋

方式加以衡量，就能認識到它具有對意義無欺生起定解，無有懷疑黑暗而顯露妙慧光明的特性。這以上闡述了安立論體並同等說明了聖教量、現量與比量。

在擁有如此無垢智慧妙力的主尊、超勝絕倫的本尊、智慧寶藏的文殊菩薩面前恭敬頂禮。本來，具有三量耀眼奪目無垢光芒者就是諸佛出有壞無二的智慧，這一智慧就是文殊菩薩的本體。或者說，由於文殊菩薩是三量的源泉，故而在堪為智慧大寶藏的文殊菩薩前頂禮膜拜。這是作者了知理由而作的頂禮。依靠此禮讚句對三量之源泉的文殊禮讚，同時也表明對具有現量照見一切所知之智慧的佛陀、佛法聖教量以及通過三義對佛法生起定解進而見諦無有疑垢的諸位聖者即三寶禮讚，作者以了達三寶即是文殊菩薩之本性的方式而作禮，間接也說明我們必須要由經三義的途徑來抉擇、悟入具有現量洞曉萬法之智慧的佛陀所宣說的無誤佛教宗派。所謂的三義，在三量的場合是指三相推理，在其他場合當中，則是指觀察名言量、觀察勝義量、決定雙運量等等。

丙二、立誓句：

> 深廣難通曉，佛教之甘露，
>
> 何者欲品嘗，賜彼智慧光。

遠離有無、有無二俱、非有非無一切邊微妙甚深空性勝義諦以及地道、十度等浩瀚廣大的世俗法，這二諦

因明論集

甚深廣博，因此極其難以通達，具有如此特性、大慈大
悲如來的大乘顯教密教甘露，一經品嘗便能遠遠避開衰
敗過患。對於往昔曾經積累過二資、渴望品嘗到妙義美
味的諸位有緣者，作者我懷著慈悲的心腸賜予能開啟他
們相續智慧的殊妙善說光芒——這部論典。這是立誓
句。關於取名、禮讚與立誓的必要，按照一般論典來了
知。

乙二（中善所造之義）分三：一、宣說所量之二
諦；二、宣說能量之二理；三、宣說如此衡量之果。

丙一、宣說所量之二諦：

> 諸佛所說法，真實依二諦，
>
> 世間世俗諦，超凡勝義諦。

精通調化眾生之方便、具有無量大悲、大徹大悟萬
法之真如而現前正覺的一切佛陀唯一為利益所化有情所
宣講一切妙法的所詮（意義）是真實依靠二諦來闡示
的。

二諦究竟是指什麼呢？

成為世間名言之心的對境就是世俗諦，作為出世間
正智的對境是勝義諦，如《父子相會經》中云：「了知
世間此二諦，汝非他前聞自知，彼即世俗勝義諦，此外
無有第三諦。」由於除二諦以外的第三諦不可能存在，
因此輪涅諸法完全可包括在這二諦之中。其中，世俗諦
是萬法的現相，在有戲論名言之分別心前真實存在，因

解義慧劍論釋

此稱為「諦」；勝義諦，是萬法的實相，在遠離戲論之聖者的智慧前真實不虛，故而稱為「諦」。誠如月稱菩薩親口說：「癡障性故名世俗，假法由彼現為諦，能仁說名世俗諦，所有假法唯世俗。」《入行論》中也說：「勝義非心境。」我們務必明確，比原原本本證悟二諦的自性更勝一籌的其他證悟絕不可能存在，按照乘的次第，對二諦各自之實相證悟得越來越深入。

丙二（宣說能量之二理）分二：一、略說二理；二、以四理廣說。

丁一、略說二理：

> 二諦之自性，無謬解慧入，
> 修成淨二量，勝妙之慧目。

對於如是所量世俗與勝義二諦的自性或實相，如果依靠無倒的能量無謬如實定解的智慧深入領會，那麼自相續中定能修成無有錯亂之過垢的觀察名言量與觀察勝義量——二量如下文中所說堪為第一美妙的慧眼。言外之意是說，倘若不具備這樣二量的明目，就無法一五一十地現見二諦的實相。

丁二（以四理廣說）分三：一、能量四理；二、宣說彼之作用四法依；三、宣說八辯才之果。

戊一（能量四理）分二：一、說前三理；二、說證成理。

己一（說前三理）分三：一、總說緣起顯現；二、

別說彼之因果體三理；三、隨同三理而攝義。

庚一、總說緣起顯現：

> 顯現此等法，皆依緣起生，
>
> 無所觀待法，不現如空蓮。

凡是在世界上顯現的這一切有實法，無一例外都是依靠裡裡外外的因緣，以緣起的方式而產生的，例如種子生芽、無明生行等等。假設是不觀待內外因緣的任何一法，也不可能顯現為受用境，就像虛空中的蓮花不可能顯現為所取境一樣。正是由於這種原因，聖者龍猛菩薩才說：「未曾有一法，不從因緣生……」

庚二（別說彼之因果體三理）分二：一、宣說作用理與觀待理；二、宣說法爾理。

辛一（宣說作用理與觀待理）分二：一、真實宣說；二、彼之必要。

壬一、真實宣說：

> 因緣齊全故，起生果作用，
>
> 諸具果性法，皆待各自因。

顯現的緣起也是通過因作用、果觀待、體法爾這三種方式而存在。其中開頭這一頌講了前兩種道理。種子之因與水肥、溫濕等緣能產生自果的因緣組合樣樣齊全，故而能起到產生苗芽之果等的作用，這是作用理，因為這些因起到產生這些果的作用。可見，內外的這些有實法是在因緣面面俱到的情況下才這般顯現的。如果

因緣組成殘缺不全，那麼就不會生果，一旦因緣聚合齊全，即使不想有果也避免不了，這是永不欺惑的道理。

我們要清楚：世間上人們有目共睹、眾所周知所有具備果本性的法都是一樣，稻子的果實觀待稻子的種子等等，有實法通通觀待各自的因，這是觀待理，因為是無則不生的推理。由此可知，這所有法不是由無因、他因中產生，而是由各自因緣聚合中生果的，因此是果觀待因。如（《釋量論》中）說：「無不齊全因，何故果消失。」又云：「無有無因果……」

壬二、彼之必要：

> 故知因與果，處及非處理，
> 行止諸作為，宗派工巧等，
> 皆源彼根本，是故彼者攝，
> 世間之學問，出世之學處。

為此我們要明確，由於一切法由因產生、果觀待因而生、否則不會產生，所以因作用理、果觀待理中，由某因生某果，某果觀待某因，這就是處，例如，稻子的因產生稻果，稻子的果觀待稻子的因，這是處……我們也要清楚，某因不生某果、某果不觀待某因的一個法，產生彼果，彼果觀待彼因，這是非處，例如，稻種產生青稞芽、青稞果觀待稻種，即是非處……通過了達這樣的處與非處的道理，在世間中也是知曉此事有果可得才去做，明知無果可圖而放棄不做，可見世間的工巧等、

內外一切宗派也是如此行止，都是以作用理與觀待理為根本，換句話說，了知處與非處的道理都依賴於它們。由此可見，這二種理也完全包含了世間盡人皆知的工巧明、醫方明等所有學問以及出世間方面佛陀所說的三學等一切學處。因此，正如世尊所說：善因中生不悅意之果、惡因中生悅意之果是非處，善因中生悅意之果、惡因中生不悅之果是處……也對此作了詳細闡述。

辛二（宣說法爾理）分二：一、從顯現世俗角度而宣說；二、從空性勝義角度而宣說。

壬一（從顯現世俗角度而宣說）分二：一、真實宣說；二、彼之安立。

癸一、真實宣說：

> 緣起生諸法，皆具依自體，
>
> 住不共法相，堅硬濕熱等，
>
> 名言此法爾，不可否認也。

諸法由緣起而安立，或者說不是緣起而生的法絲毫也不存在。以這種方式產生的現有輪涅所攝的一切法並不是他者所造而具有以各自之本體分別安住在與眾不同各個自相中這一法相。比如，地的法相是堅硬、水的法相是濕性、火的法相是熱性，「等」字中包括風的法相是動搖等等，諸如此類名言諦的這一法爾，是有實法的自然規律，這一點是任何一位智者也辯駁不倒、否認不了的，因為在名言中，這就是有實法的真相，就像依理

無法否定火的熱性一樣。如《釋量論》中說：「有實以自性，安住各本體，同類依賴於，遣除他有實。」

如果有人說：那麼，應成派難道不是遮破了世俗自相成立嗎？

雖然是遮破了世俗自相成立，但那是從觀察勝義作為出發點的，而並不是在世間人面前否定火的熱性等等，因為對於這些，應成派也是按照世間共稱來承認的，在世間中，熱性以外的火根本不存在。

癸二、彼之安立：

> 一法由異法，建立遣餘名，
> 安立無邊義，以自體性住。
> 現量所取境。何者以反體，
> 假立似異法，分別識分析。
> 實體反體立，由此二方式，
> 亦了諸所知，彼廣多安立。

名言的所有法都無一例外，在諸如瓶子的一法上，也是一樣，從各種各樣法的角度也有以「是」、「有」等來建立，以「非」、「無」等來遣餘，這樣的名言安立無邊無際，這些意義在名言中不是由他者所造，而是以各自的體性安住著。就拿瓶子來說，它的自相是無分別識現量所取的對境，在它上面，儘管實際上不成立其他實體，但從無常、俱生以及大腹等反體行相的角度也可依心假立，那一事相中似乎異體的法，以名義混合執

因明論集

著的分別識來分析運用，名義混合執著、可以混合這一點在下文中將給予論述。

我們要清楚，現量緣取外境自相的是無分別識，名義混合執著、可以混合這兩者均是義共相耽著為自相而取境的，這兩者都是有分別識。一切有實法也包括實有和與之相反不存在實體的假有兩種。通過實有、假有兩種方式，也能如理如實地通達無邊無際的一切所知法相。由此廣泛引申出的法相、事相與名相、相違與相屬、境與有境、破與立、顯現與遣餘等等安立多之又多。

實有、假有的差別：不觀待他法自主地顯現行相，就是自相實有；與之相反稱為假有。分類：實有包括能起功用的一切有實法，以理成立實際存在的法，相續穩固安住輪迴階段的法以及獨立自主自在顯現義共相四種分類。假有也包括四種，（一）部分假有，諸如，吝嗇貪欲的部分；（二）階段假有，諸如，不相應行；（三）增益假有，諸如「我」；（四）他法假有，諸如，婆羅門小孩叫獅子。

壬二、從空性勝義角度而宣說：

> 因果體之法，真實中觀察，
> 能生不可得，觀待生亦無。
> 雖現各自體，體性本為空，
> 三解脫法界，勝義之法爾。

解義慧劍論釋

上述的因作用理、果觀待理以及體名言法爾理的法也就是因果體所有法，用觀察勝義的一切理證在真實性的真如中加以觀察分析，則了不可得。如果以破四邊生的理證來分析，則由因生果的作用理極微塵許也得不到。如果以破有無生因等來觀察，則果觀待因而生的觀待量也同樣不存在，因為如果以觀察這些的四種理或五種理或七相推理等來分析，則何時何地都得不到。顯現各自本體的這些法，如果用離一多因等來剖析，那麼並不是像以他法來空那樣，而是各自體性原本為空，無有自性。世尊也說：非以空性成空性，非以無相成無相，非以無願成無願，而諸法體性即是空性。諸大論師也異口同聲地說過：假設中觀師說「有實法是空性」，那麼中觀宗將成為斷見派，然而，中觀師說「有實法自性為空性」，因此中觀宗並不是斷見派……

因明論集

因此，這般顯現的一切法如同幻化的馬象等一樣是在不成立實有的同時顯現的，而在勝義中作用不可得，故而是因無相，觀待不可得，故為果無願，法自身的體性不存在，故為體空性，具此三解脫門的法界無餘消除一切戲論之網，是諸位聖者各別自證智慧所了悟的行境，這就是勝義法爾理。這樣的法性是萬法的究竟實相，而並不是由分析才重新產生或者通過修行重新形成那樣，一切如來出世也好，沒有出世也好，萬法在這一法性中如如不動，為此稱為真實際或者真如等等，名言

103

中取上諸如此類的眾多名稱。《入中論》中云：「若諸佛出世，若佛不出世，一切法空性，說名為他性。實際與真如，是為他性空。」《經莊嚴論》中也說：「慧見唯心已，悟心亦無有，智者知無二，安住真法界。⑥」因此，除了這一迷亂以外所謂的輪迴絲毫也不存在，消除迷亂以外所謂的涅槃絲毫也不存在，所以說有寂等性、輪涅等性以及大淨等、無改自住之瑜伽等也極富合理性。

彌勒菩薩親言：「我見本性非真我，非為劣住相異故，唯二者彼生誤故，解脫唯是盡錯謬。⑦」

庚三、隨同三理而攝義：

> 作用觀待理，有實之法爾，
>
> 理終歸法爾，緣由無所覓。

概括地說，在名言中，作用理與觀待理也是有實法各自名言的實相或法爾，因此正理歸根到底就是法爾理，因為由因生果、果觀待因這些也是各自的法爾。只要決定是法爾，所謂青稞的種子為何能產生青稞的果實、青稞的果實為何觀待青稞的種子等等理由無可尋覓，因為這是有實法的必然規律，就像火的熱性一樣。

己二（說證成理）分二：一、略說；二、廣說。

庚一、略說：

---

⑥唐譯：心外無有物，物無心亦無，以解二無故，善住真法界。
⑦唐譯：我見非見我，無相非無緣，異二無我故，解脫唯迷盡。

二諦之法爾，隨同而衡量，

事勢理成故，即是證成理。

現相與實相，自體現量顯，

或依現量見，無欺比量他。

　　上述的世俗與勝義二諦的法性，依靠如實切合實相的一切正理衡量任何一者都能通達，這是有實法的事勢理，或者由事勢理間接證明，因此誰也無法憑藉符合意義的詞句來推翻，所以叫做證成理。如實顯現的現象世俗與如實安住的實相勝義各自的本體作為現量的行境而斷除增益，或者雖然本體不是現量顯現但依靠現量見到它的因（理由）而證知任何所證對境，就一定能夠做到無欺推測其餘所證事，例如，由煙的因推出火。證成理也有四種，現量衡量勝義的本體，如聖者入定智慧；比量衡量勝義的本義，如由緣起理證成無我；現量衡量名言的本體，如眼識了別青蓮花的青色；比量推測名言的意義，如由現量見到的煙推測火。

　　庚二（廣說）分二：一、現量證成理；二、比量證成理。

　　辛一（現量證成理）分三：一、總說；二、別說；三、攝義。

　　壬一、總說：

　　　現量共有四，無誤根現量，

　　　以及意現量，自證及瑜伽，

現彼境自相，是故無分別。

證成理中，現量有四種，是哪四種呢？其一、不被眼翳、坐在船上感覺山在動搖之類的迷亂因所蒙蔽的根現量；其二、無有瘋狂迷亂的意現量；其三、享樂受苦等無需他者而自我領受的自證現量；其四、瑜伽行者的等持現見在他者前隱蔽之某法的瑜伽現量。現量的對境不是單單的義共相而是顯現對境的自相，因而無有分別念。本來分別念有本性分別念、尋伺分別念與名義混合執著之分別念三種，這裡是指沒有名義混合執著之分別念，如云：「現量不誤離分別。」

設若無現量，無因無比量，

因生彼滅等，凡現皆不容。

若爾彼空等，依於何者知？

不依名言諦，不得證勝義。

解義慧劍論釋

假設無有這些現量，煙等理由就不存在，為此比量也不復存在，因為比量是依靠現量見到的理由而產生的，如云：「由三相因知本義。」再者，如果現量不存在，則種子的因中生苗芽、最終苗芽滅亡等世間人們親眼目睹的萬事萬物都不可能見到了，如果見不到這些事物，就說明這些不存在，結果凡顯現的事物自性空等依靠什麼理由來得知呢？因為不依靠世間顯現這一名言諦的方便，就不能證悟方便生的空性勝義。意思是說，勝義諦並不是身語意的行境，因此誰也無法直截了當赤裸

裸地展示它。諸位大德依靠如此顯現的名言法，就像用手指指示月亮一樣，讓一切有緣者各自趨入證悟的境界，因此說名言諦是方便，依此而證悟的勝義諦是方便生。聖者龍猛菩薩親言：「若不依俗諦，不得第一義，不得第一義，則不得涅槃。」又說：「了知此緣起，去惡見網念，除貪嗔癡故，無染趣涅槃……」月稱菩薩也親口說道：「由名言諦為方便，勝義諦是方便生，不知分別此二諦，由邪分別入歧途。」

因明論集

壬二（別說）分四：一、根現量；二、意現量；三、瑜伽現量；四、自證現量。

癸一、根現量：

> 五根所生識，明了受自境，
> 根現量彼無，如盲不覺境。

眼根等五根所生的眼識等，明明了了領受自己的對境——色等，這就是根現量。假設根現量不存在，就會如盲如聾，覺察不到外界自己的對境——色等，因為無有根現量之故。

以從「存在」的方面認定現量與「不存在」的方面作假設這兩種形式加以闡述，以下正量也都依此類推。這些均如火與熱性一樣安住在有實法的實相中，如果認為這些安立是通過理證的管道重新形成，那完全是錯誤的。這一實相只不過是依靠理證得以開顯而已，就像倉庫裡的財物依靠燈而明顯一樣。這樣來理解才是智者之

舉。因此，關於這一點，不僅是在這裡，而隨時隨地都
要通曉。

癸二、意現量：

> 意根所生者，明斷內外境，
> 意現量彼無，共知法識無。

由意根產生、明確認知色等外境與夢象等內境的有
境，就是意現量，如果意現量不存在，那麼共同了知內
外一切法的識就成無有。在講根現量與意現量的此時，
就是總體認清這兩種現量的本體，而並不是說單單的真
現量。正量以前文中所說的「不誤」作為特徵，後面還
要講述。

癸三、瑜珈現量：

> 依教善修行，終明受自境，
> 瑜伽現量無，不見超凡境。

諸位瑜伽行者遵照上師佛陀出有壞及其隨行的諸位
大德巧妙宣說的聖教，通過無誤的方便途徑認真修行，
修行趨於究竟時，無現入定中明確領受人無我與法無
我，有現後得時明確領受見二千、三千及無數世界等自
境互不混淆的對境，這就是瑜伽現量。如果瑜伽現量不
存在，那麼就見不到超越所有凡人行境諸位瑜珈師境界
的真義，結果瑜伽師與平凡者成了無有差別。如此一
來，所謂的「瑜伽世間破，平凡世間者」等等說法均成
非理。

解義慧劍論釋

癸四、自證現量：

> 現量領受色，如實除增益，
>
> 自心若有彼，知彼他無窮。

眼識通過現量領受而對自己對境的色法，能如實排除黃色海螺等增益，如果自己的心也有這樣通過領受而不觀待他法來斷除對境的增益，那麼它以自證不能了知而還需要有一個其他了知者，這樣一來，它（其他了知者）也需要一個其他了知者……結果就成了無窮無盡，因為如果了知對境者與了知識者同時存在，那麼了知識者還需要其他了知者……結果依然成為無窮。如果二者不是同時而是後識來了知前識，也如前一樣成為無窮。

> 故以明知體，猶如知對境，
>
> 無待而自明，此即稱自證。

因此，識與車、牆等無情法相反，以所具有的明知體性，猶如了知外境色法一樣，也能自我了知，而不觀待他法，自明自知，這就叫做自證。《中觀莊嚴論》中云：「遣除無情性，識方得以生，凡非無情性，此乃自身識。」所以，在這裡剎那識並不需要其餘能了知它者而自我了知，這就是自證。諸如前識了知後識、後識了知前識那樣，這雖然是自相續的識作為對境，但也該歸屬在他證的範疇內。實際上，如果識存在境與有境二者，也同樣是他證，剎那識並不存在境與有境二者，而且不是無情法、是心識、不需要其他能知者等等，關於

109

這方面的分析，在理自在的論典中有詳詳細細的說明。

　　　依他現量受，能定現量者，

　　　唯自證彼無，依他皆不成。

　　對於依靠其餘三種現量領受，能確定它是現量者唯有自證，因為（其餘三種現量）是從它們明確領受自境的角度安立為現量的，而所謂「以自心領受如此如此」無需詢問他人而成立，因為是自證的緣故。假設自證不存在，那麼依靠其餘任何推理方式都無法證明它們是現量。如果說藍色是以眼識確立的，那麼請問眼識本身是由現量還是比量證實的？假設說它是以現量證實的法，那麼所立與能立要麼是同時，要麼是不同時，而無有其他情況，所立與能立同時不可能，假設二者並存產生則不該是所見與能見，因為只要是同時生就互不觀待。不同時也不合理，因為，第一剎那眼識如果是由它後面的識來斷定，斷定它的識仍舊需要他法來斷定……結果如前一樣成為無窮。再者，由於外觀內觀交替產生的緣故應成緣取藍色的識中斷，並且應成識不遷移到對境上……有許多過失。詳細內容，在理自在的論典中有明示。假設憑藉比量來證實眼識是現量，則不成立，原因是，只要一開始眼識本身沒有現量領受，與之相屬的法就無從安立，只是根與境等存在並不能證實眼識存在，這一點正如《釋量論》中所說的那樣。

　　壬三、攝義：

比量本現量，現量自證定，

歸不誤心受，而無餘能立。

故依離分別，不錯現量已，

於現前諸法，能除諸增益。

對於任何外境，比量推理依賴現量領受方得產生，因此它的根本就是現量。現量也是由自證領受自我確定無疑是現量的，所以一切現量歸根到底就是不被內外一切迷亂因所蒙蔽之心的自證。而對於任何法來說其他能立無可尋覓，因為原本就是由不錯亂之心來領受的緣故，如同已經得到大象一樣。為此，依靠遠離名義混合執著的分別念而沒有錯亂因迷惑的根現量、意現量以及自證現量、瑜伽現量四種現量，對於所有成為現量對境的青蓮花等一切法，能遣除非青色等增益，因為通過現量的途徑能夠如是證成它們，這一點我們務必要了知。可見，「由煙之因證成火」之類的所有比量，最終的落腳點就是諸如現見煙一類的現量。現量最終也要歸屬在以自心明確領受對境中，即歸根結底就是自己如此生起領受在自心前毫不隱蔽的自證。如果在世俗中自證不存在，那麼一切量的安立均不合理，因此我們必須分清一切論典中破的是自證成實。

這以上是將文殊上師的部分教言以旁述的形式講述了一番。

辛二（比量證成理）分三：一、本體；二、分類；

因明論集

三、除諍。

壬一（本體）分三：一、以何心比量；二、以何因比量；三、以何方式比量。

癸一、以何心比量：

> 取境義共相，混合名能知，
>
> 是有分別識，圓行異名言。

瓶子等對境的一切法，依靠語言分別遣除非本身的他法而執為瓶子等的所取境就是共相，對此通過顯現（自相）、假立（總相）誤為一體而能了知自相，如《聲明論》中說：「遣餘之共相，誤解知自相，共相外自相，無言說分別。」這樣的義共相首先以心來緣取，進而就像了知、熟悉名言者將通過遣餘把所說的名稱瓶子等語言與所詮義混合一起那樣以心來混合，從而能了解瓶子等，這就是名義混合執著之分別心。依靠這些，在世間中能完全運用破立一切有實法的各種名言，因為具有心、名、用三法的必要。

解義慧劍論釋

> 不諳名言士，心現義共相，
>
> 依可混名念，於境行取捨。

諸如幼兒與旁生不了知或不熟悉名言的眾生，在心裡也能顯現義共相，儘管他不知曉名稱，但將來可以混合，依靠名義可混合的分別心能夠取捨一切外境，諸如通過分別的方式求水、避火。

> 若無分別識，破立名言無，

故比量學處，誰亦無法示。

如果這樣的分別心不存在，那麼對任何事物向外遮破、向內建立的一切名言在世間中也成無有。因此，依此比量確定外境以及所行所止的任何學處也無法向他眾闡示。

分別衡量證，尋後等隱事，

分別比量無，皆成如嬰兒。

故而，依靠分別心能衡量、確立尋求未來法以及追憶過去事等等現在沒有現前的一切隱蔽事。可見，假設有分別的比量不存在，則依靠推理而取捨善惡的所作所為通通不復存在，結果所有人都成了剛剛降生的嬰兒一樣一無所知。

癸二、以何因比量：

依何能知何，即因彼宗法，

同品異品遍，三相全無誤。

依靠煙之類的任何因而能了知火之類的任何所立，這就是此所立的因。此因在宗法上成立，所立隨著此因而存在的同品遍，所立倒轉、因也倒轉的異品遍，這三相齊全，就能無誤證成所立。所以，依靠三相齊全的因比量推測隱蔽事的所量，比如說，「有煙的山上，有火，有煙之故。」欲知有法與所立聚合的聚義就是宗的法相，但在這裡，聚義其一的有法被稱為宗。有煙的因在有法上成立，就證明宗法成立，所立——火隨著它的

因——煙而存在，所立——火一經消失，煙的因也決定消失。

現量所抉擇，因中能推測，

個別隱蔽分，依繫證所立，

果因自性因，不得相違得，

破所破不得，如是歸三因。

同品遍、異品遍需要依靠因與所立的相屬而確定，為了易懂而結合比喻來說明，在所有同品上存在稱為同品遍，在所有異品中不存在稱為異品遍。由依靠四種現量的任意一種抉擇的因中比量推測成為根等個別隱蔽分的外境，能夠決定，這也是借助同體相屬與彼生相屬任意一種相屬來證成某一所立的，由彼生相屬證成果的因，就像上面以火的果作為因（理由），就叫做果因；通過同體相屬而由該因證成所立，諸如「瓶子是無常，所作性故」之類將自性立為因，就是自性因；在某地運用可現不可得之因來建立無有所立的名言，如云：「面前的此地無有瓶子，可現不可得之故」立為不可得因，或者「東方無有冷觸，強有力的大火蔓延之故。」以違品可得遮破某一所破，就是不可得因。如此比量的所有推理歸納起來可歸集在這三種因當中。這些在運用自續因時都同樣需要三相齊全。

關於以上這四種理，如來在論藏中有詳細闡述。《解深密經.對法品》中云：「理有四種，即作用理、觀

114

待理、法爾理、證成理……」其中對此作了廣說。這是照見因果教典之意義的明目，因此諸位有緣者一定要在不離開此理的前提下而深入意義。

癸三（以何方式比量）分三：一、以所量而安立三種、六種；二、以建立方式而安立四種；三、以緣取方式而安立二種。

子一、以所量而安立三種、六種：

真實諸顯現，本來等性故，

心淨見清淨，住淨自性中。

如果用觀察勝義的究竟中觀與密宗所說的所有正理加以分析，那麼在真實性中，如此顯現的輪迴涅槃等一切景象，本來就無有賢劣取捨等差別而是平等性的緣故。如果用觀察名言的究竟量——金剛乘諸續部珍寶中所說的一切正理加以分析，則自相續清淨者見到一切器情全然清淨，從而始終安住於實相清淨自性中，這就是名言的究竟實相。

有實依緣生，無實依假立，

是故實無實，自之體性空。

在此似乎顯現的一切有實法，依靠各自的因緣而產生，正在依緣而生時也成立是空性；虛空等所有無實法是依賴否定所破而假立的。為此，瓶子之類的有實法與遮破瓶子之類的空性無實法二者在實相中均不成立，所以諸法是以自體性而空的，如經中云：「何依緣生彼無

生，彼生自性皆非有，依緣何法彼空性，誰知空性即謹慎。」《入中論》中說：「有為等法性，都非諸聲聞，緣覺與菩薩，如來之所作。故有為等性，說名為本性，彼由彼性空，是為本性空……」

　　　　實相義空基，空性無異故，
　　　　現空離說一，各別自證知。

　　在究竟實相真如義中，瓶子之類的空基與否定它的空性二者自相無有異體，因此諸如瓶子一樣的顯現與其不成立的空性二者無二無別，也就是現即是空、空即是現，如水月般，因此是淨等無別，這並不是語言、分別的對境，而借助名詞與假立等任何方式也無法言說。

　　那麼，誰能證悟它呢？

　　瑜伽師的各別自證智慧能夠證知。因此一切器情輪涅在實相中是大清淨的自性，一切法體性空性成立大平等，這兩者無二無別的究竟實相是以各別自證智慧來證悟的，通過三義而了達。

　　子二、以建立方式而安立四種：

　　　　所有諸建立，歸集證有是，
　　　　所有諸遮破，無遮非遮攝。

　　在世間中，對一切所知的所有觀點建立的形式完全包含在證成有與證成是兩種當中；所有向外遮破的形式，為遮破所破之餘不引他法的無遮與遮破之餘引出他法的非遮兩種所涵蓋。除了這四種破立分別以外別無其

解義慧劍論釋

他，我們要知道，以心思維、以口言說的一切形式僅歸集在此。

子三、以緣取方式而安立二種：

> 依量破立理，如理確定已，
>
> 他前亦合理，能說破與立。
>
> 破者即運用，三相自續因，
>
> 依於他承許，以應成語破。

依靠現量等無欺的正量而遮破非理、建立合理所有論式安立確定完畢，接著以自利比量為前提，隨之在他者面前也能說出符合道理而建立自宗合理性、駁斥他宗不合理性的他利比量。並且，破斥他宗，也決定有兩種真能破，一是如自利一樣運用三相推理的自續因；二是三相雖然不全，但用對方的承許立為因而引出應成的語言來駁倒對方的真能破。因此我們要明白通過最初採取自利比量接著實施他利比量的兩種方式而悟入正量的道理。

壬二（分類）分二：一、真實分類；二、攝義。

癸一（真實分類）分二：一、名言量；二、勝義量。

子一、名言量：

> 名言亦有二，實現⑧符不符，
>
> 依於清淨見，不淨觀現世，

---

⑧實現：實是指實相，現是指現相。

二種名言量，如天及人眼。

觀現世的名言有兩種，一是實相現相不一致而顯現，二是實相現實一致而顯現，因此也就存在依於不清淨觀現世的名言量以及依於清淨聖者所見的名言量兩種，這二者就像僅見自境的人眼與自境與人眼之對境俱見的天眼一樣。

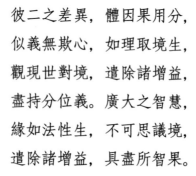

彼二之差異，體因果用分，

似義無欺心，如理取境生，

觀現世對境，遣除諸增益，

盡持分位義。廣大之智慧，

緣如法性生，不可思議境，

遣除諸增益，具盡所智果。

這兩種量互不錯亂而決定的差別，也是以體、因、果、作用四種形式而分為不同的兩種。

首先世間的名言量：

本體：僅對成為現量、比量對境的所知相似意義無欺的一種心。

因：根等各自的任何對境依靠現量等而無倒如理緣取有實法的實相，諸如無分別眼識如理緣取自境藍色、有分別意識由煙的因中生起有火的執著。

作用：對觀現世的對境遣除懷疑的增益，諸如緣取藍色，與黃色等不相錯亂，由煙而生起有火的定解。

果：不誤認為他法而完全受持相應場合的意義。

其次是淨見名言量：

本體：對廣大所知對境無欺的有境智慧。

因：這是後得時的有境，因此繼緣如所法性之後而產生。也就是說，是在諸位聖者的入定中現量照見如所法性以後得到的。凡夫依靠聞慧思慧以總相的方式緣真如之義的定解作為前提，從而對諸法住於大清淨中、一塵中有塵數佛、剎那示現三世一切事業等所有不可思議的行境生起誠信。

作用：對於觀現世心不可思議的對境遣除懷疑的增益。

果：具有徹知一切所知的果。

子二、勝義量：

> 勝義有二種，相似真實理，
>
> 能量觀勝義，彼量亦成二。

觀察勝義的量，也有兩種：一是無生無滅單單否定生滅之類的相似勝義或者隨同勝義，二是現空雙運遠離四邊或八邊戲論的實相，稱為真實勝義。所量勝義，有相似與圓滿兩種理，因此它的能量觀察勝義的量也就成了兩種。這裡的相似勝義不是究竟勝義，而是與究竟勝義隨同的假勝義，真實的勝義才是真勝義，因此是名副其實的勝義。《中觀莊嚴論》中云：「切合勝義故，此稱為勝義，真實中彼離，一切戲論聚。」

癸二、攝義：

依前而入後，猶如患目愈，

正量明目淨，現見淨等義。

上述的兩種名言量以及兩種勝義量這四量也需要依於前前而入後後，比如，要淨除眼翳等疾患就要依靠藥物等措施。同樣，觀諸法的正量明目依靠聽聞等而得以淨化，如實照見究竟觀察名言量——器情大清淨、究竟觀察勝義量——輪涅現空平等性等大平等的本義，使遇到佛法具有意義。其中，關於清淨義，當從諸無上續部尤其是《幻化網密藏續》等了知。關於平等義：要依靠諸般若經及其注釋中觀論典、彌勒所著的《現觀莊嚴論》、《大乘無上續論》等中來了達。對此，儘管依靠上師的大恩大德能夠稍加分析，但鑒於前者屬於密宗，後者唯恐篇幅繁冗而未加書寫。所有渴望歸納此等要點而了知者當拜讀文殊上師所著的《密藏總義善說大寶藏》。

壬三（除諍）分二：一、總說；二、別說。

癸一（總說）分三：一、除不容有之諍；二、除不成立之諍；三、除無必要之諍。

子一、除不容有之諍：

無分別分別，二月夢繩蛇，

有錯未錯分，故成量非量。

無有名義混合執著之分別的根與意，以及有分別的心：例如無分別顛倒根識見二月，無分別顛倒意識顯現

解義慧劍論釋

120

夢境，有分別意識將繩子妄執為蛇，既有見到二月、夢中的馬象、繩子視為蛇的錯亂部分，也有一個月亮、白天的景象與繩子執為繩子之類未錯亂的部分，因而這些從欺惑與不欺的角度，未錯亂立為量、錯亂立為非量的安立極其合理。

若無量非量，誤妄無誤真，

永不可分故，宗派不容有。

假設量與非量的安立根本不存在，則由於錯亂而說虛妄、未錯亂而說真實，根本不可能這樣區分開來，由此所謂「外道是假、內道為真」的宗派也不成立了，結果一切宗派都不可能存在。

子二、除不成立之諍：

真性中析已，現量及比量，

非量如何立，如是之戲論，

皆成體性空，故離諸戲論，

如火之熱性，住名言戲論。

如果有人認為：倘若在勝義中分析，則不成立，因而量不合理。

駁：如果用觀察勝義理在真實真如性中加以分析，那麼現量、比量的正量以及非量，「等」字所包括的所破所立、境有境等如何如何的安立，通通是戲論，如是如是戲論的體性成立為空性，因此是遠離有無、二俱（既有亦無）、俱非（非有非無）一切戲論的本性，就

因明論集

像火的熱性以能遍的方式存在火中一樣，而離戲實相以能遍的方式存在於名言的一切戲論中。

> 是故現與空，無離住萬法，
> 方便方便生，遮一另不證。

為此，「瓶子」之類的顯現與「無瓶」之類的空性二者始終不可分離，猶如水月般安住於萬法當中。可見，顯現是能證悟實相的方便，空性是由此方便所生的方便生，除此之外再沒有步入寂滅的第二門路。為此，遮破「名言」一法而證得另外的「勝義」以及遮破勝義而證成單獨的名言都是辦不到的，因為現空是無二無別的。如果不承許這兩者是方便與方便生，也就另當別論，只要承認這一點，那麼名言中正量非量的安立就完全成立。

子三、除無必要之諍：

> 不析量非量，唯依世人見，
> 趣入勝義諦，此說雖不遮，
> 見此生彼果，世間之現量，
> 依之比量故，未稱不捨義。

如果有人說，在趣入勝義的時刻，量非量的是是非非不加分析，而依照應成派的觀點，僅僅將世間中見聞覺知承許為世俗，如云：「如汝所計依他事，我不許有彼世俗，果故此等雖非有，我依世間說為有。」就是依靠這種方式來趣入勝義諦。

儘管這樣趣入勝義也不遮破，然而見到這一種子生出這一苗芽等等，實屬世間的現量，依靠此現量而推測無生意義等是比量。為此，雖然沒有取量與非量的名稱，但實際上並沒有捨棄量與非量的意義，就是絕不能捨棄的意思。

癸二（別說）分三：一、除觀察名言量之諍；二、除觀察勝義量之諍；三、一致攝義。

子一、除觀察名言量之諍：

　　　　無二名言量，淨見成虛妄，

　　　　不淨見海螺，白黃真假非。

觀察名言的量，如果沒有照見實相的淨見量與照見現相的非淨見量兩種而唯有非淨見量就是究竟的觀察名言量，那麼淨見量並沒有趣入名言的實相，結果就像白色海螺見為黃色一樣淨見量也成了虛妄，如此一來，所有清淨所見層層超勝這一切均成無有。最終上面的所見成了不能勝過下面，經中所說聲緣阿羅漢等現見二千、三千、無數世界，以及他們見到的眾生數目，佛陀在車輪大的地域內照見，佛陀的此剎土，諸位相續清淨者見時，剎土的形狀莊嚴美觀不可限量。諸續部中所說的諸位瑜伽師看水時見到瑪瑪格佛母等等均成非理。如果普通人的所見是正量而聖者的所見是錯誤，那麼經中所說「設若此等根是量，聖者之道有何用？」也成了沒有實義。總之，所謂「我等不明此相而諸清淨者能照見」我

123

們所說的這所有安立皆成隱沒。這樣一來，對不清淨者而言必然不存在實相與現相了。因此，不清淨者所見的海螺白色是實相而真實、黃色是現相而虛妄的安立也不合理。見一個月亮與見兩個月亮、無眼翳與有眼翳、見繩與見蛇等等的真假也不合理，如此一來就成了抹殺世間中安立真假的所有準則。所以，名言也要分為實相與現相進而決定場合的意義，否則，如果認為凡是實相就必然是勝義，那麼自己也會生起迷惑不解之念。

子二、除觀察勝義量之諍：

> 無二勝義量，不知二諦融，
>
> 勝義墮戲邊，自我毀滅矣。

觀察勝義的量，如果無有兩種而只有相似勝義，那麼依靠無遮的單空根本不能了達二諦圓融之理，因為只是受持否定所破的單空執著相。如果沒有通曉二諦雙運，就不能證悟萬法等性。如果沒有證悟萬法等性，就無法證悟遠離一切戲論的實相。實際上持執單空的勝義等也是墮入戲論之邊。如《中觀莊嚴論》中云：「生等無有故，無生等亦無，彼體已遮故，彼詞不容有。」這種法理是戲論的緣故，這一單空也同樣需要分析，結果分析有實法的理證使單空自我毀滅，絕站不住腳。誠如寂天菩薩所說：「若久修空性，必斷實有習，由修無所有，後亦斷空執。」

子三、一致攝義：

所量世俗無，能量心自證，

析無如水月，終無別一諦，

涅槃真實際，諸法究竟故，

識境無別身，智相離中邊。

在真如中，所量的對境世俗法絲毫也不成立，能量
的有境七識聚與自證也是同樣，如果加以分析，則不成
立，現空無別猶如水月。倘若對二諦窮究到底，就是遠
離一切戲邊、不可分割、獨一無二的真諦，也就是涅
槃、真實際。由於如此顯現的諸法安住於實相真如中，
並無較此更高的境界已達究竟的緣故，能知的心與所知
的對境無二無別之身，即是智慧身。它的智慧顯現遠離
由中邊等相之分別念而確定的一切言說，如《六十正理
論》中說：「涅槃唯一諦，諸佛所宣說，謂餘非顛倒，
智者誰分別？」《經莊嚴論》中云：「譬如一陽光，若
現光普照，如是依諸佛，當知得智慧。」又云：「譬如
一日光，普照諸群生，如是諸所知，佛智頓時現……」
如實現前這樣的二諦雙運，就是佛陀的智慧，菩薩聖者
的智慧也與之相隨同。《寶性論》中云：「本智淨見
故，佛智無上故，不退轉聖眾，眾生之皈處……」

這些階段所要了解的就在這裡：追求究竟涅槃的補
特伽羅如果步入如意寶般的佛教，那麼在分析「佛教精
華到底是什麼」的時候，了解到它的精華唯有大乘而發
現大乘只有顯密二理，在一開始舉步邁入法相乘時，它

因明論集

125

的法理決定有世尊親自授記的聖者二大祖師無誤詮釋佛經的中觀與唯識兩種宗派。這二宗的論典分別著重解釋甚深與著重解釋廣大教義。所謂的大乘就是甚深廣大圓融雙運，因為「此乘空行無量宮，能得喜樂乘之最……」因此，我們萬萬不可將這兩種法理視為有勝劣之別，而一定要融會貫通為一軌道。如（《中觀莊嚴論》中說：）「依於唯心已，當知外無實，依於此理已，知彼亦無我。乘二理妙車，緊握理轡索，彼等名符實，大乘之行者。」按照這其中所說而悟入法義，相續中能生起資糧道隨解脫分善根。具足戒律；以別解脫嚴以律己；儀軌完整；威儀完美；對於輕微罪業也以畏懼的心理來看待；圓滿得受任何一條學處。即以上述凡夫的戒律六支作為根本，在此基礎上，上下夜不眠而勤修瑜伽，了知食量適宜等等，尤其在這時聞思要放在主導地位。

當今時代的有些人，暫且不說聖者的智慧，甚至相續中連隨同的法忍也沒有生起，離資糧道還有千里之遙，如同盲人講色法的差別一樣，而嘴上一味地掛著「聞思有什麼用」的口頭禪，這些人，就是在大肆宣揚對佛陀所講的聞法功德製造障礙之惡魔的密語。他們的這些話我們一定要遠遠逃避，而以信心、出離心、菩提心攝持才是最殊勝之舉。如果沒有以這三者任何一者來攝持，就不能成為清淨的正法，因此首先必須要善加扭

解義慧劍論釋

126

轉動機，在善知識面前聽聞浩如煙海的妙法，隨後如理思維大恩上師所傳講的法義，並對義理消除疑暗，應當如同白天一樣達到現見妙法真義的頂峰，那時候，想到經中所說的喜歡言談的所有過失，為了使真義融入自相續而修行瑜伽，這就是堪為正量的多數大德所由經如美花點綴之路的妙道。

要真正踏入這樣的正道，起初必須具備正見。如此依靠中觀諸大理來分析現有萬法之時，（中觀四部境界：）首先分析瓶子之類的所量而生起無實的定解；接下來，依靠無實的力量顯現出現而無自性不成、雖然自性不成立但依緣顯現的現空輪番境界；隨後了達現即是空、空即是現無有輪番而同時雙運；最後，遮破一切戲論之邊而將萬法決定為等性時，就說明圓滿了見解的分析。

而金剛乘教就是生圓道二次第，依靠具有法相的上師灌頂使相續得以成熟作為基礎，隨後，以沒有破誓言及破了誓言而還淨來銜接，絕對將上師的口傳竅訣放在主位，對諸續部如意寶中所說的要點，無誤加以實修，密宗法超勝之處就是由特殊方便所生的智慧，無上四灌頂的智慧本身除了二諦雙運也再沒有別的，依靠證悟如此見解順序的喻光明與義光明等次第，迅速現前究竟二諦雙運的無學果位。即便這樣最利根的善緣者，甚至在沒有對所實修的唯一法門生起定解之前，如果沒有通過

因明論集

聞思來抉擇，那麼根本不了解所謂的密宗到底是怎樣一個法門，而根本不了解密宗到底是怎樣一個法門的密咒師曾經也出現過許多，以後還會屢屢出現，這顯然也由此所導致的。

戊二（宣說彼之作用四法依）分二：一、總說；二、別說。

己一、總說：

> 如此深與廣，慧眼睜開已，
> 定見佛佛子，諸具大慧者，
> 由經之妙道，顯密乘法理，
> 難得誰已獲，莫令空無果。

上述的二諦甚深廣大實相，以正理的管道而見的美妙慧眼睜開以後，自己必定能看見善逝佛陀與佛子菩薩具有大智慧威德力者所由經的樂乘、樂入、樂徑的妙道。接著，毫不畏懼、毫不怯懦地踏上此道。而在這個世界獲得了四大輪圓滿特殊功德的此時此刻，世尊的佛教法相乘顯宗以及果乘金剛密宗法理，極其難逢難遇，尤其金剛乘比諸佛出世更為難得。這些難得之法，依靠自己的福報就在今生今世這一遭需要證得的時候，要屢屢思維而證得，切切不能讓自相續中沒有品嘗到這些美味而空空無果。這是作者對後學的諄諄教誨。

> 具此四種理，具備妙慧光，
> 不隨他轉智，定生四法依。

解義慧劍論釋

不具如此慧，如盲依盲人，

為名句易了，四依成顛倒。

那麼，通過怎樣的方式才能品嘗到佛陀這些教法的甘露美味呢？

對於上面已經講述的具有四種道理之法的共相以及自身的法相，具備自己明了並也能讓他眾明了的智慧光芒，不是隨聲附和等隨他所轉而是憑藉自己的智慧力，依靠四種理，從而決定能生起誰也無法轉變的四依定解。如果不具備以這樣的自力來分析的智慧，那麼就如同盲人依止盲人一樣。僅僅為了名揚世界了不起的大上師等美名、僅僅為了受持詞句、僅僅因為不了義與心識的行境二者容易通達的，顛倒了不依人而依法等四法依的次第，也就是不依法而依人、不依義而依句、不依究竟的了義而依具有密意的不了義，不依見本義自相的智慧而依見義共相的心識。因此，在進行聞思的過程中，說法的善知識與他所說的法二者中，不要依人而要依法，法也有句義兩種，不能依句而要依義，義也有不了義與了義兩種，不要依不了義而要依了義，了義也有心識與智慧兩種行境，不要依心識而要依智慧。通過這樣的方式在自相續中生起正確無誤領會真義的智慧光芒。

己二（別說）分四：一、不依人而依法；二、不依句而依義；三、不依不了義而依了義；四、不依心識而依智慧。

因明論集

庚一、不依人而依法：

是故不依人，而當依正法，

由說理成道，解脫說者非。

四依的順序絕不能前後顛倒，如此而做到不依人而依法。為什麼呢？依靠與能仁佛陀的密意不相違而開示、講說以正理成立的涅槃道才能脫離輪迴，而依靠說法者的能力並不能從輪迴等處解脫出來，因為包括天界在內的三世間中無與倫比的導師世尊也沒有說過依靠他而解脫。如佛親口說：「我為汝示解脫法，當知解脫依自己。」又說：「諸佛無法水沖罪，眾苦親手亦不除，自之證悟非移他，說寂法性令解脫……」

何者若善說，說者縱如何，

如佛為化眾，幻現屠夫等。

任何人如果認真講說不相違佛密意之理證所成立的正道，那麼說法者不管是好是壞，無論是怎樣都可以，例如，佛陀也是為了調化有情而化現為屠夫等行相，世尊因地時曾經在許多食肉羅剎面前聞法，有許多相關的公案。

違大乘義說，說者縱現似，

賢善亦無益，如魔化佛陀。

假設大乘義自始至終都是空性大悲等，而說者與之相違，為自利著想等來宣講，那麼無論他外觀的威儀等多麼溫文爾雅、多麼道貌岸然，但對我們自己也只有害

解義慧劍論釋

130

而毫無利，就像魔化現為相好威儀十全十善的佛陀而宣說違背大乘等法門一樣。

庚二、不依句而依義：

> 聞法而思維，依義不依句，
> 通達所詮義，何說皆無違。
> 為了義欲說，命名而知彼，
> 復勤戲論句，如得象尋跡。

即使是在依止善知識而聞思正法期間，也萬萬不可只是依於能詮的詞句而要依於所詮的意義。為什麼呢？如果正確無誤地通曉了所詮的意義，那麼能詮文詞措辭不管美不美，怎麼說都無有相違，因為正是為了通達詞句的意義，士夫才以欲說之意來命名的，而並不是像外道聲論派所承許以物質的力量運用詞句那樣。其實，命名就是指當時的意義，如果由此已經了解了所要了解的意義，那麼在此之後還繼續將精力放在詞句的戲論上，這就是已經得到的意義斷然捨棄而再度尋覓詞句，如同已經得到大象斷然捨棄又再度為了尋找大象而尋覓象跡一樣，這顯而易見是愚者的特徵。

> 耽著詞句繁，妄念增無盡，
> 由此背離義，凡愚徒勞因。

如果耽著詞句一度繁冗，那麼人相續的妄念紛飛沒有窮盡之前，詞句也同樣沒完沒了地增長，分別念永無止境，詞句也將沒有盡頭。這樣做沒有任何實義，因為

131

依此只會背離所了解的意義，終究不能通達。結果沒有智慧力量的所有愚者最終自己也會對詞句心生厭煩，灰心失望，只是徒勞之因，就像堆砌沙屋一樣。

用樹之一詞，境等外無止，

僅此亦知彼，名言必要已。

僅僅「將樹拿來」這一個詞句，也有東方等地點、過去等時間、檀香樹等形象，它們內部也是一樣，如果從東方的東方等地點、過去的過去時等時間、白紅粗細檀香樹等形象的角度來分，則無有止境。然而只要說「將樹拿來」斷定所理解當時場合「樹」的事物就能明白，那麼用詞的目的也在於此，因為正是為了了知這一點才進行命名的，而依靠它已經懂得了。

手指示明月，愚童視手指，

唯耽句愚者[9]，想知亦難知。

比如，在小孩面前，用手指尖指示月亮，那個愚童不看月亮反瞧手指。同樣的道理，一味沉湎在詞句上的愚者不分析意義而認為一門心思放在詞句上就能分析，更會理解，實際上他們很難迎來斷除疑惑而如實領會的時刻，因為沒有領會意義的要點而只是對各種各樣繁多的詞句大概講講、略知一二並不是解義的智慧。

庚三、不依不了義而依了義：

悟入意義時，知了不了義，

---

⑨原文是唯耽句不取義之愚者，限於字數僅能省略而譯。

不依不了義，而當依了義。

在受持悟入意義的要點時，對於如來所宣說的所有聖教，深入領會到如來親自斷定說的不了義和了義的分類以後，不要全心依賴為引導所化而宣說的不了義，而要依止宣說實相義的了義。原因何在呢？

佛陀遍知已，隨眾界根意，

猶如階之梯，宣說乘次第。

無餘徹見如所盡所萬法的佛陀遍知所化眾生的對境與能化的方便等以後，相應所化有情的種姓界性、鈍利等根基以及信解大小等，為了使他們循序漸進抵達遍知果位，而從宣說聲聞有部開始直至無上金剛乘之間，如同階梯般逐步宣講了乘的次第。

念及何用意，秘密意趣八，

依詞以量害，必要說亦有。

如果有人想：那麼，這些不了義依靠什麼樣的方式來辨別呢？

從具有秘密與意趣的角度來受持不了義與了義。其中有用意、必要與能害的是不了義。相反，沒有用意、必要也無有能害的是了義。

不了義也有秘密與意趣兩種。秘密分為用意指蘊等法的令入秘密以及相秘密、對治秘密、轉變秘密四種，意趣也包括平等意趣、別義意趣、別時意趣、補特伽羅意樂意趣四種，共有八種。這些如果原原本本從字面上

因明論集

直接理解，勢必有量理的妨害，但也有為了讓聲聞趨入大乘等必要而宣說的情況。

是故四派至，究竟金剛乘，
下未證悟分，上者明抉擇，
依教理更成，見而持了義，
天鵝水析乳[10]，智者遊教海。

因此，有部、經部、唯識、中觀四派直到究竟無上金剛乘之間，下面宗派沒有證悟的無分微塵等部分，上面的宗派明確地將微塵抉擇為空性等等。具有殊勝智慧的補特伽羅，依照盡除過失的如來聖教，現見層層向上所證悟或所體悟的境界更為高超依理完全成立之後，受持非不了義的了義，就像水中析乳的天鵝一樣能夠在佛陀教典的大海中盡情暢遊。

這裡，四種秘密中，

一、令入秘密：諸如，佛說色等外境存在。這裡的用意是指顯現分。以理妨害：如果直接從字面上理解色法存在，那麼以觀察無分微塵的理證等有妨害。必要：為了使聲聞步入大乘等等。總之就是單單作為令補特伽羅趨入上道而宣說的一切法。

二、相秘密：諸如，在下乘的場合裡，隨從諸法的法相而安立，宣說唯識、安立三自性、自己是自己的怙主等等。用意是指以心顯現萬法、安立三法相的方式，

解義慧劍論釋

_____

⑩天鵝水析乳：原文本是像水中析乳的天鵝之義，但限於字數只能以此表達。

134

成辦利樂依賴於自己。實際上，心並不是圓成實，我並非實有。但是，從那些所化眾生暫時只能理解到這種程度而安立宗派。可見，按照唯識的觀點，說無自性也是一種密意。雖然有人解釋說成是遍計無本性等義，其實需要以最終有沒有理證妨害來確定是不是有密意。

三、對治秘密：為了對治輕蔑佛陀；輕視正法；懈怠；稍有出色便滿足；我慢；貪執三界圓滿；以後悔心而不行善法；退入小乘這八種障礙而次第宣說，我那時轉成拘留孫佛；如果對恆河沙數佛陀恭敬承侍供養則生起大乘的證悟；發願往生淨土便得以往生彼剎；在有些眾生面前讚歎布施等而在有些眾生面前貶低布施；讚歎個別佛陀身相等；讚說有些佛剎完全清淨；對佛菩薩加害轉生善趣；究竟說為一乘並授記聲聞成佛而說這樣的大乘。在這一場合，如果按照唯識的觀點，則說究竟一乘承許為秘密；如果按照中觀的觀點，則說三乘也是秘密或者不了義，宣說一乘授記聲聞成佛並不是密意而許為了義。為此，這些秘密與意趣結合場合的意義而確定是密意非密意的差別要依靠以理有無妨害來定。

四、轉變秘密：諸如說「無實知實義，善住顛倒中，以惑所折磨，獲得勝菩提。」這裡的用意：心思散亂是實義，而無有心思旁騖的現象則「知實義」，常淨我樂及主物等顛倒過來即是無常等，依靠通達了這一點而善加安住，為利他苦行的長期煩惱極度折磨，依此而

因明論集

獲得勝妙菩提。

意趣是為了斷除認為佛法淺顯容易證悟進而輕視正法的心態。四種意趣中，

一、平等意趣：諸如釋迦佛說：我那時成為拘留孫佛，這裡的用意是指法身平等。必要是為了斷除蔑視佛陀。針對有些人認為名言中因地不同的補特伽羅依靠道次第而修行，結果成佛也各迥然有別之想，用意只是指平等性，而並不能真實建立一個相續。諸如此類其餘意趣也相應類推來理解。如果沒有認識到這一點，那麼就無法安立說「有密意」，因為不是密意而是直截了當說明意義的語言，如此一來，也就不存在以理妨害，這樣所謂為了必要而說的有密意也僅成虛詞。

二、別義意趣與相秘密相同。

三、別時意趣：諸如佛說：「發願往生佛剎者往生彼處。」用意是指經過很長時間能夠往生。必要：遣除人們的懈怠。

四、補特伽羅意樂意趣：諸如，在有些人面前讚歎布施而在某些人面前貶低布施。用意是指，觀待不行善而言布施殊勝，觀待持戒而言布施低劣。必要：使人們發放布施與嚴謹持戒。

四種意趣可以包含在對治秘密中來講解。《大乘經莊嚴論》中說：「令入之秘密，以及相秘密，對治之秘密，轉變之秘密，聲聞及自性，除過及語深，是名四秘

密。平等與別義，及別時意趣，補特伽羅意，當知四意趣。輕佛及輕法，懈怠少知足，貪行及慢行，悔行不定退，眾生之障礙，對治說大乘，依此能遣除，彼障一切過[11]。」

甚深金剛乘，六邊四理印，
傳承竅訣伴，無垢理抉擇。
諸法本清淨，大等性雙融，
依憑二正量，抉擇之真義。

由於是利根者的法，或者說如果沒有破誓言，依此在一世或七世或十六世之內必定現前果位，故而為甚深金剛乘。四續部如意寶，或者無上續部分為三種，共有六部，這些也有是不是原原本本字面意思等六邊，名義等四理，在無緣分者面前密而不露加以印持，這是金剛乘的竅訣道。因此，與傳承上師的竅訣朝夕相伴，以無有錯誤垢染的智慧依靠四理等理證加以抉擇，最後證悟現有諸法顯現成立本尊與有境成立智慧而清淨、輪涅大等性，以中觀推理等而證明，當證悟了二者圓融雙運時，就達到了究竟，也就是以二種正量抉擇而得出的結論。

顯宗及生起，圓滿大圓理，
詞總隱究竟，無違入此要。

因明論集

---

[11]唐譯：所謂令入節，相節對治節，及以秘密節，是名為四節。聲聞及自性，斷過亦語深，次第依四義，說節有四種。平等及別義，別時及別欲，依此四種意，諸佛說應知。輕佛及輕法，懈怠少知足，貪行及慢行，悔行不定等。如是八種障，大乘說對治，如是諸障斷，是人入正法。

以世俗幻身為例，從中也說明諸法如幻。字面的意思與顯宗一致，並且與本尊幻身等生起次第、風心的本尊身等圓滿次第、任運自成之覺相大圓滿相吻合，以此方式而次第悟入句義、總義、隱義、究竟義的要點。以勝義光明為例，「心性為光明」等等單單的光明在顯宗當中也有說明，因而與顯宗一致的句義，與生起次第融入光明之類一致的總義，與圓滿次第的四空引出之光明一致的隱義，與證悟二次第的二法本來空性之實相、四灌頂之智慧本來清淨的大圓滿一致的究竟義。悟入這些要點，就會明白雙運在不同場合也有不同的理解方式，這是要義。

此外，依照共稱的字面意義之句義、顯密共同之總義、圓滿次第之隱義與究竟之果義而說四理。

> 深得解了義，勝慧諸佛子，
> 持無盡法藏，教法證法幢。

作為無違悟入諸經續如意寶中所說的要點而不仰仗他人對顯密教義獲得不被他奪定解的大智者，如同具相的轉輪王之子一樣，是如來的法太子，受持三乘中所說的無盡教義大法藏，堪為能仁教法與證法克勝違品的勝幢。

庚四、不依心識而依智慧：

> 實修了義時，不依隨詞語，
> 分別二取心，而依無二智。

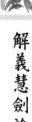

有緣之本性，二取自性心，

彼緣彼虛妄，不證法性義。

　　以上分析完了義不了義的差別之後，將如實通達的
了義結合自相續實地修行時，也不能依止具有隨從語言
分別的所取境與能取心之自性的心識，而務必依止無有
二取的智慧。為什麼呢？空不空、是二、非二等凡是有
緣的本性法，具有外所取與內能取自性的心均是迷亂，
因此，無論如何緣取空不空等所緣境，都經不起觀察，
純是虛妄的本性，而不能直接證悟遠離一切戲論的了義
法性，原因是，乃至沒有消除心識或者分別念之網，期
間就不可能證悟離戲實相，空不空等的有境實屬心識與
分別的範疇。它的理由是：

緣有實無實，緣二緣非二，

如何緣亦緣，緣取是魔境，

此乃經中說。依憑何破立，

無法壞所緣，見無破立解。

　　緣有實法、緣遮破有實的無實法、緣有實無實二者
與緣非有實非無實等等，不管怎樣緣取，都是依靠有動
搖的心來緣的，「只要緣取有實無實等任何一法，就是
魔的行境」。這是經中再三宣說的。《文殊遊舞經》中
說：「緣取多少，行亦多少，魔業亦爾。」此外，《楞
伽經》、《般若經》等中也有詳細說明。諸如遮破有實
法、建立無實法之類，依靠遮破的分別念與建立的分別

139

念無法毀壞所緣的執著相，不破何法也不立何法而以息滅一切二取戲論的方式現見法性，這時就解脫了所緣或戲論。如云：「此無何所破，所立亦毫無，真實觀真性，見真性解脫。」

> 離諸所能取，自然智自明，
> 遮諸四邊戲，此說殊勝智。
> 如盲前日色，凡夫前未見，
> 如何思不知，凡愚皆生懼。

在那時，雖然遠離一切所緣所取與能緣能取而屬於無戲的境界，但並不是無情空性而是自然智慧在自前顯露，心的自性光明，自然遮破有無等四邊諸戲，這就是佛所說的殊勝智慧。《般若攝頌》中云：「世間盡說諸法名，一切無生亦無滅，獲得無死勝妙智，故此稱謂智慧度……」比如，太陽下的色法，盲人一無所見。同樣，觀現世的凡夫對此法性前所未見，僅僅依靠義共相再無論如何思維空性等，也不能以誠信的智慧了達法性，正是由於這種原因造成所有凡夫無法悟入遠離一切戲論的實相，反而心生恐懼。

> 然依真聖教，破諸邊之理，
> 上師竅訣力，如得目自見。
> 爾時得品嘗，佛法甘露味，
> 百倍信喜眼，專注佛智身。

儘管如此，可是依靠對如來所宣說的了義真實教與

解義慧劍論釋

140

諸位大德所講的遠離一切承許、遮破一切邊的理證，具有傳承竅訣並已獲證智慧之上師的竅訣，生起無偽的敬信等等威力，猶如天盲復得明目般，這一智慧在凡夫位，以隨同的法忍或喻智慧的方式顯現，見諦位，以法忍與義光明的方式現量顯現在自前，因此，以普行的方證悟法界，從而生起殊勝的定解。那時候，才能真正品嘗到佛法的甘露美味，以此誠摯的信心、現見法性的歡喜圓目，並不是一般的肉眼而是無障的智慧眼，能夠定睛專注觀看善逝的智慧身——法身。

因明論集

　　於此諸正法，究竟歸等性，

　　得無說確信，說無盡法藏。

　　此時此刻，證悟輪涅之法苦樂賢劣等一切無二無別的等性達到究竟，獲得以名詞等不可言表、包括天界在內的世間不可踐踏的大定解，與此同時也善巧講說佛法取之不盡的所有三乘法藏。

　　精通二諦理，見二諦融義，

　　如為精除皮，知勤諸方便。

　　聞思修行二諦的實相已經通達無礙，最後現見二諦無別雙運的本義時，就像為了得到果實等精華而層層剝去外面的細薄表皮一樣，自會徹底明白佛陀所宣說的一切方便歸根到底都是走向二諦圓融雙運，他們所證悟的是一個法界，證悟它也只有究竟唯一的智慧。關於此理，《迦葉請問經》中說：「迦葉，乘即唯一，若證諸

141

法等性即是佛陀，彼亦唯一而非二三。」

　　為此，超群絕倫的阿闍黎月稱菩薩也親口對諸法自在者世尊這樣讚歎道：「離知真實義，餘無除眾垢，諸法真實義，無變異差別。此證真實慧，亦非有別異，故佛為眾說，無等無別乘。」

　　　　　　故佛知方便，方便稱正道，

　　　　　　於師彼聖教，起不退轉信。

　　　　　　得勝不住智，自解有寂邊，

　　　　　　無勤大悲心，遍及時空際。

　　所以說，善逝了知相應一切所化眾生的界性、根機、意樂而次第調化的方便，佛所宣說的一切方便歸根到底就是導向遍知佛果。故而我們一定要對所說皆為正道、具有大慈大悲的本師與他的聖教如意寶，生起百俱胝的魔眾奪之不去永不退轉的誠摯信心。證得了體性空性與大悲雙運不住有寂的自然智慧或者俱生智慧或者般若這一殊勝智慧者，無需憑藉對治刻意遮破有寂之邊而如蛇結般自然解脫。同時對沒有證悟此理的一切有情，不加勤作遍及一切時空的大悲心也會油然而生。以上四法依是菩薩的無盡藏，也是佛陀的甚深密意融入自相續、現見浩瀚無垠殊妙絕倫之教義的第一門，《無盡慧請問經》等許多經藏中對此也一再宣說，因而我們務必要在不離開這一點的前提下對如來教的定解日益增上。

　　戊三、宣說八辯才之果：

解義慧劍論釋

依擇二諦理，　四理而深思，

作用四法依，　無垢勝因中，

甚深智慧果，　普照遍一切，

印持覺性界，　八種辯才開。

依靠上述無誤抉擇二諦法理的四種道理認真深思，具有四法依作用的無垢殊勝因中，現前甚深果位的智慧陽光會普照一切，就像本來基界覺性界平凡人不能證悟而對其印持不露一樣，八大辯才自然打開。

先前聞思義，　不忘正念藏；

彼彼深廣義，　盡辨智慧藏；

所有經續義，　通達了悟藏；

無餘所聞義，　不忘總持藏；

善說令眾生，　滿足辯才藏；

妙法大寶庫，　普護正法藏；

三寶之種族，　不斷覺心藏；

無生等法性，　得忍修行藏。

所謂的八辯才，如《廣大遊舞經》中云：「不忘正念藏，慧辨智慧藏……」以前所聞思的一切顯密教典，念念不忘而銘記在心，就是第一正念藏；聞思的對境與難證甚深義以及地道等廣大義以智慧分別辨析，這就是第二智慧藏；所有經續的所證意義通達無礙就是第三了悟藏；忍（門）陀羅尼、法陀羅尼、義陀羅尼、能加持密咒陀羅尼，通過聽聞而獲得四總持門的所有意義永不

因明論集

忘失，就是第四總持藏；以符合實際的善說使一切有情心滿意足，就是第五辯才藏；通過為有緣者傳授、依靠理證折服辯方的途徑圓滿護持如來的妙法寶藏，就是第六正法藏；自己成佛、佛陀講法，由法必定出現僧眾，三寶的慧命延續不斷，就是第七世俗菩提心藏；以聞思抉擇法實地修行，從而對無生平等法性獲得法忍，這就是第八修行藏。這裡，正念智慧了悟四種總持是辯才之因，法藏等是辯才之果。這八種通稱辯才，說明具有憶念等而生起無所畏懼的辯才。依靠辯才得以護持正法等，因此這些的主體就是辯才，故而稱為八辯才藏。

> 自在富不離，無盡八大藏，
> 佛菩薩讚歎，成三界怙主。

獲得了這八種辯才以後，永不離開而一一富有無量無邊的無盡八大法藏的補特伽羅，擁有法太子的如來在如海剎土中高度讚歎謂「大德佛子、殊勝持明者」，很快會成為天上、地上、地下三界的怙主圓滿正等覺出有壞。

丙三、宣說如此衡量之果：

> 量因佛陀語，依量成立故，
> 量道生定解，見量語諦果。

堪為正量、自始至終利益一切眾生、與四魔等作戰無往不勝的如來一切語言，依靠與理證道不相違背的觀察名言與觀察勝義的二量，遠遠勝過數論派等宗義，完

144

全符合實相義這一點是成立的。因此，我們由經理證的牛王具德法稱論師、獲證極喜地的大祖師聖者龍猛菩薩、證得發光地的聖者無著菩薩等等觀察二諦的量理管道而對本師佛陀與其指示的正道生起最誠摯的定解，從而現見包括天界在內的世間眾所共稱的諸位智者以及聖者聲聞、緣覺也難以如理如實測度的妙法甘露量語真諦無上果位。

乙三（末善結尾之義）分二：一、造論方式；二、迴向此善。

丙一、造論方式：

> 所見極清淨，大悲臻究竟，
> 善逝示道言，我得甘露味，
> 願依四道理，四依得品嘗。
> 分享此甘露，然於此濁世，
> 由反其道致，難嘗法妙味，
> 見此以淨意，最敬教心著。

自己原原本本地通達諸法的實相是故所見最極清淨，希望救度他眾脫離一切痛苦的大悲已臻究竟，釋迦勝士佛陀為一切所化有情，闡示三乘深廣法道，佛陀在諸經續中三番五次說道：但願我所證得的最為甜蜜的甘露醍醐美味，諸位能依靠四理、四依的途徑得以品嘗。儘管佛陀將自己如實證得的能摧毀生老病死的甘露在此世界分享，希望善緣正士品嘗到此妙味以後達到無死之

處，可是在五濁猖獗尤其是煩惱濁見解濁力量強大的當今諍時，由於人們反其道而行、不依靠四理而生定解、顛倒了四法依，以至於難以品嘗到如來教的最妙美味，以正直的心目睹此情此景之後，作者我以希望利益他眾的清淨意樂與對極其難逢難遇的佛教如意寶的解信，以最大的恭敬心認真撰著了這部論典。

丙二、迴向此善：

> 願此思所生，無垢慧生理，
>
> 略說之善根，眾成文殊果。

正由於具有上述的殊勝必要，如此思所生慧，無有錯誤垢染，能在善緣諸士的相續中生起的道理以簡短的篇幅廣泛涵蓋大部分所詮顯密教義，以講說、撰寫此論的所有善根，願天邊無際的一切眾生迅速成就法界智慧無二無別的文殊智慧勇識的果位。

甲三、圓滿末義：

> 蒙文殊語日，心蓮以信啟，
>
> 溢此善說蜜，願善緣蜂喜。

此《解義慧劍》，我本有書寫之意，近日承蒙智者淨意幢（拉色丹畢嘉村）勸請，而於護地年三月二十九一日內，文殊歡喜（麥彭仁波切）撰寫，願吉祥！共有一百零四頌，善哉！

一心一意面向文殊語的璀璨日輪，心間的蓮花依靠三信引發的加持明媚陽光而競相綻放，由智慧的蓮花中

解義慧劍論釋

流露出的善說蜂蜜滴滴溢出，願以此為那些渴望真正品嘗佛教妙味的善緣法器蜜蜂，設下輕而易舉如理了悟佛典及注釋之教義的喜宴，一直源源不斷蒸蒸日上。

著跋的意思是說，本來作者我早有為利益他眾而寫此論的意圖，但一拖再拖，後來我等也恭敬祈請，一日內，自然智慧的妙力中自然流露出來。

現見如來教義善說此紅日，
今升請諸具理證慧眼友閱，
祈願汝等速得無上寂滅果，
擁有彼之一切圓滿諸功德。
當今濁世真智者，智慧正直兼具者，
極罕見然暗中光，即文殊師之言教。
依之所說微妙要，易證深義智幻變，
於他智者有見否？智士廣眾當決定。
故如以強日光啟，鮮蓮花園蜜蜂聚，
雖非於他無歡喜，我於此理極應心。
若有過失愚昧致，非求名聞及利養，
然若不合智者意，乃時所致我無過。
心善故說正法故，普迴向故由此生，
極其廣大之善根，是以聖教正理成。
祈願天邊無際眾，品味寂滅佛法藏，
速得圓滿智悲力，如來之無上果位。

祈願我亦恆不離，能仁妙法得解義，

爾後受持時空佛，無餘珍寶之教義。

猶如千萬月輪合一之妙光，

如水滌藏紅花燦然之童子，

即生現見願以宛若圓蓮瓣，

美麗廣妙明眸歡喜關注我。

如此珍寶論，成無偏智者，

頂戴如來教，唯一之勝幢。

　　蒙受文殊上師親口傳授之恩，遵其吩咐「於此理寫一略釋」，恭敬依止當代世間唯一莊嚴三文殊怙主上師足蓮並品嘗教言甘露，也承蒙其餘眾多具相善知識攝受，尤其是文殊上師（麥彭仁波切）尊前，聆聽顯密諸多論典的僧人拉色丹畢嘉村，於無盡年（即火狗年）薩嘎月之吉日，於法政吉祥圓滿自成聖處謹撰。願此成為一切眾生相續生起擇法無垢智慧之因！願吉祥！

2005年9月9日譯畢

解義慧劍論釋

量理寶藏論釋
——開顯因明七論燈

蔣陽洛德旺波尊者　著

索達吉堪布仁波切　譯

無與倫比導師釋迦佛，　開創事勢理軌陳那尊，

制服邪說法稱論師等，　聖境智者成就者前禮。

速疾於無垢剎成佛因，　十地相好無雜了分明，

自在詮釋集量七論⑫意，　薩迦文殊怙主⑬前敬禮。

講解理藏注疏無比擬，　熱畢桑給釀溫雅絨尊⑭，

全知至尊羅哦大堪布⑮，　受持法藏阿秋⑯前敬禮。

---

⑫集量七論：指《集量論》與《因明七論》。《集量論》：古印度佛學家陳那論師著。通論推理八事，重點概括全部真能悟心為現量品、自利品、觀違礙品、他利品、觀譬喻品、觀能破等六品以進行抉擇的一部量學即因明論著。《因明七論》：也叫《七部量理論》。古印度因明家法稱發揚陳那所著《集量論》的七部注釋，即《釋量論》、《定量論》、《理滴論》、《因滴論》、《關係論》、《悟他論》及《諍理論》。前三論釋因明之本體；後四論釋因明之組成部分，故有三本四支之稱。

⑬薩迦文殊怙主：指文殊菩薩的化身薩迦班智達。

⑭熱畢桑給釀溫雅絨尊：此句中涉及四位上師，其一、熱畢桑給：哦耶巴.熱畢桑給，薩迦班智達的親傳弟子，對因明造詣非淺，著有解釋《因明七論》的《大理藏》等論典；其二、釀溫：釀溫.根嘎花，極其精通因明的一位上師，素有「求因明，找釀溫」的美稱，著有《釋量論》注釋等諸多論典；其三、雅：雅楚桑傑花（西元1350——1414），薩迦派顯乘法師，釀溫的弟子，於衛藏一帶弘法，造就了宗喀巴大師的上師仁達瓦等著名大德，著有《量理寶藏論釋.放射理光》等教典；其四、絨：絨頓.釋迦嘉村（西元1361——1449），對因明無所不通的一位上師，22歲傳講《定量論》，自此發誓終生不間斷法施，注有《定量論釋》等四十一部論著。

慈定甘露悅眾慈慶喜，　遍樹法幢根嘎嘉村師，

蒙受文殊寶劍灌頂者，　欽則旺波惠賜吉祥花。

引導吾入此法持三藏，　辯才最勝桑給繞吉尊，

精通聲律因明阿巴雅⑰，　麥彭秀列南嘉前敬禮。

決斷違屬金剛之銳智，　周密此理雖非如我者，

憑藉自力詮注之行境，　謹依前輩無謬教典釋。

　　此處所講至尊文殊菩薩（之化身）薩迦班智達所

著、有十一品內容的這部《量理寶藏論》分三：入論分

支；二、真實論義；三、造論究竟之事宜。

　　甲一（入論分支）分三：一、為通名言而說論名；

二、為除違緣而禮讚；三、為使造論究竟而立誓。

　　乙一、為通名言而說論名：

　　梵語：札瑪納耶達訥德

　　藏語：擦瑪熱畢得

　　漢語：量理寶藏論

　　為什麼叫量理寶藏論呢？因為此論相當於是無餘收

集因明七論與《集量論》正理珍寶的寶藏。本論名稱運

用梵語的必要，就是為了知曉與梵語所引出的說詞及釋

---

⑮全知至尊羅哦大堪布：其中全知至尊，即薩迦派的全知果仁巴，被堪為真
　正開顯《量理寶藏論》密意的一位傑出因明上師，著有《量理寶藏論釋．光
　明疏》、《開顯因明七論釋》等諸多論典。其次羅哦大堪布，著有《量理寶
　藏論釋．日光疏》
⑯阿秋：阿旺秋札上師，著有《探索量理寶藏奧義疏》。
⑰阿巴雅：晉美花丹。

詞⑱相符。

乙二（為除違緣而禮讚）分三：一、禮讚殊勝本尊；二、禮讚根本上師；三、禮讚二位理自在。

丙一、禮讚殊勝本尊：

頂禮聖者文殊童子！

遠遠勝過凡夫、聲緣、大乘不清淨七地菩薩，故為「聖者」；身語意無有粗淺過失，故為「文」；圓滿二利，堪為所依之最，故為「殊」；原本已經成佛，然而卻示現為菩薩「童子」相。在這樣的聖者文殊童子前，作者首先三門畢恭畢敬而頂禮。

丙二、禮讚根本上師：

具見一切所知之慧眼，具成眾生妙善之大悲，

具行無邊事業之威力，怙主文殊上師足下禮。

於此所禮讚的對境是擁有無量無邊智悲力功德的根本上師，智之特點：具有無礙洞察盡所如所一切所知的慧眼；悲之特點：具足成辦所有眾生增上生決定勝一切妙善的大悲；力之特點：具備恆常周遍不斷行持無邊無際利樂幻化事業的威力。（作者）在這樣的智悲力之主尊、與怙主文殊菩薩無二無別的具德上師札巴嘉村足下稽首敬禮。

丙三、禮讚二位理自在：

---

⑱釋詞與說詞：釋詞是從解釋的角度而命名；說詞是指口中所說的名稱。例如：青蛙雖可以釋為「水生」，但它的說詞並不是「水生」。

妙慧頂佩功德寶珠飾，　二諦舌出空性毒蛇聲，

智悲目光反方無法忍，　智者海嚴具德龍王勝。

這裡是以與龍王相似的手法來禮讚所頌的對境，微妙勝深的妙慧頭頂佩戴著無餘照見事勢理意義的功德寶珠飾品；完整無缺的二諦舌根發出空性與無我的毒蛇叫聲；咄咄逼人的智悲目光令辯方反方之士無法忍受；堪為希求解脫諸智者大海的莊嚴。以上述五種相似點而運用了形象化修飾法⑲。願這般出色的具德龍王陳那法稱二位論師克勝諸方。

乙三、為使造論究竟而立誓：

雪域千萬智者之群星，　雖啟法稱教典之蓮苞，

然至吾慧陽光未普照，　無法明現論意之花蕊。

以慧明目如實慎重見，　法稱論師所許之意趣，

具足妙慧正直以慈憫，　求義他眾意樂說此論。

造論善始善終之因——立誓：在雪域這片土地上，精通推理的鄂（勒巴西繞）⑳、夏（秋吉桑給）、藏（尊

量理寶藏論釋

---

⑲形象化修飾法：用比方摹擬被比事物性狀，加以形象化後，不用同、似等詞，使二者形成一體以修飾其詞句。分為二十類：省格、不省格、省或不省格、全部、支分、總體、一支、相應、不相應、參差、提高、相違、原因、雙關、同況、異況、否定、平分、雙重各歪曲。

⑳鄂.勒巴西繞與鄂.洛丹西繞叔侄兩位譯師的合稱。叔父鄂.勒巴西繞先從色尊學經，後與納措譯師同往迎阿底峽大師，師事之。曾譯有《中觀心論注》等。1073年建奈托寺，即後來著名的桑普寺。其侄洛丹西繞（1059——1109）：幼從鄂.勒巴西繞聽受阿底峽尊者諸法，先後在喀什米爾學經十七年，譯出《量莊嚴論》等書，並校訂舊譯甚多。聚集徒眾兩萬餘人。鄂氏叔侄以講授《定量論》與《慈氏五論》為主，尤側重於講授因明，故桑普寺在長期內為研習因明學中心。

追桑給）、丹（瑪威桑給）等智者繁星的慧光儘管開啟了具德法稱論師教典的蓮苞，然而，乃至薩迦班智達我的慧日光芒尚未普照期間，根本無法了然顯出因明七論究竟意趣的花蕊。因此，為了使之明現，作者我並非隨心所欲，而是依靠俱生、修行及本尊加持的智慧明目如理如實善加照見具德法稱論師的意趣，進而具備分析相違相屬的妙慧，並且居心正直，不偏不倚，無有貪圖名聲的動機，以憐憫渴求善說的其他補特伽羅的意樂而宣說此論。

因明論集

第一品　觀境

甲二（真實論義）分二：一、從總反體抉擇所知；二、決定能知量之自性。

乙一（從總反體抉擇所知）分三：一、所知境；二、能知識；三、彼識知境之方式。

丙一（所知境）分二：一、法相；二、分類。

丁一、法相：

境之法相識所知。

對境的法相就是以取本身之識所認知，因為境是安立識的因。

丁二（分類）分三：一、破他宗；二、立自宗；三、遣諍。

戊一（破他宗）分二：一、宣說對方觀點；二、釋說破彼觀點。

己一、宣說對方觀點：

設若聲稱義共相[21]，無現[22]二者皆為境。

藏地有些論師聲稱：顯現境與所取境是一體，因此不同地點、不同時間、不同行相的外境雖然不成立一個共相，但被認定為一體如「瓶子」一樣的義共相分別錯

---

[21]義共相：概念共相之一種，但存在於思維過程中之增益部分，即心中現起的外境形象，如思維中所現抽象之瓶。

[22]無現：指本無見有，對境實際無有或不成實，但在暫受惑亂外因損傷之根識中明白顯現，如見一月為二月之無分別顛倒識。

亂境與如「二月」一樣本無見有的無分別錯亂境，這兩者均是對境。

己二（釋說破彼觀點）分二：一、有境識應成不錯亂之過；二、對境應成可見之過。

庚一、有境識應成不錯亂之過：

則違取彼二識誤。若謂境有然如繩，

執著為蛇本錯亂。執雜境有故未錯，

由境無故執蛇謬。

駁：這樣一來，則與取這兩種境的分別識及眼識二者錯亂明顯相違（義為這二識就不應該錯亂），因為這兩種識是所取境的識，如同緣取瓶子的眼識。

如果對方說：這不一定，儘管所取境存在，但就像將繩子執著為蛇的識一樣，是分別念本身錯亂，並不是由境不存在而安立錯亂識的。

駁：你們所說的比喻與意義完全不同。因為，執著雜色的眼識是所取境存在的識，所以不會錯亂，所取境蛇原本無有反而執為有，才安立執蛇的分別念為錯亂。

庚二、對境應成可見之過：

設若二種顯現境，除識之外異體有，

處可見位之他人，亦應親睹如瓶等。

如果義共相與本無見有這兩種顯現境都是除識之外有不同實體的所取境，那麼處於可見方位的其他人觀看時也應當能親眼見到，就像瓶子、柱子等位於可見的地

因明論集

方眾人有目共睹一樣。

　　若謂雖皆為外境，然如不見軀體內，

　　錯亂二相恆聯已，是故他者不得知。

　　內身非為可見境，是故自己亦不見。

　　對方又辯解道：雖然這兩個境均是有別於識的外境，但是，就像看不見自己的體內一樣，這兩種錯亂的顯現由於與見者自身之識恆常密切相聯。所以，即便處於可見方位的其他人也無法了解、見到。

　　駁：你們所說的比喻與意義截然不同，內部的身體有遮障阻隔並非是可見的對境，不僅他人，就連自己也不能親見。

　　若謂與己常繫故，彼二亦非可見境。

　　唯與自心相聯故，縱說他者亦不解。

　　對方答道：由於唯獨與有境本身恆時相聯，故而這兩種境並非是他人可見的對境。

　　駁：那麼，由於唯獨與自識相聯的緣故，與誰也不共同，如此一來，就像自證一樣，無論如何講說他人也不能了達或理解。

　　若謂相繫各自心，是故言說他知彼。

　　二人所詮義共相，乃互異故無法合。

　　對方又申辯：每個人都有與自識相聯的一個義共相，因此當一個人說自己的對境時，另一個人也能了解自己心中的那個對境。

駁：這種觀點絕不合理，說者與聽者兩人所說的義共相與各自的心相聯，根本不是一體，也就是毫不相干的異體，所以絕不能理解成共同的對境，因為兩個事物無法結合成一個。

若謂各自人前有，二種心相皆雷同，

於同耽著為一體，應用名言故不違。

自前呈現乃自境，未曾顯現彼非境，

是故異體所取境，焉能執著為一體？

對方又說：由於個人心中呈現存在的心相，這兩種義共相一模一樣，故而對相同的事物耽著為一體，緣它而應用名言，所以並不相違。

駁：那麼請問，說者心中顯現的那一行相，在聽者心裡呈現還是不呈現？如果在自前顯現，就證明是自己獨有的對境，因此絕不能執為共同；假設在自己心中未曾顯現，它就不是自己的對境，這樣一來，就不可能了知彼此相同。由此看來，互為異體者所取的境又怎麼可能耽著、執著為一體呢？絕不可能執為一體。

若謂雖本是異體，然錯亂為一境取。

執為一體錯亂故，成立彼非所取境。

又對方說：各自心中的對境實際上是異體，然而由於人們沒有認識到它們是異體，致使錯亂執為一體。

駁：對境本非一體而妄執為一體這並不符合對境的真實情況，因此純粹是錯亂的心。通過以上這種方式完

因明論集

全可證明義共相並不屬於所取境之列。

依理觀察本無有，多數仍舊耽著境，

如以指尖指示時，愚者誤謂見虛空。

上述意義以暫停偈來說明，如果以事勢理來觀察這樣錯亂識的兩種所取境，就會認識到，實有的真實境本不存在，可是多數人仍舊耽著境存在，這就像愚笨的人們誤認為看見虛空一樣。比如，有人問：「虛空在哪兒？」另有人用指尖指示說「虛空在這」，對方朝著手指方向的空間望去，雖然他一無所見，卻說「我已經見到了虛空」。

戊二、立自宗：

所量唯獨一自相。

究竟的所量或真正的所量唯是獨一無二的自相，如果對它直接加以衡量，它就是所取境；倘若隱蔽衡量，它則為耽著境；假設人們以這兩種方式取境，都不會受欺惑，因此是照了境。

戊三（遣諍）分二：一、遣除於錯亂識無境之諍；二、遣除於所取境自相之諍。

己一（遣除於錯亂識無境之諍）分四：一、遣除與二所量之說相違；二、遣除義共相與本無見有對境相同之諍；三、遣除與領受相違；四、遣除遮破以量不可知之過。

庚一、遣除與二所量之說相違：

若謂相違許二境。取境式言自共相。

辯方發太過：如果義共相不是境，顯然與陳那論師所說「所量二故量為二」即所量境有二的觀點相違。

答辯：並不相違，陳那論師指的並不是真正的所量境有兩個，所量原本只有一個自相，但從有直接（明）、間接（暗）兩種取境方式的角度而說量的對境有自相與共相兩種。

庚二、遣除義共相與本無見有對境相同之諍：

若謂無現同所量。彼無境之必要力。

髮等相即識本身，浮現毛髮實不成。

若分析彼有實法，存在與否乃共相。

對方辯道：兩種錯亂境中，既然義共相被稱為所量，那本無見有為何不立為所量？安立的理由相同嘛！

答辯：這兩者並不相同，義共相雖然不是自相，但將它誤解為自相而取境，結果能得到照了境的自相。而本無見有，不僅自體不是自相，而且將其耽著為自相也不具有對境的必要，再者，即使將它耽著為自相也得不到照了境的自相，因此也不具備對境的功能。

對方發問：那麼，有眼翳者前浮現毛髮等，既不是自相，也不是總相，到底包括在什麼當中呢？

浮現亂髮等情況外境根本不存在，這種顯現其實就是識本身，由此可包括在自相中。想當然認為與識異體而顯現外界毛髮，純屬是事物原本不存在情況下的一種

因明論集

迷亂，因此實際不成立。在以分別念來分析「浮現毛髮到底存不存在有實法」時，顯現毛髮的概念會呈現在心中，這屬於共相。可見，絕沒有（除共相自相之外）的第三種所量。

庚三、遣除與領受相違：

若謂二種無實法，自證間接成立破。

二顛倒識無有境，以自證所領受故，

彼等即為識自身，無執有故乃錯覺。

對方辯道：取義共相與本無見有這兩種無實法之有境自證的領受可以直接成立，由此間接可證明兩種對境存在，所以依此與領受相違便可駁倒這二者無有對境的觀點。

駁：如果承認義共相與取受亂髮等的顛倒識二者都存在境，則以上述的量有妨害，因此與識異體存在的境並不成立。再者，由於自證只是直接領受它們的形象，所以顯現那一境的形象實際上就是識本身。從自境本不存在有實法反而執為存在這一點來看，實屬錯覺。

庚四、遣除遮破以量不可知之過：

謂若無非自相境，相違無實成所量。

建立所說所破法，有實無實故無違。

對方說：如果除自相以外的其他所量境不存在，那麼與無實法能作所量相違，因為無實法無自相之故。

駁：我們在進行破立的過程中，心中取受一個存在

第一品 觀境

的所破有實法，然後建立它到底存在不存在有實法，所以無有相違之處，因為並不是毫不牽涉所立而對獨立自主的無實法加以衡量。

己二（遣除於所取境自相之諍）分二：一、辯論；二、答辯。

庚一、辯論：

個別論師則聲明，外所取境智者破，

識所取境此不容，唯一所量亦非理。

個別論師辯道：關於外在的所取境，法稱論師等智者以六塵同時結合等正理早已予以否定了，而外境不存在情況下的一個內識的所取境，在承認外境的這一場合不可能有立足之地。因此，所量唯一是自相的這一觀點也就不合乎道理。

庚二（答辯）分二：一、總分析宗派之觀點；二、阿闍黎所抉擇之觀點。

辛一、總分析宗派之觀點：

相異宗派各宣稱，乃為本性自在天，

主物塵識及緣起，自宗他宗所承許。

順世外道聲稱一切法都是由本性而生的，大自在派則認為萬法是由常有的大自在天所造；數論派主張說萬法是由塵、暗、力三者平衡的主物所生；食米齋派與有部經部承認萬法由微塵組成；唯識宗承許萬法唯心；中觀宗則認定勝義中遠離一切戲論，世俗中緣起顯現形形

色色的萬事萬物，暫時隨經部行、隨瑜伽行、隨世間共稱而有三種安立。以上各不相同的宗派，已表明了所有自宗他宗的觀點。

辛二（阿闍黎所抉擇之觀點）分二：一、抉擇經部觀點；二、抉擇唯識觀點。

壬一（抉擇經部觀點）分二：一、破他宗；二、立自宗。

癸一（破他宗）分二：一、破有部宗；二、破與之同類雪域派。

子一、破有部宗：

傳說阻隔不見故，非識有依根能見。

乃無情故非能見，同時之中無相屬。

據說，有部宗主張：由於中間有阻隔的色法見不到，因而並不是以識來見色法的。有色根中也是正在對對境起作用的有依根才是能見。

駁：這種觀點不合理，因為有色根是無情法，不能充當能見。並且由於根、境互為他體，因此不應是同體相屬；如果是在相同時間，也不存在彼生相屬。由此可知，根、境是能見所見的關係不合理。

子二、破與之同類雪域派：

雪域派說境與識，同時即為所能取。

時間同故無相屬，無因有識誠相違。

謂前剎那境為因，同時乃是所取境。

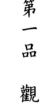

由境已生故識成，同時之境無所需。

夏瓦（秋吉桑給）等雪域派個別論師宣稱：根雖然不是能見，但由於在不同的時間不能充當對境，因此，對境與有境識二者在同時並存，即是所取與能取……

這種說法不合理。由於境識二者同時的緣故，如上所述此二者無有關聯，這樣一來就與無有境因而有認知它的有境識相違，也就是具有無因的過失。

假設對方又說：前剎那的對境是識所緣的因，與自識同時的境是所取境。

駁：那麼，由前剎那的對境，加上根、作意為緣，識已經產生了。既然識已經成立，那麼與識本身同時的對境顯然就無有任何必要了。

癸二、立自宗：

由對境根及作意，所產生者乃為識。

食等雖是生子因，似父母相境亦爾，

是故對境有二果，心識亦許為二相。

依照經部的觀點，真正的外境是除識以外的隱蔽分。也就是說，前一剎那，境、增上緣的根及等無間緣的作意三者聚合，第二剎那生起具境相之識，而安立為了知或見到境相的名言。

如果有人想：同樣是因，為何識相同境而生起，卻不相同根而生起呢？

這是有實法的自然規律。比如，食品、時間、溫度

等均是生孩子的因，然而生出的嬰兒只與父母的形象等相仿。識也同樣唯與境相同而產生。所以，諸如「瓶子」一樣的一個對境具有兩種果，其一，產生對境本身後面的同類；其二，為取本身的根指點出相同自己的形象。同樣，識也被承許為有兩種相。諸如「取瓶子」的識產生外觀對境之形象的境證與內觀自明自知本體的自證。

壬二（抉擇唯識觀點）分三：一、破他宗；二、立自宗；三、遣諍。

癸一（破他宗）分二：一、破有部經部；二、破世間共稱。

子一、破有部經部：

遠離一及眾多故，外境無有相亦無。

有部經部承許外境的因——無分微塵實有。

這種觀點不合理，因為若是無分就不能組成粗法。進一步地說，如果中間的一個微塵，與四面八方的若干微塵不相粘連，就無法構成粗大的團塊；假設粘連在一起，中間的那一微塵就成了有分，因為眾多微塵粘連的部分是他體；再者一塵粘連的位置沒有容納多塵的機會。正因為「一」不成立，由它累積的「多」也就不可能成立，因而細法粗法顯然不存在成實。為此，除識之外另行的外境絕不存在。依此理由可知，能指點形象者無有，形象也就不存在，猶如石女的兒子本不存在，也

第一品 觀境

164

就無有他的色相之說。

子二、破世間共稱：

依於世俗世共稱，則與量立成相違。

有些人聲稱：對於觀察世俗名言，按照月稱論師的觀點，隨順未經觀察的心而進行。

這種說法不合理，世俗名言的觀察如果單單依於世間共稱，則在不加分析的心前，依靠現量、比量，破立等等所進行量與非量類別等一切量的安立也就不應理了，因此相違。

癸二、立自宗：

明知俱緣因證成，俱緣不允是他體，

若為他體因不容，如現二月藍識同。

他遮餘邊能否定。

憑藉明知因與俱緣定因來證明一切外境唯是自心的顯現。其一、明知因推理：所知對境（有法），與取彼之識是一體（立宗），外境不成立且明了證知現分，以具有識的法相故（因），如同以具有項峰、垂胡特徵來證明是黃牛一樣（比喻）。

其二、俱緣定因：必定同時緣的任何法，不可能是他體，如果是他體，就不可能運用俱緣定因。因此，如同現二月一樣，依靠此因也可證實藍色與取藍色之識也不是他體。〔推理公式：藍色與取藍色之識（有法），非為他體（立宗），必定同時緣之故（因），如現二月

因明論集

（比喻）。〕藍色與取它的識必須同時緣取這一點以自身感受便可證實。

宗法同品遍㉓：在錯亂根識前一個月亮顯現為兩個這一同品喻上可以成立，因為同品喻與俱緣定因、所立法非他體這兩者從同存在之故。異品遍㉔：不同他體通過遣除他邊能夠推翻。具體來說，對於他體有實法在不同時間，依靠不同取受可以破斥；在相同時間憑藉有害因能予以否定。推理公式：毫不相關的任何法（有法），不會有決定同時緣的情況（立宗），如同藍色與黃色（比喻），你們承認眼與色是他體且同時之故（因）。

子三（遣諍）分二：一、遣除與微塵相同之諍；二、觀察有無相而遣除非理。

丑一、遣除與微塵相同之諍：

謂心相續同有支，剎那猶如微塵分，
由是三剎那性故，遠離一體及多體。
由是三剎那性故，一剎那成不容有，
若一剎那不容有，顯然已失三本性。

有些中觀論師辯道：心的相續同樣可依靠遮破有支的理證加以破除。心識剎那也像微塵的部分一樣，需要

㉓同品遍：因法立量中之第二支。惟在立量之同品中確定為有。如云：「若是所作性，則遍是無常；以有煙故，知其有火。」皆存在於同品之中，或所立者與因從同。

㉔異品遍：因法立量之第三支。與立量所立事物反義相屬，故於立量異品之中決定是無。如云：「若其是常，則遍是非所作性。」異品中無，與所立反，即與因反。

有靠近過去與未來的兩個部分，所以心識剎那同樣是初中末三剎那的本性，故而心也遠離一體多體。

駁：剎那是部分的觀點不應理，由於是三剎那本性的緣故，不可能是一剎那，如果一剎那不可能，那麼顯然已失去了三剎那本性的身分。可見，以所謂的「三」破「一」也不合情理。

粗塵同時環繞故，居中微塵成有分，

三時頓時不生故，現在剎那乃無分。

而且，剎那與微塵迥然不同，微塵在組成粗塵的過程中，需要同時環繞，由此居於中間的微塵就變成了有分，如果這樣順其自然，就是有分；倘若加以剖析，就會成為無分而毀滅，如同髮梢的露珠一樣。而剎那不會招致這種過失，因為三時不可能同時，過去與未來於現在無有之故。所以，從現在剎那自身的角度而言實是無分。聖者阿闍黎將三剎那結合起來破析是在否定聲聞承許三時實有的觀點，並不是破無分剎那，因為單單從現在剎那能起作用的有實法成立的側面來說可以安立無分。

丑二、觀察有無相而遣除非理：

現外境乃識本身，此者顯現外無有，

習氣堅固不堅固，能立真實與虛妄。

如果對方說：無論識有相與否，倘若境不存在，則相違量與非量的安立。

駁：凡是顯現的外境無一例外均是識本身，此顯現也同樣在外界中毫無立足之地。然而，從由習氣堅固認定一個月亮及白色海螺等是量、習氣不堅固而看見兩個月亮與黃色海螺非量的角度而言安立真實及虛妄實屬合理。

攝義的總結偈：

乃至承認有外境，期間因稱所取境，

如若所知納入內，境及有境別不成。

只要是站在承認外境宗派的立場上，期間境識就不應該是一體，當時，能指點形象的因被稱為所取境；如果一切所知納入內識之中，則境與有境就不成立他體。

量理寶藏論中，第一觀境品釋終。

第一品　觀境

第二品　觀識

丙二（能知識）分二：一、法相及分類；二、抉擇此等之義。

丁一、法相及分類：

識之法相即明知。由境而言成多種，

由識而言一自證。

識的法相，即是明了覺知。

分類：如果從境等的角度來分，則有多種；從對境的方面，有取義共相及自相的有分別及無分別識兩種；從本體的側面，有錯亂與未錯亂兩種……諸如此類。分門別類雖然多種多樣，但如果從有境識的角度歸納，就是唯一的自證，因為一切外境最終可包含在自相中，一切識歸根到底包括在獨一無二的自證中。

丁二（抉擇此等之義）分二：一、量之法相；二、非量之識。

戊一、量之法相：

關於量的法相在下文中有論述。

戊二（非量之識）分二：一、破他宗；二、立自宗。

己一（破他宗）分二：一、宣說對方觀點；二、破彼觀點。

庚一、宣說對方觀點：

因明論集

現而不定伺察意，已決顛倒猶豫識。

藏地有些論師發表看法說：所有非量識包括在伺察意、現而不定識、已決識、顛倒識及猶豫此五識當中。其中每一識都有法相及分類。

一、伺察意，法相：認定前所未知的隱蔽分與事實相符。分類：有三種，其一、無理由伺察意：諸如，平白無故地認為祖輩古老的井中有水；其二、顛倒理由伺察意：依靠不定因、不成因而一口咬定所立真實；其三、不定理由伺察意：雖然不懂三相推理，卻由所作因而了達無常性。

二、現而不定識，法相：不違反方面的增益而顯現出外境自身的法相。分類：有三種，其一、境相不明現而不定識：諸如，觀現世心㉕的相續中取藍色的根現量前剎那顯現藍色而未決定；其二、心未專注現而不定識：諸如，當心集中在某一所緣上時見到色法等；其三、迷亂理由所致現而不定識：諸如，將貝殼誤認成白銀時，沒有斷定是貝殼。

三、已決識，法相：先前已經了解的作用尚未失去，而與反方面的增益相違來取境。分類：有三種，其一、所謂的現量已決識：諸如，現量取藍色第二剎那以後的識；其二、隨現量已決識：隨著現量已決識產生的分別決定識；其三、隨比量已決識：諸如，隨從比量所

㉕觀現世心：一般凡夫所具有的心識。

生的憶念。

他們所承認的猶豫及顛倒識與自宗一致。

庚二（破彼觀點）分三：一、破伺察意自體；二、破現而不定識是非量識；三、破已決識乃不悟識以外非量識。

辛一（破伺察意自體）分二：一、總破；二、別破。

壬一（總破）分三：一、觀察則不合理；二、發太過；三、以同等理而破。

癸一、觀察則不合理：

伺察意終不待因，唯是立宗成猶豫，

若觀待因不超越，真因或三相似因。

如果伺察意根本不觀待運用理由（因），則單單是立宗而已。倘若觀察它現在成不成立，就成了猶豫，因為懸而未決之故。假設觀待因，那絕不會超出真因與三種相似因的範疇。真因是指因在有法上成立並唯一涉及同品。所謂的三種相似因是指，雖然因在有法上成立但只涉及異品的相違因㉖、涉及或不涉及同品異品兩方面的不定因㉗以及因在有法上不成立的不成因。

㉖相違因：似因之一。因之存在於前陳有法之上，而與所立之宗相違，即其周遍關係顛倒者。如以所作性為因，證成聲是常。
㉗不定因：三種似因之一。宗法中雖有，但其周遍關係，或猶豫不決，或正倒不定之因。如云：「聲是無常，所量之對境故。」此中所量之對境，可是常，亦可是無常，故是不定。

癸二、發太過：

二具理由伺察意，若不攝三似因中，

則成第四相似因。伺察意若非似因，

則已出現第三量。若實決定仍非量，

比量亦應成非量。

假設顛倒理由與不定理由兩種伺察意不能包含在不成因等三種相似因中，那麼就出現了所謂證實伺察意的因——第四種相似因，因為你們承認存在不是三種相似因其一的因之故。如果所謂的伺察意，不是相似因，且是一種真實的決定，又不承認它是現量及比量，如此一來，「伺察意」的第三個量就已出現了。如果伺察意明明重新確定真實情況仍然不是量的話，那比量為何不成為非量？

如果對方說：雖然決定真實狀況，但它並不是像比量一樣斷除了增益。

若定仍未斷增益，則非能害與所害。

若謂雖然無決定，真假猶豫三不違。

無決定失伺察意，成二則難立猶豫。

駁：倘若如此，那決定與增益之間就成了不是能害與所害的關係。如果這樣承認，則明顯違背論典及正理。

假設對方解釋說：雖然不是決定事實，但認為「本來有水的古井中有水吧」，是真實的伺察意；認為「無有水吧」，屬於虛假顛倒識；認為「可能有可能無」三

第二品 觀識

心二意的念頭是猶豫識。因此，這三種識各自分開並不相違。

如果不存在真實的決定，就失去了伺察意的法相，因為你們認定伺察意是與事實相符的決定。如果認為「有」、「無」的兩種想法分別成了伺察意與顛倒識，那除此之外就很難另外安立猶豫識獨立自主的一個法相。

癸三、以同等理而破：

或如真實伺察意，倒伺察意何非理？

許則失真伺察意，非爾前者亦同非，

模棱兩可成猶豫，設若容有壞定數。

若是倒識伺察意，亦應成量同等理。

既然你們承認斷定隱蔽的事物與實際相符是真實伺察意，那為何斷定前所未知的隱蔽分與實際不符的顛倒伺察意是伺察意不合理？

如果對方承認這一點，顯然已失壞了「伺察意是符合實際真情之識」的觀點。

如若對方說：顛倒估計兩種可能性不是伺察意。

駁：那麼，對真實伺察意同樣分析，也是模棱兩可的心態，因此該同樣不是伺察意。如果瞻前顧後仍舊沒有斷絕懷疑的話，就成了猶豫識，而不可能是伺察意。假設承認伺察意有符合、不符合事實的兩種可能性，就已經失壞了承認五識的定數。

如果對方說：不會有這種過失，虛假伺察意明明是

因
明
論
集

顛倒識。

駁：那麼，你們的伺察意也應變成決定事實的量了，理由相同之故。

壬二（別破）分三：一、破無理由伺察意；二、破顛倒理由伺察意；三、破依教之識為伺察意。

癸一、破無理由伺察意：

設若無因伺察意，真實一切成真實。

假設沒有或者尚未取得認為井中有水等「有」之理由的伺察意是真實決定符合對境實情的識，那麼認為自己下面有寶藏等所有心識一律成了真實，因為你們承認雖無理由也真實之故。

癸二、破顛倒理由伺察意：

若是倒因伺察意，則與意趣成相違。

即便具有以所量建立無常等一切顛倒理由也像你們所承許的那樣，所謂的伺察意必須是猶豫以外的他識，可是阿闍黎明明將不定因的這些識均歸納在猶豫中，因此你們的觀點與（理自在法稱論師）的意趣相違。

癸三、破依教之識為伺察意：

知自他宗教典識，歸四識非伺察意。

如果對方認為：了達自宗他派的教典中自己所詮的識㉘是伺察意。

㉘識：此處的識在《量理寶藏論自釋》及全知果仁巴的《量理寶藏論釋》中一致說是聞慧。

駁：事實並非如此。其中依於四諦、二無我等有確鑿依據之教的一切識是量；依於通過沐浴苦行等來清淨罪業等有能害之教典的一切識是顛倒識；依於既無能立也無能害的教典中有耽著義的一切識是猶豫識，沒有耽著義的一切識則是不悟識。因此，依於一切教典的識均可歸集在這四類識當中，而不是指伺察意。

辛二、破現而不定識是非量識：

設若現而不定識，非為真實之正量，

一切現量成非量，現量決定已遮故。

假使對現量顯現對境尚未決定的現而不定識不是量，那麼所有現量也都成了非量，理由是：現量決定自相這一點，阿闍黎在論典中已經遮破完了，只是憑藉顯現自相而安立為量，並不是決定性。關於此理在下文中將予以闡述。

辛三（破已決識乃不悟識以外非量識）分二：一、總破；二、別破。

壬一、總破：

已決識若以理究，則已成為不悟識，

顛倒識或正量識，此外他識不容有。

如果以正理對所謂的已決識進行追根究底，則由於自境已為量所斷定，因此它不屬於猶豫識。剩下來，要麼是不悟識、要麼是顛倒識、要麼是正量，必然成為這三者其一，不應該再有其他識，理由是，除此四類識以

因明論集

外不可能有其他識之故。尤其他該包含在不悟識的範圍內，因為已決識自己只是回憶先前的對境，而本身無有所了別的對境。

壬二（別破）分二：一、真破；二、遣諍。

癸一（真破）分二：一、破相違法為同體；二、破根識種類為量。

子一、破相違法為同體：

現量現在無分別，已決過去乃分別，

境時緣取方式違，彼二同體豈可能？

現量本體遠離分別念；對境是自相；時間是現在；緣取方式是了了分明、互不混雜而取。而已決識本體是分別念；對境是共相；時間是過去；緣取方式，是含糊不清、混淆一起來緣取，居於一種憶念。由此可見，本體、對境、時間、緣取方式互相矛盾，既是現量又是已決識的同體事物怎麼可能存在？絕不可能存在。

子二、破根識種類為量：

謂取種續乃現量，後知即是已決識。

種類非為現量境，所見境無已決識。

對方辯答：沒有這種過失，原因是：諸如，眼識在尚未離開「藍色對境」之前，緣取單單藍色種類相續不斷的識，就是現量及已決識的同體，因為已經了達第一剎那的藍色之後認為「這是藍色」的識也就是已決識。

駁：你們的這種解釋不合理，那一種類只不過是對

藍色剎那的連串誤解耽著為一個相續，而不該是現量的對境，因為第一剎那不可能在第二剎那停留。諸如，眼識正在見藍色時的所有外境通通是當下的對境，所以它並不存在已決識。

總結偈：

相違之故無同體，是現量故非回憶，

種類相違根對境，現見前後無差異。

若有決定非現量，執著相同乃分別，

是故以識可遮破，現量決識同體理。

總而言之，正在見的外境在當下絕不存在已決識。現量與已決識這兩者，如果是其中一者，則相違另一者（即絕不會是另一者），因此它們之間不存在同體的關係。並且，現在的有境是現量而不是回憶，因為回憶本是過去的有境。將前後立為一體的種類並不具有實體，所以將其視為根的對境是完全相違的。而且，諸如見到藍色對境，始終是重新了別所取境，根本不會有先前為量、後來非量的差別，因為每一剎那都是新的對境。

如果存在已經斷除增益的決定，就說明它不是現量，因為是已經證知尚未忘卻的有境。將先前現量的對境、隨後決定識的對境這兩者前後剎那執為相同絕對（遍）是分別念。可見，現量與已決識同體存在的理論以自身領受的識便可推翻。

癸二、遣諍：

因明論集

境根極微相聚合，盡其所有刹那數，

生起領受之心識，即為異生之現量。

如果對方說：這樣一來，由於現量事物唯是刹那而已，凡夫根本不能了別極微刹那，結果對凡夫來說就不可能存在現量了。

駁：並不會導致如此結局，凡夫現量並不涉及無分微塵與無分刹那，當境、根的極微聚合的刹那達到能生起識的程度時，它的自相才作為所取境而生起領受它的識。比如，儘管一滴水不會裝滿瓶子向外溢出，但當水滴積累到瓶內已滿滿盈盈後便會向外溢出。因此，當微塵聚合到可見的時候，對本身的所取境未錯亂而了別的這個識就是異生的現量，例如見瓶子的現量。

暫停偈：

所有數目之分攝，乃以種類差別為，

所有內部之分攝，承許歸屬彼範圍。

他宗只是依靠量及非量微乎其微的差別便分為五類等之舉實不合理，我們認為：因為根本數目的所有分門別類，是由同類或異類的種類差別所致，其中格外細微的所有分攝歸屬在根本種類的範疇內，並非另外作為定數。如果另外作為定數的話，顯然已經攪亂了一切量、非量、因的無誤分攝安立即法稱論師的意趣。

己二（立自宗）分三：一、非量總法相；二、數目之分攝；三、各自安立。

庚一、非量總法相：

<blockquote>不欺不成即非量。</blockquote>

所謂不欺惑不成立即是非量的法相。

庚二、數目之分攝：

<blockquote>不悟顛倒猶豫識，三種正量之違品，

乃以緣取方式分，本體而攝即唯一。</blockquote>

作為正量對立面的非量有不悟識、顛倒識、猶豫識三種，這是從識取境方式的角度來分的。如果從本體的側面歸納，則顛倒識與猶豫識也未如實證知對境，由此可包括在唯一的不悟識當中。

庚三、各自安立：

不悟識、顛倒識、猶豫識每一識都有法相及分類。

一、不悟識：

<blockquote>不執彼者非彼者，乃不悟識有三類，

尚未入境未圓滿，雖已圓滿然未得。</blockquote>

法相：既不是真實緣取對境，也不是顛倒緣取對境反方面（對境違品）的識，就是不悟識的法相。

分類：不悟識共有三種，其一、心根本沒有取境的不悟識，其二、雖已緣取境觀察尚未究竟的不悟識，其三、觀察所尋覓的事物雖已圓滿，但那一對境尚未了然現於心境中而未獲得的不悟識。

二、顛倒識：

<blockquote>執彼即有非彼害，乃顛倒識分為二，</blockquote>

因明論集

179

分別以及無分別，彼一一分共五類。

法相：取對境本身卻有反方面的他量所妨害的識即是顛倒識的法相。

分類：總體來分，顛倒識有分別顛倒識與無分別顛倒識兩種。再進一步細分，分別顛倒識又分三種，其一、錯亂相分別顛倒識：諸如，將雜色的繩索執為蛇；其二、錯亂時分別顛倒識：諸如將現在的藍色執為過去的藍色；其三、錯亂境分別顛倒識：諸如，將室內的瓶子執為門外的瓶子。無分別顛倒識分二，其一、根識染污無分別顛倒識：諸如，顯現二月；其二、意識錯亂無分別顛倒識：諸如，夢中之識。總共有以上五類。

三、猶豫識：

執彼復有非彼者，乃猶豫相分二類，

現前猶豫及隱蔽，均衡偏重而執取。

法相：儘管執著了對境就是它，但在它的作用尚未失去的同時，認為非它的執著相也可能出現的心識即是猶豫識的法相。

分類：有兩種，其一、直接進入猶豫狀態的現前猶豫；其二，雖然沒有直接進入猶豫狀態，但一經觀察便心生懷疑的隱蔽猶豫。現前猶豫也分兩種，其一、均衡猶豫：諸如，平均執著聲音的「常」或「無常」；其二、偏重猶豫：偏重執著一種情況，它又分為合理猶豫㉙與非理猶豫㉚。

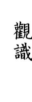

總結偈：

正量之識雖有二，然歸唯一自證量，

非量之識雖有三，然除不悟實無他。

簡而言之，應當了知，正量識有現量與比量兩種，但實際上可包括在唯一自證量當中，三種非量識也僅此不悟識而已，實無其他。

量理寶藏論中，第二觀識品釋終。

㉙合理猶豫：猶豫之一。猶豫之能引生合理認識自境之正解心識者。如思「聲是常耶，抑無常耶？很可能是無常」。此一猶豫能引生了知聲是無常之心。

㉚非理猶豫：猶豫之一。猶豫之能引生不合理認識自境之邪分別心者。如思「聲是常耶，抑無常耶？很可能是常」。此一猶豫能引生認為聲是常之顛倒分別心。

第三品　觀總別

丙三（彼識知境之方式）分四：一、總及別之證知方式；二、顯現及遣餘之證知方式；三、所詮及能詮之證知方式；四、相屬及相違之證知方式。

丁一（總及別之證知方式）分二：一、總說境及有境之安立；二、分析總別證知之差別。

戊一、總說境及有境之安立：

緣取自相無分別，執著共相乃分別，
其中自相有實法，共相不成有實法。
實體反體總與別，顯現遣餘分別否，
其他論師另行說，我遵論典講解許。

緣取對境自相的識是無分別的，緣取對境共相的識是有分別的。其中自相實體成立為有實法，而共相並不成立有實法。關於實體與反體、「總」與「別」、建立與遣餘、分別與無分別這些內容，藏地的其他論師另有安立，有時講似乎相同，有時講似乎不同，有時講似是心法，有時講似是境法，有時似乎建立「總」，有時似乎遮破「總」……並未發覺有堅不可摧、牢不可破的理念。我本人始終不渝地遵照法稱論師的論典來講解，承許實體（即自相）與共相作為對境、分別與無分別作為識，顯現及遣餘作為緣取方式。

比量不取有實法，故彼實法非應理，

乃遣餘故智者許，比量即以反體立。

藏地因明前派有些論師聲稱：眾多反體不可分割，即是實體；零零散散聚合性的法是反體。並且進一步說：實體法的法相是直接相違的法在一個實體上不集聚；反體法的法相則是直接相違的法在一個反體上不集聚。

駁：（你們所說）這樣的實體、反體就像外道所承認的有支實體一樣。實際上，反體只是一種增益假立，並不存在不可分割而聚集的情況，而且，你們這樣承認會招致實體反體相互之間了解一者要依賴另一者等等許多過失，因此不合理。實體法與反體法也離不開實體反體本身，而不應該另立名目。如果按照你們所說，無常是實體法，如此一來，能衡量無常之比量的對境也應成了實體，這顯然不符合事實。由於比量不可能執著有實法實體的所取境，因而，比量的對境絕不該是實體法。假設這種情況合理，那麼所作、無常在瓶子上不存在分開的實體，就會有「若了知所作也已通達無常」的過失。依靠因而衡量自己所量的方式，是通過遣餘而進行的。所以，比量是通過反體也就是否定他法的途徑來建立自己的所量，這是智者們一致認可的。

綜上所述，實體實際成立，而反體則是以心假立的，但對方對此差別不加分辨而斷然承認反體原本存在的觀點實不應理。比量並不是執著有實法的有境，因此

因明論集

它的對境不可能有實體成立的法。諸如，遣除了非樹的那一分，即命名為樹，能取的有境——比量是通過遣除其他不同種類的途徑來緣取它的。

戊二（分析總別證知之差別）分三：一、法相；二、分類；三、擇義。

己一、法相：

遣異類法即總相；亦除自類乃別相。

在將異體執為一體的遣餘識前，遣除其他不同種類的事物，即為「總」。在遣餘識面前，不僅是去除了別類，而且自己的同類中，不同地點、不同時間的所有事物也一併排除在外，即是「別」。由此可見，只具有排除不同種類的一個反體是總的法相；具有不同種類、同類內部的他法一概排除在外的兩個反體是「別」的法相。

己二、分類：

總別各自悉皆有，異體先後二分類，

異體別乃他實體，先後別則遮一體。

方位所攝的沉香樹、檀香樹等一切不同實體，是異體別；與之相聯的「總」是異體總。時間所攝的如沉香樹等樹木一樣遮破了有實法前後剎那為一體的一切不同他體是先後別；與之相關的「總」是先後總。如此一來，「總」、「別」各有兩種，共分為四類。其中，所有異體別是由現在不同因所生，故而是不同實體；所有

先後別雖然是一個實體相續，但觀待時間，由於過去未來是迥然不同的他體，如果是一者，就相違另一者，所以它是遮一之異體。

己三（擇義）分三：一、破他宗；二、立自宗；三、除諍論。

庚一（破他宗）分二：一、破實體異體；二、破實體一體。

辛一（破實體異體）分二：一、宣說對方觀點；二、破彼觀點。

壬一、宣說對方觀點：

　　　　　　有稱總別是異體。

勝論外道等有些派系聲稱：「總」與一切「別」實體均是互異的他體。

壬二、破彼觀點：

　　　　　　異體可見不得遮。

這種論調絕不合理，如果「總」是除了自之一切「別」以外的不同事物，那麼必須能被見到，因此憑藉可現不可得㉛完全能駁倒對方的觀點。

辛二（破實體一體）分三：一、破一總與多別一體；二、破多總與多別一體；三、破同類之總。

壬一（破一總與多別一體）分二：一、宣說對方觀

㉛可現不可得：可現不可得因，不可得真因之一。能於所諍事中證成所礙事物決定是無者。如云：「夜間大海，無煙，以無火故。」以不可得緣由之能破因，破除有果之所破法。

點；二、破彼觀點。

癸一、宣說對方觀點：

有說總別乃一體。

承許一切所知歸納為二十三種現象、一切現象的自性主物以及所有現象的受用者神我二十五定數的諸位數論師宣稱：瓶子的「總」如同火與火的熱性一樣於瓶子等一切「別」中存在一個實體。另有些與之觀點一致的雪域派論師也說，一切樹的「別」與樹的「總」是一個實體，所有藍色的「別」也與藍色的「總」是一個實體。

癸二（破彼觀點）分三：一、可現不可得；二、加以觀察；三、發太過。

子一、可現不可得：

縱一實體然非見。

如果是一個實體，那麼由於「別」與（「總」）本體無二無別的緣故，「總」也需要被見到，可事實上，只有「別」可見，「總」可現不可得，因此你們的觀點不應理。

子二、加以觀察：

境時形象相違別，若與一總相關聯，

生滅本體皆成一，非爾一體二分違。

如果東方與西方等對境、過去未來現在之時間、粗細等形象相違、不同、眾多的一切「別」與一個「總」

第三品　觀總別

本體無二無別緊密相聯，那麼不同地點的所有樹木需要在同一地點生長，不同時間的所有樹木需要在同一時刻生長……所有「別」的生滅本體都需要變成一體。否則一個本體存在生未生、滅未滅等兩個部分是完全矛盾的。

子三、發太過：

總別若是一實體，縱許有支如何遮？

根亦應成有分別，諸違法成一實體。

「總」與「別」如果是一個實體，那麼即便（外道）承認「存在一個遍及頭足等一切分支的有支實體」，又怎麼能否定它呢？因為「總」與有支相同之故。再者，緣取「別」的根也應成了執著「總」的分別識，因為一個實體不該有現不現兩種情況，既然「別」已顯現，總也需要顯現。如此一來，黑白、明暗等所有對立的法也都成了一個實體，因為這些與所謂色等的「總」是一個實體的緣故。

壬二（破多總與多別一體）分二：一、宣說對方觀點；二、破彼觀點。

癸一、宣說對方觀點：

倘若謂與一一別，相繫之總有數多。

有些人主張說：雖然一個「總」不存在，但與每一個「別」密切相聯的「總」也等同「別」的數目而有多種。

癸二、破彼觀點：

如此法相不成立，且壞一切破立理。

倘若如此，那麼非為各自的一個共同「總」的法相就不得成立了，如果凡是「總」都兼有兩個反體，比如，沉香樹的「總」也應成兼具兩個反體，結果將失毀一切破立之理，原因是，如此一來會導致成立有沉香樹卻不能證實其餘樹的「總」存在、已遮破是其餘樹的「總」卻不能否定是沉香樹的結局。

壬三（破同類之總）分二：一、破外境相同之總；二、破心前相同之總。

癸一（破外境相同之總）分二：一、宣說對方觀點；二、破彼觀點。

子一、宣說對方觀點：

傳聞法相同一總，與別乃為一實體。

據說，有些論師不承認各自毫不相干的「總」，而認為沉香樹、柏樹等都具備有枝有葉相同法相的一個「總」，此「總」與它所有的「別」均是一實體。

子二、破彼觀點：

相同乃由分別合，分別心法外境無，
若外境有相同法，見前未見亦成同。

所謂此法與彼法的相同只不過是以分別念來銜接的，分別心連結的法在外境自身上根本不存在。假設外境本身也存在所謂「相同」的一個法，那麼即便重新見

第三品　觀總別

到前所未見的一個「寶珠」，也應該生起認為「此寶珠與其餘寶珠相同」的念頭。

癸二、破心前相同之總：

相同不容一實法，非一不具總之聲，

一總若未現心中，執同亦非堪當總。

部分相似普皆有，一切相同悉不具，

亦明顯違正理王，所說一切之真理。

據說，另有個別論師聲稱：儘管外境上不存在相同的「總」，但僅以分別念執為相同而作為一個「總」，又有何不可？

駁：執為相同不可能是一個有實法，因為本不存在兩個法，而自己與自己相同的現象是不會有的。既然不是一個對境，也就不存在唯一「總」的概念；又因為「總」只是涉及耽著境一法的名稱，而不會浮現二法的形象。

如果對方說：雖然未顯現一個，但執為相同本身就是「總」。

駁：倘若無始以來久經串習，一個總相的自性仍然沒有浮現在心中，那以重新妄執相同也不能充當「總」的身分，它也不能代表「總」。比如，沒有說「將沉香樹拿來」而只是說「將與沉香相同的東西拿來」根本達不到目的。沉香樹、柏樹等無一例外，只是部分相同的情況無論是「總」是「別」都存在，地點、時間、形象

一模一樣的法在何處也沒有，因為自己獨具特色的不共法不可能出現在他法上。顯而易見，凡是承認「總」實有的觀點均與正理王法稱論師所說的真理相違，因為《釋量論》中明明說：「總即無實體，故非根行境，一切總之法，成非現量故……」

庚二、立自宗：

遣除非彼之自性，於諸實法皆成立，

彼即遣餘之總相，誤為自相行破立。

諸如樹一樣的法排除所有「非樹」他法的自性，而在一切「樹」的有實法上成立，這是在遣除其餘不同種類的心識前顯現一個共同的「總」概念，人們將它與自相誤為一體而進行破立。

庚三、除諍論：

若謂外境無有總，遣餘增益無實法，

雖成與境無關聯，是故失毀諸名言。

外境自相及遣餘，妄執一體而取境，

唯得自身之法相，乃正量故實合理。

有些論師說道：假設外境本身不存在「總」，那麼遣餘的「總」僅僅是一種增益的無實法，即使它成立一個「總」，然而由於和外境有實法不相關聯的緣故，將失壞由「別」成立而證明「總」成立的自性因[32]、遮破總

---

[32]自性因：真因之一，證成其是，具備三相之因。如云：「聲，是無常，所作性故。以同體相屬關係，證成若是此因，即是此宗。

法即已否定別法的能遍不可得因㉝等推理的安立及所謂「瓶子盛水」等一切世間名言。

駁：一切破立絕不可以將自相、共相分別開來而進行，必須是將外境自相與遣餘增益兩者顛倒執為一體而緣取破立的對境，無論怎樣取境，只要按照這樣去做，就絕對能獲得外境自身的無誤法相，由此而證明它是正量。為此，這種方式是極其合理的。

總結偈：

許異體總鴟梟派，謂一實體數論派，

諸雪域派追隨彼，智者之宗許遣餘。

承認「總」與「別」互為他體的是鴟梟派或勝論派；主張「總」、「別」為一實體的是數論外道；所有雪域派也追隨數論派而承認「總」等在外境上存在；而承許「總」在外境上不存在而只是一種遣餘，是具德法稱論師及薩迦班智達我等智者的觀點。

量理寶藏論中，第三觀總別品釋終。

㉝能遍不可得因：可現不可得因統一因之一。依於同性相屬關係，以能遍不可得之能破因，破除所遍之所破法者。如云：「對面的石寨中，無沉香樹，以無樹故。」

第四品　觀建立遣餘

丁二（顯現及遣餘之證知方式）分二：一、總說緣取方式；二、決定各自之自性。

戊一、總說緣取方式：

無分別以顯現取，名分別以遣餘執，

彼等各有二分類，顛倒無倒共有四。

無分別識以顯現的方式緣取自己的對境，因為只是顯現便已完事。混合而執著名言共相㉞、義共相的所有分別念是通過遣餘的途徑而緣取耽著境的，因為需要做遣除不同種類之事的緣故。顯現有現出「黃色海螺」一樣的顛倒顯現與現出「白色海螺」一樣的無倒顯現兩種，遣餘也有執著「聲為常有」一樣的顛倒遣餘與執著「聲為無常」一樣的無倒遣餘兩種，共有四種類別。

戊二（決定各自之自性）分二：一、顯現；二、遣餘。

己一（顯現）分三：一、境之實相；二、識緣取方式；三、識境一致。

庚一、境之實相：

對境所有一切性，一體不容有眾多，

眾多住一不可有，一法無有明不明。

㉞名言共相：心中所現事物名號的影像。如見瓶之分別心中由瓶名所現之影像，及心中所現「有為法是無常」之名言影像。這裡的名言不要理解成是與勝義相對的名言，而是指語言、文字、名稱的詞語。

第四品　觀建立遣餘

對境事物本身擁有的一切性質是一體，諸如藍寶石的藍色、所作、無常，在外境上面根本不可能有多種異體。諸如，藍寶石與青蓮花多種他體事物上也永遠不可能存在一個單獨藍色的「總」，本體無二無別的一個實體絕不會現出明顯與不明顯兩部分。

庚二、識緣取方式：

諸現量前境盡現，一法不現不同相，

異體不容顯現一，以顯現取無輪番。

在一切真現量前，外境一五一十而顯現，如瓶子的所作與無常一樣的一個實體不會顯現不同他體，瓶頸與瓶腹一樣的不同對境不可能顯現為一個，諸如顏色、形狀，是以顯現來緣取的。凡是對境具有的特性全部頓時顯現，而不存在個別法顯現、個別不現的輪番交替現象。比如，當鏡中映現色相時，色相所具有的一切形色都會了然現出。

庚三（識境一致）分二：一、如何一致；二、建立現量非決定。

辛一、如何一致：

依如何存對境力，根識由此而生起，

無則決定不生故，識境互相無錯亂。

憑藉對境上如何存在的力量，致使根識生起具有某一對境的形象。因此，如果某對境不存在，決定不會出現緣取它的識。可見，有境心識與對境事物互不錯亂。

因明論集

此處，如果是本體無二無別的一法，則決定不存在現、不現兩部分，對此不能看成是像世間共稱「瓶子」一樣的實物，需要認定是根前一閃而現的實物，因為這是指論典中共許的（六）處對境的實法。

辛二（建立現量非決定）分三：一、非決定成立之真實理由；二、遣除彼不合理之說；三、分別不取顯現境之理。

壬一、非決定成立之真實理由：

現量亦即無分別，是故無需決定性。

由於顯現的有境是無分別識，因此現量也必然是無分別識，故而現量並不需要決定，因為決定識純屬分別念。

壬二（遣除彼不合理之說）分二：一、現量行破立之方式；二、宣說若決定則違現量。

癸一、現量行破立之方式：

現量遠離分別念，以未顛倒立為量，

依彼抑或憑他力，決定之式行破立。

如果對方說：由於沒有直接斷除增益，因此現量不是正量。

駁：雖然現量遠離分別念而沒有決定性，但從未顛倒錯亂對境的角度成立是正量。

對方又問：那麼現量如何進行破立呢？

答：比如說，見到珊瑚時，在顏色的反體上無有錯

亂的理由，因此憑藉自力能引出決定，由此證明現量是正量；或者說，無常的反體上存在會導致其他相同情況出現等錯亂的理由，而需要借助諸如「執著所作之識」的他力而予以決定。現量就是通過這種方式進行破立的。

癸二（宣說若決定則違現量）分三：一、建立決定藍色反體是分別念；二、以定解斷絕增益之理；三、說明此為阿闍黎之意趣。

子一、建立決定藍色反體是分別念：

決定青色之反體，乃分別故是遣餘，

誤得照了境自相，內觀自證許為量。

個別論師辯道：儘管剎那的反體是以遣餘來緣取的，但由於這種決定藍色自反體的識是分別念，因此不可能是現量；由於不觀待因，故而也不是比量；因為尚未排除違品，所以又不可能是遣餘。

駁：現量見到未曾分割的外境之後，隨從它的識便以共相的方式了別它是「藍色」，決定藍色反體的識是分別念，故而不是現量。如果增益為藍色的違品——黃色等其他部分不存在，顯然就已經排除了非藍色事物，由此證明是遣餘。由於遣餘不存在真實對境而要是以將自相、共相顛倒執為一體來取境，結果完全能得到照了境的自相。就內觀而言，只是唯一的自證。為此，承認是無謬的正量。

子二、以定解斷絕增益之理：

當知何者具定解，依憑彼者斷增益。

我們應當了知，是依靠有決定性的識來斷除非其本身其餘違品的增益部分，因為定解與增益這兩者如同光明與黑暗般是不並存相違之故。

子三、說明此為阿闍黎之意趣：

決定增益二意識，以遣餘而緣取故，

謂彼二者非現量，實是徹知理者說。

決定「是它」與增益「非它」的兩種意識都是通過遣餘方式而緣取對境的，因此所謂「決定、增益不是現量」是徹知正理真如者宣說的。（法稱論師）在《釋量論》中說：「所有增益分，遣彼故決定，音聲亦復然，彼等行境異。」又言：「境之一自體，本性乃現量，凡依量觀察，豈有未見分……」其中講述了許多有關的道理。

壬三（分別不取顯現境之理）分三：一、若顯現則破立應成頓時；二、一境之所有名稱皆為異名；三、若以反體辨別則成遣餘。

癸一、若顯現則破立應成頓時：

名分別以顯現量，破立應成同時知。

否定非其本身的名稱詞語以及決定的分別念如果都是通過顯現來衡量事物的話，就會漏洞百出。何過之有呢？如此一來，應成是非、有無的一切破立在對境顯現

第四品　觀建立遣餘

的當下全部頓時通達，因為通過顯現的方式取境無有輪番的現象。這樣一來，見到瓶子的補特伽羅在瓶子的上面再次破立也就毫無必要了，原因是：瓶子只要一顯現，它的所作、無常等特性便已暴露無遺。

癸二、一境之所有名稱皆為異名：

一事縱取眾多名，實是異名非不同。

再者，對於顯現境獨一的事物本身來說，儘管依靠瓶子、所作、無常等迥然有別的名稱名言以及盡其所有的決定加以表述，假立多種名目，但實際上就成了稱呼一個事物以外，再沒有其他所了解的事物了，其原因：由於因法事㉟的不同反體並非浮現在心中，因此執著名言的分別念絕不是通過顯現方式而取境的。

癸三、若以反體辨別則成遣餘：

以反體分即遣餘，於彼立名有實已，

自認顯現乃錯亂。

如果對方說：無有這種過失。事實上，一個事物以反體而分成所作、無常等。

駁：這實際上就是遣餘，只不過是將遣餘取上有實法的名稱而已。所以，凡是認為遣餘是顯現的觀點一律是錯誤的。

己二（遣餘）分三：一、真實遣餘；二、決定自

㉟因法事：因法及事三者。因是能立，法是所立後陳能別，事是所立前陳即能諍事。

性；三、遣除諍論。

庚一、真實遣餘：

否直接違而緣取，許為遣餘之有境。

以否定與自己直接相違之分別念的途徑來取境，被承許為遣餘的有境或緣取方式。

庚二（決定自性）分二：一、安立；二、細分。

辛一（安立）㊱分二：一、總說；二、別說。

壬一、總說：

假立故遣無實境，顛倒取境即自相。

於自相之一異體，遣餘緣取共有四。

遣餘只是以分別念假立的。因此，除了心中的概念以外單獨的遣餘根本沒有真實的對境或對境法相。然而以自相、總相誤為一體的取捨對境就是自相。儘管在外境事物上，一體、他體互不混雜，但對於自相是一體、是他體，通過遣餘的執著方式而可能出現將一體執為一體、他體執為他體，以及將一體執為他體、他體執為一體四類情況。其中後兩者難以理解，故而於此論述。

壬二（別說）分二：一、他體執為一體；二、一體執為他體。

癸一（他體執為一體）分三：一、增益之緣由；二、識執著方式；三、其必要。

子一、增益之緣由：

㊱此處分法與原文稍有不同。

作用法相同一性。

他體執為一體的緣由，一切火的種類均具有燃燒的作用、一切水的種類具有解渴等的作用，一切樹都具備有枝有葉的相同法相。可見，諸如此類的所有對境在錯亂心識前浮現一個「總」的概念。

子二、識執著方式：

由習氣力誤為一。若謂原本同異體，

果識一異實相違。猶如心識及藥物，

雖是相異有差別。

是由心識無始以來薰染的習氣力而將這一切（同類）誤解為「火」、「水」、「樹」、「牛」的一個總概念。

如果對方說：那麼，事物同樣是他體，而由它安立的果──心識卻全然不同，比如，見到白牛與黑牛，會生起「牠們都同樣是牛」的執著，而對於馬與牛卻不會生起「是一類」的心識，會生起互為他體的執著，這顯然是相違的。

駁：就像依靠不同的對境、根、作意也能生起一個識，而冰片、石榴等不同藥物能起到祛除不同疾患的作用一樣，儘管因同樣是各不相同而存在，但卻有著生不生一個果的差異，這就是自然規律，所以合情合理。

子三、其必要：

破立一切異體事，同時同地即了知。

因明論集

對於時間、地點、形象截然不同的一切別法進行破立的事，同時同地便可一清二楚，比如，只要一說「無樹」，對方就完全明白「所有的樹一概不存在」，而要通知「一一別法都不存在」是無能為力的事。

癸二（一體執為他體）分三：一、增益之緣由；二、識執著方式；三、其必要。

子一、增益之緣由：

遣餘不同之行境，一體可分異反體。

雖然是一個事物，但能充當遣餘的不同行境，其原因是：諸如，就聲音外境的一個本體而言，從排除他法的側面也可以分成所作、無常等不同反體。

子二、識執著方式：

如詞分別緣取式，外境耽著為異體。

就像聲音、所作與無常三者能通過不同能詮的詞句加以表達以及分別念前現為他體的緣取方式一樣，外境也是憑藉增益他體存在而進行耽著的。

子三、其必要：

未了一體為一體，為令其知而分析。

本來，聲音與無常是一個本體，但為了讓沒有通達它們是一體者領悟到這一點，而從遣除非聲、非無常、非所作的角度加以分析，並由此證實對境是一體，從而對方會了解到聲音本身就是無常等。

辛二（細分）分三：一、真實分類；二、破外境有

第四品 觀建立遣餘

遺餘；三、各自之安立。

壬一、真實分類：

依於執著有與無，遺餘即有二分類。

憑名分別之差異，有無遺餘亦分二。

從建立所立遣除其餘「有」、遮破所破執著「無」
的側面而言，包括有實遺餘與無實遺餘兩種；就名言、
心識的差異來分，有實無實兩種遺餘也各有兩種，合計
為四類，即有實遺餘也包括名言遺餘與心識遺餘兩種，
同樣，無實遺餘也包括名言遺餘與心識遺餘兩種，總共
有四類。

壬二（破外境有遺餘）分二：一、真實宣說；二、
彼之理由。

癸一、真實宣說：

遺餘乃識緣取式，無情外境無遺餘。

所謂的遺餘，是指心識的緣取方式，而在無情事物
上絕不存在遺餘。

癸二（彼之理由）分二：一、遺餘應成顯現；二、
顯現亦相同。

子一、遺餘應成顯現：

境遺餘即自相故，成顯現境失遺餘。

外境事物上面如果存在遺餘，那麼它必然是自相，
由此就成了顯現的對境，已失去了分別念對境——遺餘
的身分。

子二、顯現亦相同：

顯現亦同境中有，若許盲人當滅絕。

顯現也是同樣，假設作為分別念執著方式的遣餘在外境上存在，則可類推無分別念的緣取方式——顯現也同樣該在外境中存在。如果這樣承認，那麼一切事物各個上面就有顯現了，這樣一來，只要有外境存在就應顯現，結果盲人將會絕跡，關於這一點的深入探索當從大堪布阿旺秋札的講義中得知。

壬三（各自之安立）分二：一、有實名言遣餘及有實心識遣餘合一而說；二、無實名言遣餘與心識遣餘合一而說。

癸一（有實名言遣餘及有實心識遣餘合一而說）分二：一、法相；二、分類。

子一、法相：

有實遣餘除無實。

有實遣餘的法相：即心中執著有實法而否定不能起作用的無實法。因此，有實的名言㊲與分別均是否定的有境㊳。

子二（分類）㊴分二：一、總說；二、別說。

丑一、總說：

由以顯現不顯現，對境而分有二類。

㊲名言：這裡的名言不是表示世俗的名言，而是名詞、語言之義。
㊳有境：此藏文原文中是「對境」，但按照意義及自釋，應為「有境」。
㊴此處分法與原文稍有不同。

從顯現與不顯現的對境角度來分，遣餘有現前遣餘與隱蔽遣餘兩種。

丑二（別說）分二：一、現前遣餘；二、隱蔽遣餘。

寅一、現前遣餘：

顯現自身之法相，盡其所有決定識，

名言分別作剖析，故遣餘成反體境。

根識前，了然顯現對境本身的法相，即是現量，而取上藍色非藍色、常無常等名稱及遣除各自反面而隨後生起的所有決定識，這些均是通過名言與分別才這樣剖析的，為此屬於遣餘。遣餘作為將對境的反體各自分別開來的有境。無分別識前，對境當下現量顯現，繼此之後分別念加以決定；無分別識前對境全然不現，僅依分別念予以分析，無論是這兩種情況中的任意一種，但從分別念自身角度而言都同樣不存在自相，因為分別念的對境純是遣餘。

寅二、隱蔽遣餘：

自之法相不顯現，無論觀待不待因，

皆為名言分別境，是故決定亦遣餘。

外境自身的法相在現量前全然不現，無論是如「由煙而確定火」一樣觀待因，還是如「想當然認為是火」一樣不觀待因，心中的那個事物就是名言與分別的對境。因此，決定任何對境是常、無常、有無等就是遣餘。

因明論集

真實非真及二邊，分別取式有三種。

如果對隱蔽遣餘進行分類，則有三種，其一、真實遣餘：諸如，確定瓶子為無常而遣除常執；其二、非真實遣餘：諸如，確定瓶子為常有而遣除無常的執著；其三、猶豫遣餘：即模棱兩可。分別念的緣取方式有以上三種，猶豫識也是通過分別的途徑而執著任意一邊的，所以它也是一種遣餘。

癸二（無實名言遣餘與心識遣餘合一而說）分三：一、法相；二、分類；三、無實法非顯現境。

子一、法相：

無實遣餘除有實。

無實遣餘的法相，即是說：遣除能起作用的有實法。

子二、分類：

由有或無所破言，遣餘亦可分二類。

從排除無瓶等有所破的所知以及兔角、常法等無所破的側面來說，遣餘也有兩種。

子三（無實法非顯現境）分二：一、真實合理性；二、遣除彼不合理之說。

丑一、真實合理性：

諸無實法無本體，無體性故非所知，

由此於遮有實法，假立稱謂無實已。

無實法不是顯現境，因為無實法並沒有自體，沒有

204

本體就不能作為所知，故而只不過是對遣除有實法的部分立名謂無實法罷了。

丑二（遣除彼不合理之說）分四：一、遣除等同有實法；二、遣除與量相違；三、遣除與世間共稱相違；四、遣除與教相違。

寅一、遣除等同有實法：

有實皆由因所成，無需觀待無實法，

無實非由因所生，故遮有實心前成。

假設有人認為：無實法儘管不存在實有的本體，但無實法自體是成立的，怎麼會是無所成立呢？如果僅僅因為不成有實的本體就不成立的話，那有實法也同樣應該因為不成無實的本體而不成立了。

駁：有實法是由自因所成，所以不需要觀待無實法而在無分別識前依靠自然呈現而成立，在分別念前則通過遣餘而得以證實。而作為無實法，由於非由因所生，或者不可能由因產生的緣故，必須要觀待否定所破的有實法才能在心裡以遣餘來證明。因此，它們之間有著觀待不觀待的差別，完全是不同的。

寅二、遣除與量相違：

若謂兔角等本無，然無為法二倒境，

憑依顯現為彼力，彼對境得成立有。

顯現彼者即心識，許總以量不可測，

是故三種無為法，二顛倒境皆無量。

205

如果對方又辯解道：雖然兔角與石女兒等的確本不存在，但無為法以及「義共相」一樣的分別顛倒境、「二月」一樣本無見有的無分別顛倒境這兩者，憑藉各自的體會力可以權衡，作為這種正量的所有對境應該成立存在。

駁：這種對境與顯現均超不出識本身，如果認為除識以外另行存在外境，則由於是增益假立的緣故，依靠正量是無法衡量這種外境的。因此，絕不存在能證實抉擇滅、非抉擇滅與虛空三種無為法以及兩種顛倒對境本體存在的正量。為什麼呢？因為：所謂的非抉擇滅，只不過是指在萌生煩惱的眾緣不齊全的情況下，其相續中斷的部分；抉擇滅是以妙觀察慧斷除所破的部分；僅僅對無阻無礙的部分立名為虛空。關於共相原本不成立的理由，前文中已經闡述完畢。

寅三、遣除與世間共稱相違：

若謂設使無虛空，則違世間及論典。

無自相故非現量，無相屬故無比量，

是故所謂有虛空，絕無能立之正量。

對方進一步諍辯：如果說虛空不存在，則既與世間相違也與論典相抵，否則，虛空的顯現分、以虛空作為比喻都成了不可能的事。

駁：所謂的虛空，只是對無阻無礙的那一分假立罷了，實際上，虛空不存在自相，因此不是現量的對境，

如果以自證來證成，顯然就成了識。虛空與任何法之間都不存在彼生相屬或同性相屬，因而借助比量也無法證實其存在。由此可見，沒有任何能證明說「虛空存在」的正量。所以，你們的觀點只不過是立宗而已。

呈現藍色乃顯色，孔隙即未見色故，

莊嚴孔隙之虛空，非為虛空之能立。

對方提問：那麼，虛空顯現藍色，現量目睹孔隙內的空間這些到底是怎麼一回事呢？

顯現所謂莊嚴虛空上面的藍天這其實是須彌山等的光芒，因此屬於顯色，並不是虛空。而眼見孔隙內空空洞洞只不過是沒有看到其他色法的部分，並不是見到了虛空。很明顯，莊嚴虛空與孔隙空間並不能充當虛空的能立。

寅四、遣除與教相違：

謂若無為法皆無，則與說常相違背。

外道以及聲聞宗，此二常派許恆有，

法稱則於遮無常，安立恆常之名言。

對方又辯道：如果所有無為法不成立，那麼在所知當中，有為法與無為法是直接相違，因此無為法需要常有。而且，法稱論師以虛空作為恆常之比喻等教典中明明說它是常有的，你們的觀點顯然與這些教證相違。

駁：由於勝論外道與有部等聲聞兩種常派承許萬法實有的緣故，就必然會認為虛空等也是恆常的。然而，

因
明
論
集

具德法稱論師只是將遣除無常的那一分安立為常有的名言，並非認可存在恆常的同體。《釋量論》中說：「無豈是常性……」由此可知，法稱論師承許虛空只是一種增益。

暫停偈：

根識如啞具明目，分別似盲善言語，

自證諸根齊全者，充當彼二之聯絡。

根識表達不出破立的名言，只是顯現便已完事，就像具備眼睛的啞巴一樣。分別念雖然不能直截了當地見到自己的對境，但在遣餘識前，能將是非等分辨得一清二楚，如同能說會道的盲人一樣。如果自證本不存在，那麼見聞覺知的所有名言都將化為烏有。正是依靠自證領受，分別念才得以執著無分別識的對境。顯而易見，自證、諸根好似完整無缺充當分別、無分別兩種識的聯絡員一樣。

庚三（遣除諍論）分五：一、遣除若無共相則立名不可能之諍；二、遣除若是遣餘則成相互依存之諍；三、遣除無有所斷不能運用遣餘之諍；四、遣除若觀察遣餘成立有實與否則非理之諍；五、遣除若遣餘無共相則不可能同體之諍。

辛一、遣除若無共相則立名不可能之諍：

若謂無有共相故，彼名應成無因者。

欲詮所牽運用故，諸詞不定觀待境。

勝論外道聲稱：如果所詮共相在外境上不存在，那麼它的能詮詞語（名言）就成了無因者。

詞語並不是由對境先已成立再反過來安立的，而是在想說的念頭驅使下進行運用。所以，能詮的一切名言並不一定始終觀待所詮的對境存在。

宣稱若爾則言說，法與有法成無義。

境之本體同一性，依欲說力用二語。

對方辯爭道：假設共相的一切詞語不是由外境來安立的，那麼分開運用所謂海螺白色的「說法」詞語及所謂白色海螺的「說有法」詞語就無有意義了，因為一切外境的獨立自相與共相是脫離的緣故。

外境的本體自相是獨一無二的，因此無有差別。然而根據刨未刨除非海螺的其他差別法而借助「想說」力量的推動，想表達者為了使別人容易理解才運用了「說法」與「說有法」的詞語。

辛二（遣除若是遣餘則成相互依存之諍）分二：
一、宣說對方觀點；二、破彼觀點：

壬一、宣說對方觀點：

除直接違遣餘詞，彼即相互依存故，

一者不成終無二，由此遣餘不容有。

對方辯論道：就拿了解樹來說，倘若它是排除直接相違——非樹的遣餘詞語，（那麼它們之間到底需不需要觀待？）如果了知樹需要觀待非樹、了知非樹需要觀

待樹的話，則了知某事與非其本身二者之間就必須相互依存，由此執著任何獨立的一者沒有成立，另一者也無法被證實。最終，執著二者也將不復存在，這樣一來，否定非其本身的這些遺餘安立就不可能具合理性。

壬二（破彼觀點）分二：一、以同等理而破；二、真實回答。

癸一、以同等理而破：

汝亦直違若未除，則無法知彼本體，

若除不曉違品故，一切名言皆成無。

其實，你們的觀點也不例外，如果依靠「樹」的名稱沒有排除直接相違的非樹，也就不可能了解到樹的本體，「將樹拿來」的語句倘若沒有除去「水」之類的事物，顯然就會被誤解成是共同的事物，而不會絕對理解成「樹」。即便名稱已排除了直接相違的反方面，也會因為違品一者尚未認定而不能了達另一者，致使過失依然存在，結果無法證實「樹」。如此一來，你們關於樹的一切破立名言也將蕩然無存。

若謂非由遣直違，建立彼者有實法，

然見一境立其名，用名言時亦知彼。

命名之際若未除，非樹木則樹不成，

設若已遮雖成樹，然彼成立是遺餘。

對方又辯解說：並不是以遮遣直接相違的非樹為前提來證明有實法樹的，我們單單承認建立，當見到有枝

有葉的一個物體時，對它命名說「這就是樹」，後來在應用名言時，人們也知曉那就是樹。

駁：如果你們在最初命名的時候宣稱「這樣的東西是樹，另外還有樹」而未曾遣除其他非樹的事物，那麼在後來運用名言的過程中，石頭、糞便等也會被懷疑成樹，而依靠那一名稱根本得不到所希求的樹。假設說「唯有這樣的東西才是樹」而否定了其他事物是樹的情況，則儘管在應用名言期間依靠該名稱能達到需求樹的目的，可是，由於它已經遣除了非樹的其他事物，因此已成立是遣餘。

癸二、真實回答：

現見有枝有葉物，於彼立名為樹木，

此名應用彼種類，種類非除遣餘有。

遮遣其餘運用故，諸詞具有特定性。

我們宗派所持的觀點是這樣的：當看到如此有枝有葉的一個外境後便將它立名為樹，分別識依靠這樣的名稱而將凡是屬於其同類的一切事物均耽著為一類而進行運用。這一種類並不是離開排除不同種類的遣餘而另行存在。

如果對方說：倘若一切語言只是依靠遣餘才能宣說，那麼就成了必須直接運用獨一的別有否定⑩詞。

駁：儘管沒有直接應用別有否定詞，但由於一切名

---

⑩別有否定：也叫另有否定，限制詞之一。否定他處有某一事物以說明唯一此處有某一事物。如云：「唯聲是所聞。」

211

稱都是通過遣除他法而運用的緣故，所有詞語均具有指定的特性，比如說「用瓶子取水來」而不必說只用瓶子將獨一的水提來。此外，如果不需要瓶子，就說「拿水來」；假設不需要水，就說「將瓶子拿來」。如果沒有決定性確認兩者，就說「隨便拿來」……實際上就是這樣應用詞句的。如果想了解有關破斥克主格樂花桑的探索分析，當從大堪布阿秋的教典中得知。

辛三、遣除無有所斷不能運用遣餘之諍：

所知等詞無所遣，彼者否定實相違。

彼縱無餘有實法，然有假立而否定。

對方說：所知、一切、所有、無餘等等諸詞語沒有其他非彼本身可否定的，由於是所有一切的有境，因此運用否定的遣餘顯然矛盾。

所知等雖然沒有除此之外的有實法，但卻有通過增益假立非其本身來否定的情況，因為心中是以假立來否定非所知的。

辛四（遣除若觀察遣餘成立有實與否則非理之諍）
分二：一、宣說對方觀點；二、回答。

壬一、宣說對方觀點：

謂若汝之彼反體，乃有實法同共相，

無實則無必要力，是故反體無所需。

如果對方又說：假設你們所承認的遣餘或反體成立為有實法，就會招致與承許共相為有實法相同的過失；

倘若是無實法，那麼什麼也就不存在，根本沒有任何安立及從中達到目的的必要及能力，由此一來，所謂反體的這一安立也無有必要。

壬二（回答）分二：一、破其他答辯；二、自宗答辯。

癸一、破其他答辯：

於此藏地多師許，有實反體為有實。

若爾則於總所說，此種過失難消除，

遮遣非樹彼有實，若是沉香餘非樹，

餘若是樹沉香非，彼之自性非他故。

對此辯論的回答，藏地大多數因明論師主張：儘管無實法的反體是無實法，但有實法的反體卻是有實法，因為要承認有實法的反體與有實法本體無二無別。

駁：倘若如此，則與承許共相為有實法相同的過失也就難以消除，下面說明理由：請問「遮遣非樹的那一有實法到底是不是沉香樹？」如果是沉香樹，就會因為沉香樹的自性絕不會隨行其他事物，結果檀香樹等其餘樹就不是樹了。假設說不是沉香樹，那麼檀香樹等其餘樹倒是樹，而沉香樹卻變成了非樹，因為沉香樹的自性或本體與檀香樹等其他樹的本體不是一個，這樣一來，沉香樹就已經不是非樹反體的樹了。

暫停偈：

受持法稱意趣者，反而破斥大師理，

如棲林間之猴群，糞便灑於綠樹中。

因明論集

承許共相與反體為有實法的人，對於法稱論師予以全盤否定這一點，似乎一直懷恨在心，致使在此藏地受持法稱論師的意趣者反而玷污或遮障或破斥了這位大師的無垢正理，就像棲身於林間的猴群居然將糞便灑在自居之處——乾乾淨淨、鬱鬱蔥蔥的樹上一樣。

癸二、自宗答辯：

反體不成有實法，若析心識緣取式，

一切有實皆具足，是故遣餘無此咎。

由此縱說一詞語，亦具破立二功效。

反體並不成立為有實法，原因是：非樹的反體如果在外境上成立，沉香樹與柏樹二者就成了一體；倘若無情法的反體在外境上成立，馬與牛二者也成了一體。然而，如果分析心識的緣取方式，則通過與遮遣非其本身相同的方式而浮現出一個總概念，也就是應該將自相與共相誤為一體來理解，由於在所有同類的有實法上都具有這一點的緣故，對遣餘來說，絕不會有剛剛所說的無必要、無能力這兩種過失。可見，即使只是說出「樹」這一個詞語就已經具備了否定非樹及肯定樹的兩種功效，而不必親自做事。

二法不容是一體，反體本性不成立，

是故依憑說反體，成立自體[41]之有實。

如果對方提問：那麼，這兩種能力難道不是已經直

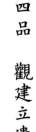

第四品 觀建立遣餘

---

[41]自體：本釋原文中的頌詞是反體，而自釋頌詞原文是自體。

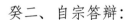

接充當自體及反體兩種詞語的作者了嗎？

答：絕不會充當作者，原因是：樹與非樹的二法不可能是一個本體，所謂反體法的本體在外境上不成立，因此只要一說反體，就要將假立心法與目睹境法二者誤為一體，由此足可證明，遮遣混合之詞語（即自體）的有實法在外境自相上成立。《釋量論》中云：「非二語作者，彼此非有故，無實見有實，乃由心染污㊷。」

辛五、遣除若遣餘無共相則不可能同體之諍：

謂諸異體若無總，蓮花以及藍色等，

諸法不匯一體中，由此應成同體無。

勝論外道等發表看法說：如果一切異體的「別」上並不存在合而為一、緊密相聯的一個共同「總」，那麼青蓮花與藍色等一切異體法就不會匯集成一個事物，如此一來，既是青蓮花又是藍色的同體就成了子虛烏有。

青蓮藍色非異體，遣餘分之又攝集，

分別識前乃同體㊸，非取自相根行境。

駁：青蓮花與其顏色二者在外境上並不是異體，但依靠分開辨別的遣餘將它們分成非藍色與非青蓮花兩種不同的反體，隨後，依靠匯集成一的遣餘再將它們合為既是蓮花又是藍色的一體，在分別識前現似同體，而在根識前並非如此，因為在外境上面根本不存在互為他體

㊷法尊法師譯為：亦非作二聲，非互相有故，無實見具事，是是由染壞。
㊸乃同體：自釋中的頌詞是成同體，而本釋的頌詞為乃同體。

的兩者。由於對既是青蓮花又是藍色的事物，直接或現量緣取的對境唯獨是自相。為此，如果存在除此二者以外的一個同體，那必須在自相上存在。然而，因為它不是領受自相之根的行境，由此可證明同體在外境上並非另行成立。

暫停偈：

親睹建立及遺餘，淨目明慧兼備者，

徹見因明之所知，實相真理如佛陀。

如果這般分析所知，則顯現境建立外境自相即是人們真實取捨的對境。在因明緣取方式的所有秘訣中堪為唯一命脈的，就是遺餘。作為親見建立與遺餘之緣取方式的清淨明目與敏銳妙慧兼而有之的因明智者，如果已徹見所知的無誤實相真理、遠離懷疑的陰暗而如實宣說取捨，可謂與遍知佛陀相似，終將證得無所愚昧、無所畏懼的卓越聖果。

量理寶藏論中，第四觀建立遺餘品釋終。

第四品　觀建立遺餘

第五品　觀所詮能詮

丁三（所詮及能詮之證知方式）分三：一、破他宗；二、立自宗；三、除諍論。

戊一（破他宗）分二：一、破許自相為所詮；二、破許共相為所詮。

己一（破許自相為所詮）分二：一、破許境自相為所詮；二、破許識自相為所詮。

庚一、破許境自相為所詮：

個別派系謂瓶等，外境自相是所詮。

自相分開而確定，無邊無法立名稱，

縱是運用名言時，亦難獲得初自相。

過去未來非所詮，彼者無有自相故。

聲論外道[44]等個別派系宣稱：瓶子等外境單獨的自相是所詮，因為當說「將瓶子拿來」時，便會得到能裝水的東西。

這種觀點不合理，原因是：一切時間、一切地點的外境自相要分開確定，無量無邊，故而無法一一取名「瓶子」。即使能夠做到這一點，但在後來運用名言的過程中，也難以得到先前立名的第一個自相，因為它早已滅亡。假設未曾得到，則憑藉其餘的名稱將無法理解它，就像用柱子的名詞不能了解瓶子一樣。

---

[44]聲論外道：古印度梵天教內所分三派之一的聲論派。

再者，如果按照你們的觀點，那麼過去與未來的瓶子顯然就成了不是通過語言而充當所詮的，因為它現在無有自相之故。

　　若依名言詮自相，眼根等則無所需。

　　外境無有關聯故，諸根不能執相屬，

　　銜接所謂彼即此，乃伺察故是遣餘。

　　另外，如果語言能詮表出作為真正對境的自相，那麼眼根、顯現、作意等就都沒有用途了，因為只要一說就已通達了自相。由於所有外境自相都是零零碎碎、互不混淆的，而並不存在名義的相屬。為此，根也不可能執著名義的聯繫。而將所詮的名稱結合在一起說「它是這個東西」實屬一種伺察，因此絕對是遣餘。

　　最初應用關聯時，雖已指示自法相，

　　然於共相取名稱，為用名言而立名。

　　若根能取雜語義，即使無名亦應知。

　　事實上，在命名之前，最初使用名義的關係時，就指示出所詮自身的法相，諸如當見到瓶子時，而取名說「這就是瓶子」，這一名稱也是對分別念前浮現的總概念來取的，作為說者與聽者都不會執著當時的獨立自相。之所以這樣命名，目的就在於以後運用名言時能了解外境到底存不存在等情況，因為沒有名稱，就無法應用名言。

　　假設根緣取與能詮詞語混在一起的義（共相），那

麼即使沒有立名「瓶子等」，但只要一見自相自然而然就應該知曉「這就是瓶子」。

　　若謂隨從根門意，見名混如無分別，

　　否則見覺境異體，了知外境不現實。

　　有無分別之二識，頓時取一照了境。

　　縱次第取然速疾，故諸愚者執為一。

　　對方又繼續辯道：儘管一般來說名義互不混雜，但當現量看見外境時，跟隨根門的意識見瓶子的所見外境與取名「瓶子」的詞語這兩者是混合在一起的。識的本體雖然是有分別的，但與無分別現量一模一樣。如果不承認這一點而另闢蹊徑，就會因為現見與分別的對境截然不同而導致見時無分別、分別時無見的局面，結果見的同時認知外境就不可能實現了。

　　對此回答：雖說（名言、意義）二者並非混為一體，但誤為一體的因有兩種。其一，按照識同時緣取的觀點，儘管分別識與無分別識真正的對境互為他體，但由於同時緣取一個照了境的緣故，諸位愚者便將其誤解為一體。

　　其二、依照識次第緣取的觀點而言，就算是現見與分別二者依次緣取，但由於緣取極其迅速，如同河流般相續不斷出現，致使所有愚者耽著為一個，而實際上這兩者不會有一體的可能。

　　庚二、破許識自相為所詮：

識亦乃為自法相，是故命名不應理。

如果有人說：心中顯現瓶子等外境除識以外不會有，因此識自相是所詮。

這種說法也不應理，識也是指自身的獨立法相，所以對獨一無二的它同樣不可能命名，因為自相無邊無際、名言及取名的時間有先後之別，故而無法立名。

己二（破許共相為所詮）分二：一、破許種類共相為所詮；二、破許名言義共相為所詮。

庚一、破許種類共相為所詮：

若謂詞語不詮別，類總所詮故無過。

外境無總設若有，於彼命名無需力。

勝論師說：如果認為詞語能說出別法或自相的話，當然有過失，而實際上詞語並不能詮表自相。而我們宗派承許，諸如瓶子一樣的外境的種類共相是所詮，因此無有過失。

駁：不同地點、不同時間的所有瓶子實際並不存在一個總概念，即使存在，可是給孤立的它命名既無必要也無功能。共相是不能起作用、含糊不清的抽象概念，即便給它取名也不可能了知自相。

謂予與總有聯繫，自相命名知自相。

棄無必要能力總，於真自相立名稱，

若言自相無邊故，無法立名此亦同。

對方又諍論說：並不是給獨立的共相（總）命名，

而是給與共相密切相關的每一個自相取名能了解自相，這一點合情合理。

駁：如果沒有給自相取名，那麼縱然給共相取名也絕無力了解自相，由此看來，如果說「扔掉不具備必要、能力的共相，只是給真實的自相取名便能了解自相」，那不同他體的共相又有何用呢？就像了解柱子並不需要瓶子一樣。

假設對方說：自相無量無邊的緣故無法取名。

駁：如同自相一樣此共相也同樣無邊無際，所以要對它命名也同樣無能為力。

庚二、破許名言義共相為所詮[45]：

雪域派與聲聞宗，許名言義真所詮。

於不相應行立名，如何了知無關色？

猶如詮說瓶子中，不能了知無關牛。

雪域派有些論師與正量部等有些聲聞論師觀點一致，他們承許說：與色、心及心所不相並存，而能起到展示名言及義的本體等作用，故稱不相應行，它作為詮示意義的所依，是真正的所詮。

駁：這種觀點不合理，原因何在呢？給不相應行這種增益無實法取名又怎麼能了知與之毫無瓜葛的色法等呢？就像說「瓶子」不能了解與之無有關係的黃牛一樣。

---

[45]前面總分時為破許名言義共相為所詮，而此處藏文中是破許不相應行為所詮。

若謂雖然無關聯，相同錯亂而取境。

相同致誤則時境，偶爾錯亂非皆誤。

此乃恆時錯亂故，非由相同致錯謬。

對方仍舊辯解說：心中浮現的不相應行「瓶子」與自相二者之間雖然毫不相干，但是由大腹等形象相同而誤認為一體，從而緣取外境自相。

駁：如果只是因為這兩者形象相同就導致錯亂的話，就應該有時取自相、有時也緣取名言共相與義共相。因此，地點、時間偶爾可能會錯亂，然而隨時隨地經常性錯亂也是不可能的。但這是由於分別念體性恆時錯亂所致，並不是由相同而錯亂的。如果想了解有關這一點的深入探索，當參閱大堪布阿秋的講義。

戊二（立自宗）分三：一、法相；二、分類；三、抉擇彼義。

己一、法相：

由名所知與能知。

由名稱所了解的內涵，就是所詮的法相。能理解所詮意義的名稱，即是能詮的法相。

己二、分類：

由講用者之差異，各各有二共有四，

講時分析而精通，入時誤為一體得。

由講說期間與應用名言之時的人（補特伽羅）的差別而言，每一個能詮各有兩種，總計四類。具體來說，

講說之時分別念前顯現所詮與能詮的義共相及名言共相二者是真實的所詮與能詮；自相成立的外境（義）與名言是耽著的所詮、能詮，這般各自分開，從而能精通所知的要領。可是，在應用名言時，自相與共相並未分別開來，只是誤為一體而取名，由此在運用名言時能得到外境自相。

己三（抉擇彼義）分三：一、建立名言共相真實所詮無有；二、無事而錯亂命名之理；三、錯亂應用而得照了境之合理性。

庚一、建立名言共相真實所詮無有：

外境與識為自相，二種共相乃無實，

此等四者非所詮，故勝義中無所詮。

名言真實所詮並不存在，其原因：境與識是自相，不能充當所詮；名言共相與義共相二者是無實法，故而這四種並不是所詮，除此之外也不可能存在所詮。由此可見，在勝義中所詮本體不成立。

庚二：無事而錯亂命名之理：

分別本性即錯亂，浮現名言義共相，

於彼耽著為外境，彼即假立名所詮。

在本性錯亂的分別念前浮現出所謂「瓶子」名言所詮的義共相，將它耽著為外境而取名，因此，這是假立為名言真實所詮的。

庚三、錯亂應用而得照了境之合理性：

迷亂習氣薰染故，命名之時混合立，

名言時亦如是知，故雖錯亂亦真實。

從無始以來迄今為止，將自相、共相誤為一體的習氣久經薰染，根深蒂固，由此在命名時，沒有將自相、義共相分別開來而是混在一起命名為「瓶子」，之後在運用名言時也這樣來理解，只要一說「水裝在瓶子裡」，誰也不會問「是共相的瓶子還是自相的瓶子」而絕對會理解成唯一的自相，結果也會達到目的。為此，詞語的真實對境並不存在，而是誤解為對境，但是只要按照這樣去做，就能達到目的。因此，說它是真實也合情合理。

戊三（除諍論）分五：一、遣與許真實共相為所詮相同之諍；二、遣與許識自相為所詮相同之諍；三、遣與許不相應行為所詮相同之諍；四、遣若無所詮則成滅絕名言之諍；五、遣許錯亂之關聯不需要之諍。

己一、遣與許真實共相為所詮相同之諍：

謂名義若未遮他，則成有實為所詮。

勝義之中雖不遣，顯現遮遣乃迷亂。

不許共相為迷亂，是故豈能同彼等？

辯方說道：所謂「樹」的名言所詮義共相到底排不排除非樹他法，如果不排除，就與所謂樹的名言所詮相違了。假設排除了非樹，就成了樹的有實法，如此一來，將與有實法作為所詮完全相同。

駁：在勝義中，並不遮遣（非樹），因為心中的瓶子本來就不存在有實法。如果勝義中遮遣（非樹）的話，那麼自相以外名言共相與義共相單獨能起作用的眾多有實法就需要存在。但事實並非如此，在心識遣餘前，名言共相、義共相的自反體雖然不是自相，然而在分別識前顯現為遮遣（反體），這就是由自相、共相錯亂為一體的串習力所致。你們宗派並不承認共相是錯亂的，因此怎麼會與他們的觀點相同呢？絕不可能相同。

己二、遣與許識自相為所詮相同之諍：

若謂詮說分別像，則成心識為所詮。

自相反體非所詮，錯亂假立乃無實，

是故為令世人入，於分別像立名已。

對方又辯道：如果顯現在分別念前的義共相是所詮，則由於它離開識以外不存在，如此就與識自相作為所詮完全相同了。

駁：單單浮現其形象的識自相的部分或反體雖然不是所詮，但心中將自相、共相誤為一體而耽著假立外境的那一無實法部分是所詮。因此，分別識前浮現的義共相儘管在外境的有實法上並不成立，但只是順應人們想當然認為的尺度，為了諸世人能趣入名言的意義而加以命名罷了。

簡而言之：識能生起自明自知、自我領受本體的反體以及如外境自相顯現的反體這兩者，前者不能作為所

因明論集

詮，而後者能作為所詮。這一所詮雖然也不成立為有實法，然而為了諸世人能趨入而在迷亂者前運用取名的名言。

己三、遣與許不相應行為所詮相同之諍：

謂若遣餘總立名，則與不相應行同。

義共相若成實體，汝真實然為無實，

是故知無遣餘境，則無所詮與能詮。

對方辯論說：如果給具有遣餘本性的共相取名，則由於遣餘與自相互為他體的緣故，顯然就與對不相應行立名完全相同了。

駁：假設承許所謂的義共相成立實體，你們的觀點倒是千真萬確，但事實上，我們認為義共相是無實法。如果領會了遣餘本身的真實對境不成立實體，就會明白，義共相是所詮與能詮一無所有這兩者在勝義中一模一樣，由此完全可以擺脫諍論的過失。

己四、遣若無所詮則成滅絕名言之諍：

謂無所詮錯亂妄，是故毀壞諸名言。

以錯亂式取自相，是故名言實合理。

辯方又提出：假設在勝義中未錯亂的所詮能詮不存在，那麼由於錯亂本身就是虛妄的緣故，必將毀壞一切符合實際的世間名言，就像兔角存在與瓶子存在一樣所詮能詮有無也沒有兩樣了。

駁：由於所有世人均是通過將義共相誤解為自相的

途徑來取捨自相的，因此有無等一切名言合情合理。

己五、遣許錯亂之關聯不需要之諍：

借助術語知關聯，錯亂關聯無所需。

自相以及義共相，二者誤解為一體，

縱於此三立名稱，然無錯亂無真名。

對方辯道：僅僅使用術語便可了知名言、外境的關係，因此自相與共相誤為一體的關聯就成了多餘的。

駁：事實並非如此，縱然對瓶子的外境自相、單獨的義共相以及將自相共相誤為一體這三者任意一種使用瓶子的術語，但如果無有錯亂的話，就沒辦法將外境取上相應的名稱，原因是：假使自相與義共相二者無有錯亂而對自相取名，勢必會招致對外道所說的過失；倘若對義共相使用術語，則對聲聞宗所說的過失又會降臨頭上。如果按照最後一種（也就是自相共相誤為一體而立名），那就是在證實我們的觀點。

於此自相及共相，誤為一體令趣入，

命名老人立名稱，依此錯亂取外境。

如果對方想：那到底你們自己是如何使用術語的呢？

答：依靠名稱而進行取捨的此時此刻，自相與其義共相二者誤為一體，為了讓所有世間人能如實見到馬牛等，古代的命名老人們首先進行命名，隨之人們遵照執行，錯亂而趣入外境。

因明論集

總結偈：

名言真實所詮無，耽著所詮乃自相，

誤為相屬而實行，取境士夫不受欺。

如果慎重分析，則名言真實所詮並不存在，耽著所詮就是外境自相，儘管是顛倒執著名言、外境的關聯而進行命名的，但依靠這種錯亂方式取境的人們並不會受欺。錯亂的外境顯現也絕不會離開自相的形象而顛倒顯現，就像從能見到遠處色法的玻璃房內觀看一樣。

量理寶藏論中，觀所詮能詮第五品釋終。

第五品 觀所詮能詮

第六品　觀相屬

丁四（相屬及相違之證知方式）分二：一、總說；二、別說。

戊一、總說：

所有遮破及建立，觀待相違相屬故，

觀察正量法相前，當析相違及相屬。

量、非量等所有一切破立無不觀待相違及相屬，因此，在觀察量的法相真理之前先要分析相違與相屬。

戊二（別說）分二：一、觀察相屬；二、觀察相違。

己一（觀察相屬）分三：一、破境之相屬；二、建立心前相屬；三、宣說建立相屬之量。

庚一（破境之相屬）分二：一、總破；二、別破。

辛一、總破：

二法不容有一體，一體相屬亦不容，

各自本體而存在，諸有實法無相屬。

一切所知超不出有實法與無實法的範圍。有實法又可以分為異體與一體。由於自他二法互為異體的緣故，外境中不可能有聯繫在一起的相屬；即使是一體，但自己也不可能與自己有關聯，因此各自本體互不混雜、分開存在的一切有實法在外境上並無有相屬。

個別愚者謂無實，亦有同品之相屬。

因
明
論
集

藏地個別愚笨論師聲稱：不僅（有實法存在相屬），而且無實法也有同品相屬。並進一步陳述理由說：以離一多因等理由建立所破不可能存在，建立法是無遮〔推理公式：一切法（有法），不存在（立宗），離一多故（因）〕。可見，如果同品與違品的兩種關係都不存在，那麼無相屬的因就應該有現世的可能了。因此，儘管同品相屬存在，但由於人們沒有認識才導致觀待確定違品相屬。

無有本體無實法，若有相屬成有實，

何法不捨其他法，即諸相屬總法相，

有實互不混淆故，無實無體故皆無。

駁：這種論調絕不應理，無有本體的無實法如果與他法之間有關聯，那麼它自身也不可推翻地變成有實法了，倘若是同性相屬，顯然就成了自性有實法，假設是彼生相屬，那就成了果有實法。此外還有過失：本來，任何一法不捨棄他法就是所有相屬的共同法相，有實法也可確定為自他二法，由於自身與他法不會混在一起的緣故（而不存在相屬），無實法無有本體的緣故（而不存在相屬）。可見，事實上，（有實法與無實法）這兩者在外境上都不存在相屬。

辛二（別破）分三：一、破同性相屬於外境上成立；二、破彼生相屬於外境上成立；三、破其餘相屬。

壬一：破同性相屬於外境上成立：

一體無有二種法，無有二法無相屬，

是故所作與無常，外境之上無相屬。

作為一個本性的外境不會有二法，無有二法也就不可能有相屬，因為自身只是孤立的一法。諸如所作與無常，也是心中以反體而分的，在外境上面根本不存在相屬。

若謂所作及無常，反體於聲不成立，

則成三相不容故，境有同性之相屬。

一實體境雖相同，諸反體於境若有，

反體無關則非因，相屬成果或異名。

藏地有些論師宣稱：假設所作與無常的兩種反體在所諍事「聲音」上面不成立，那麼以所作的因證明無常的三相推理就不可能實現了，原因是：反體是由心所造作的，心法於外境上不存在，因此外境與因之間的關係具有合理性。由此可見，儘管所作、無常是屬於實體的不同反體，但它們在外境上有同性相屬。

駁：所作與無常這兩者在聲音的實體上是一體這一點，我們也承認，雖然外境本體相同，但這些反體如果在外境上以不同他體而存在，那麼反體內部彼此之間也像甲片一樣互不相聯，這樣一來，所作就不是建立無常的因了。就算是相屬，但如果是同性相屬，則不僅只有實體一個，而且反體也成了一個。由此，就像月亮與涼

---

⑯甲片：鎧甲上鱗形鐵片。

光一樣只不過是成了不同的異名。或者，如果是彼生相屬，一者就變成了另一者的果。因此，你們的觀點不合理。

壬二（破彼生相屬於外境上成立）分二：一、破因果實體相屬；二、破種類相屬。

癸一（破因果實體相屬）分三：一、破因果次第相屬；二、破因果單獨相屬；三、破因果觀待相屬。

子一（破因果次第相屬）分二：一、前後相屬不合理；二、中間連結相屬不合理。

丑一、前後相屬不合理：
非前後則無彼生，若有前後無其一，
是故有實無實法，無有彼生之相屬。

不是先後而是在同一時刻，不存在彼生相屬。如果有時間先後，那麼其中一者存在時另一者決定（遍）不存在。因此，有實法與無實法在外境上都不存在彼生相屬。

丑二、中間連結相屬不合理：
設若宣稱滅與生，存在連結之相屬。
彼若為常非有實，無常則成無窮盡。

外道聲稱：因滅盡與果產生這兩者之間存在一個起衡接作用單獨的連結相屬。

駁：如果連結因果的這一相屬是在因位果位都留住的常法，顯然就已不是有實法，而作為無有做事能力的

無實法，根本不能充當連結的作者。倘若它是無常法，那就如同火已熄滅，連結相屬也已滅盡而無法再銜接「煙」一樣。如果在這中間還有第三品的獨立相屬，那麼這一相屬與前面的煙及後面的火之間仍舊需要有其他連結相屬，結果會變成無窮無盡。

子二、破因果單獨相屬：

若謂相互不觀待，火與煙間是相屬。

若爾目睹單一者，亦應決定二相屬。

假設有些論師說：不觀待彼此二法獨立的火與獨立的煙，每一者的上面都存在二者的相屬。

駁：倘若如此，那麼一切外境都絕對相屬了，而無相屬的法不可能存在，這樣一來，當看見一個互不觀待的孤立「火」或「煙」時而沒有見到另一者也應該能確定下來「這是煙的因」或「這是火的果」諸如此類二者的相屬。

子三（破因果觀待相屬）分二：一、破饒益相屬；二、破無則不生相屬。

丑一、破饒益相屬：

因果彼此觀待利，是故相屬不抵觸。

因果有實與無實，所利能利難合理。

對方立論說：因果二者相互觀待，一者利益另一者，為此它們之間存在觀待相屬，這並不矛盾。

駁：因果二者中一個是有實法時另一個是無實法，

所利益與能利益的相屬在外境上存在實在難以立得住腳。

丑二、破無則不生相屬：

謂無不生是相屬，則左右等成相屬。

外境無則不生屬，依觀實體反體破。

辯方立論道：如果某因不存在，也就不會出生果的名言，這就是一種相屬。

駁：如果這樣的話，那麼左右、這邊那邊、長短等也成了相屬，因為它們之間無有一者就不會出現另一者的名言。

對方又進一步說：不僅僅是觀待名言，而在勝義中也存在無則不生的相屬。

駁：這一立論通過觀察是實體還是反體的方式便可推翻。（請問你們）是指無有火實體則不生煙實體，還是說無有火反體則不生煙反體？按照第一種情況，在外境上面，無有火實體則不生煙實體是不存在的，原因是：當看到現在的火時，如果過去的火已不存在，就不會生出（現在的煙）。然而，由於火已經熄滅的緣故，外境不成立。未來的火尚未產生，即便現在的火存在，但因為與正當看見煙是同時的緣故，它們之間並不是無則不生的關係。按照第二種答案也同樣不合理，因為反體是以分別念連結的，而不是以外境來相連的。

癸二、破種類相屬：

有謂自相無相屬，因果種類有相屬。

種類若是因果性，不離先前之過咎，

若除此外種類有，總時遮破已究竟。

辯方立宗道：因果自身的法相雖然不存在相屬，但因果的種類卻存在相屬。

駁：請問種類到底是指什麼？假設說是因果的自身法相，那麼前面的過失依然無法擺脫。如果認為所謂的種類，除此之外另行有他體存在，這一點在前文中破「總」的時候已經予以否定了。

壬三、破其餘相屬：

依此可將俱會集，差別以及差別者，

能作接觸等相屬，所有觀點一併遮。

憑藉破外境相屬的這一理證，可以將承認俱有、會合、聚集、差別、差別者、能作、接觸等相屬的所有觀點一併推翻。

那麼這些觀點究竟是指什麼呢？

有謂棗核依銅盆，彼為俱有之相屬。

有謂無常依常有，稱為會合之相屬。

有謂所作無常等，聚集一境之相屬。

有謂依他知他法，即是差別法相屬。

有謂滅因現在果，稱為連結之相屬。

有謂我與所作二，則具能作之相屬。

有謂眼睛見色法，乃是接觸之相屬。

主僕以及配偶等，皆是相屬愚者說。

因明論集

有的宗派說：所謂的俱有相屬，是指諸如棗核依於銅盆，本體不同、時間相同的事物雖然不是同性相屬與彼生相屬，但它們之間存在著所依與能依的關係，因而叫做俱有相屬。

另有派系聲稱：檀香樹等無常「別」法依於樹的常恆所依「總」的關係是會合相屬。

還有宗派宣稱：所作、無常與聲音相屬等是異體法匯集於一個事物上，因此是在一個外境上的聚集相屬。

也有宗派論師承許說：依靠不同他體來了知他法，就像通過手杖而了解持杖者一樣，這是差別法相屬。

滅盡之因與現在之果雖然不會同時存在，但它們二者的關係需要由取名相聯，這叫做連結相屬。

另外也有人發表看法說：常有的我與其所作的伸屈等無常形態二者之間存在著能作相屬。

還有些人說：諸如眼睛看色法之類的事物，是一種接觸相屬。

此外，也有人說，諸如，杜鵑與燕子，是主僕關係，天鵝與黃野鴨是配偶相屬……愚者們眾說紛紜。

承許外境有相屬，依觀一異而遮破。

若謂俱有等相屬，以遣餘連而理解。

俱有者等有能害，若無能害攝二中。

下面將這所有觀點綜合在一起加以破斥：承認外境上存在相屬，是他體法不可能有一體相屬、是一體法則

第六品 觀相屬

自己與自己不可能相屬的道理按照前文中的觀察已經遮破完畢。

假設辯方說：俱有等關係雖然在外境上不存在相屬，但如果按照你們的觀點以遣餘來銜接的話，心裡便能明白是相屬。

駁：承認俱有者等神我與作用等假立的相屬存在著能害量，因此不能算得上是相屬。如若只是承認能依與所依、「總」與「別」之類的相屬，無有能害，這種情況在心前雖然成立，但均可以包含在兩種相屬當中，而不該另行分類。此處「若謂如何有能害……」一個偈頌本是自釋中失落到本頌中的，而不應當歸屬在頌詞裡。

暫停偈：

法稱論師已棄之，多數惡念愚者取，

服嘔吐藥所吐物，除非犬外誰食用？

承許兩種相屬以外其他相屬的所有外道觀點，法稱論師早已遮破完了。如果依然認可其餘相屬，那麼顯然已捨棄了因明七論的所有正理，而且，對於法稱論師予以否定、拋棄的多數惡分別念，諸愚笨之人又反過來欣然接受，這實在成了令人呵責的對境，比如，不幸的患者服下嘔吐藥，結果他們向外嘔吐出來的東西，除了狗以外誰會去食用呢？

庚二（建立心前相屬）分二：一、心如何連結之理；二、遣除於彼之諍論。

因明論集

辛一、心如何連結之理：

分別念境之前依，世間名言而分攝，

前後分別而銜接，立照了境應相屬。

不同外境自相不可能有相屬，而在遣餘分別念的有境前，按照世間名言，瓶子的一個自相，從遮遣非大腹、非剎那、非因緣所生三個角度而在心裡浮現瓶子、無常與所作三個反體，它們均可歸屬在一個本體當中，這是同性相屬。諸如，分為異體的火與煙，以前者為因、後者為果的分別念加以連結而安立為彼生相屬，通過這種關係能夠建立照了境，因此立為相屬合情合理。

辛二（遣除於彼之諍論）分二：一、遣除連結同性之諍；二、遣除連結彼生之諍。

壬一、遣除連結同性之諍：

所作無常心連結，境前若成乃境屬，

境前彼等若不成，非境能立辯方說。

假立亦有二類別，相符事實與不符，

相符獲得照了境，堪當相屬另者非。

對方辯論道：如果所作與無常是像以心來銜接一樣在外境上成立，那麼儘管說外境上不存在相屬，但實際上卻成了外境的相屬。假設外境不存在這些相屬，以所作就不能證明無常，因為這兩者在外境上並無關聯，所以此因不能充當外境的能立。

駁：雖然反體是由心假立的，但諸如將瓶子執為所

作與無常一樣的假立符合事實，而諸如將瓶子執為非所作與常有的假立與事實不符，這兩種假立中，第一種符合事實而能得到照了境，因此可以作為相屬的名言。另一種不能得到照了境。也就是說，所作與無常在外境上成立一體，它並不是反體法，而心中呈現為他體，這不是實體法。

壬二、遣除連結彼生之諍：

若謂無則不生煙，若無彼者成無因，

若有彼者即已成，有實法之相屬也。

縱有外境之煙者，設若無火則不生，

然執前後而銜接，非分別念無法連。

辯方立論道：此煙與彼火之間無則不生的關係，就煙本身而言到底有沒有相屬的對境火，如果沒有火，那麼煙已成了無因者；假設有火，那就已成了在有實法自身上面存在的相屬。

駁：儘管外境的煙無火不會產生，但只是說前面的火如果不存在，就不會產生後面的煙，將這兩者綜合起來而執著、連結為一體的，當然這種情況不是分別念絕對無法連結，因此並不成立外境相屬。

庚三（宣說建立相屬之量）分三：一、建立法相；二、認識事相；三、確定此等之方式。

辛一（建立法相）分二：一、能立同性相屬；二、能立彼生相屬。

因明論集

壬一（能立同性相屬）分二：一、證成名言相屬；
二、證成義理相屬。

癸一、證成名言相屬：

法相名相之相屬，以及總別之相屬，
皆以錯亂立一體，方得成立非其餘。

項峰等法相與名相黃牛的相屬，實際上是在心識前
將集聚項峰等特徵的這個動物錯亂而執為一個外境「黃
牛」，並使用同性相屬的術語來加以證實，而在外境上
並不存在同性相屬，因為名相純粹是無中生有的增益。
與之相同，「總」與「別」的相屬也是心中依靠顯現與
假立將具有一個反體的「樹」及二反體兼而有之的「柏
樹」誤為一體，這樣對一個事物命名才得以成立，而絕
非其他，這是因為「總」不成立實體的緣故。

癸二（證成義理相屬）分二：一、運用因；二、遣
除彼不定。

子一、運用因：

謂凡有彼滅如瓶，聲亦有即自性因。

凡是存在的事物均是剎那毀滅，如同瓶子，聲音也
存在之故，這是自性因。雖然此因使用無常也可以，但
由於個別外道不承認神我與自在天等是所作性，因此
顧慮到在他們的分別心前此因不成立才運用「存在之
故」，因為神我自在天這些存在，他們自己也承認的緣
故。再者，凡是存在的事物不可能不是由因緣所作。如

果後來所作已在他們心目中成立的話，那麼再使用「所作故」也可以證實。

　　如果有些人說：存在的法相是指能起作用的法，那麼，由於徹底遮破心或外界有實法的剎那不能起作用的緣故，它就成了無實法。

　　駁：這些是指沒有遇到外緣的情況下，而一旦遇到外緣時，就能夠起作用，因此無有過失。關於這一點的深入分析也應當從大堪布（阿秋）的教典中得知。

　　子二（遣除彼不定）分三：一、無觀待因；二、有害因；三、彼二因之必要。

　　丑一（無觀待因）分二：一、真實無觀待因；二、遣諍。

　　寅一、真實無觀待因：

　　已生之法決定滅，無需其餘之滅因。

　　凡是已生之法絕對要毀滅，因為到達第二剎那時第一剎那已經滅亡，而它的毀滅無需觀待任何其餘能滅因。

　　寅二（遣諍）分三：一、遣此因不成之過；二、遣此因不定之過；三、遣太過。

　　卯一、遣此因不成之過：

　　謂滅觀待他因故，此無觀待不成立。

　　所毀滅事有實法，滅法無實此二者，

　　皆牽涉滅之名義，然二者悉無需因。

因明論集

瓶滅無實不待因，有實自成何需因？

他因所作彼不滅，是故成立滅無因。

有些論師辯論道：瓶子、樹木的毀滅觀待「錘子」與「火」的他因，故而此無觀待因不成立。

駁：此處，所滅事物瓶子一樣的有實法與已滅的無實法都涉及滅的概念。但是這兩者均不需要其他滅因：如果瓶子的滅法是無實法，那就是一無所有而滅亡，因為無實法以因產生是完全相違的，並且此滅法不觀待任何法。即便滅法需要是有實法，但它是瓶子自身還是自身以外的一個有實法？如果是瓶子本身，那麼它已經成立又怎麼需要因呢？倘若是瓶子之外的他法，則儘管它是依因所造，但瓶子卻應該永不毀滅而一直住留。所以，除瓶子之因以外另行毀滅的因不存在這一點完全成立。

謂滅無實因所作，若爾自成無觀待。

無實法由因所造，及因何者皆未作，

彼二意義實相同，如見無與無所見。

再者，如果一口咬定說毀滅的無實法是以因所造，其實這種觀點間接已證實了毀滅不觀待因，因為說「無實法以因所作」與所謂「因一無所作」這兩者意義一模一樣的緣故。比如說，見無所有與一無所見兩種說法同樣是沒有看見的意思。

卯二、遣此因不定之過：

謂聚齊全然如芽，此無觀待不一定。

此等聚合皆變遷，觀待之故非不定。

個別論師又辯道：即便種子、水、肥料樣樣齊全，但不觀待其他因也不會長出苗芽，這是我們有目共睹的，由此也能證明此無觀待因也不一定。

駁：我們也不承認只是外緣聚合苗芽就會萌發這一點，因為這些要觀待整個過程變遷的緣故，而此因並非不一定。

謂所作亦觀待時。若觀待時所作變，

則成毀滅無觀待，不變如前無損住。

因明論集

對方接著辯論：那麼，所作也並不是立即就毀滅的，它要觀待毀滅的時間。

駁：如果觀待時間的話，那請問所作在毀滅的時間尚未出現之前到底變化還是不變化？如果變化，就已經證實了毀滅並無觀待，因為毀滅的時間雖然尚未到來，但已經滅亡了的緣故。假設所作不變，那麼後來也應一如既往，完好無損而存在，因為前後的本體無有差異之故。

謂聚無變之一體，是故此因不成立。

聚合猶如後萌生，一體之故初應成。

對方又進一步地說：由於土地、種子等因的聚合自本體從第一剎那直至生果的最後剎那之間是一成不變的一體，結果觀待相續變化的這一因就不成立了。

243

駁：那麼，就像聚合以後到末尾聚合生芽一樣，由於這兩者是一體的緣故，最初的聚合就應該生芽了。

謂縱一體有障礙，是故生芽不決定。

有障無障異體故，雖許一體已成二。

假設對方辯解說：前後這兩者儘管是一個本體，但最初聚合有障礙而不一定生出苗芽。

駁：最初有障礙與最終無障礙這兩者是截然不同的他體，可見，雖然你們承許是一體但實際上已經變成了兩者。

謂青稞因相聚合，待生稻芽無觀待，

然由稻芽不出生，是故此因不一定。

稻芽觀待自種故，是無觀待因不成。

對方繼續諍辯：如果毀滅無所觀待，那產生也必須是無所觀待。如果這樣的話，青稞的因聚合而產生青稞的苗芽，從觀待產生稻子的苗芽而言，雖然可以運用無觀待因，但由於它不能產生稻芽，因此這一無觀待因不一定。

駁：事實並非如此，稻芽觀待它自己的種子等，所以它有所觀待，而是無觀待因這一點並不成立。

謂作有非剎那滅，觀待毀滅之因也。

苗芽觀待各自因，有實滅非待他因，

滅法無實無需因，是故不需他滅因。

對方又申辯說：那麼，所作或存在也同樣不是剎那

無觀待便毀滅的，而要觀待毀滅之因錘子等。

駁：這兩者完全不同，生芽需要觀待各自的因，而作為有實法的壞滅是剎那性滅亡，因此不觀待自因以外另行存在的其他滅因；如果認為滅法是無實法，也就無需任何因，因為它根本不牽涉因的事情。由此可見，毀滅並不需要觀待其他滅因。

卯三、遣太過：

成直接違一實體，此外他法悉非理，

有礙無礙皆一致，彼三太過不遮此。

辯方問道：你們自宗到底認為瓶子的毀滅是無實法還是有實法？其一、如果是無實法，就成了常有，如此一來，勢必導致瓶子的無常與常有二者既是直接相違也是一個實體的結局。其二、如若那一滅法是有實法，就會有仍舊不滅的過失；假設除此之外的他法成立，則以他法形成而使他法滅亡顯然不合情理。其三，如果同樣是所作而不可能有常與無常兩種情況的話，那同樣是有實法也同樣不可能存在有礙與無礙兩種情況。你們的觀點以上述理證有妨害。

駁：你們所發的這三種太過並不能推翻這裡以所作、存在來建立無常的立宗，下面逐一加以否定，其一、儘管滅法是無實法，但不會變成常有，因為恆常與無常的分析只能應用在有實法上；其二，對於有實法來說，不超出一體與異體兩種情況，但作為無實法，並不

是這種分析的對境。其三、只要所作或存在的法已經產生就必然是無常的，絕不存在造作恆常與無常的不同因，而有礙與無礙此二者有迥然不同的因，所以這兩者並不一樣。

丑二（有害因）分二：一、宣說對方觀點；二、破彼觀點。

寅一、宣說對方觀點：

謂如烏鴉會有白，有實法常不相違。

大自在派聲稱：比如，大多數烏鴉是黑色的，但也會有白色的現象。同樣，由於有實法的能力千差萬別，雖說瓶子等大多數有實法是無常的，然而大自在天等有實法與常有的同體存在這一點並不相違，由於它存在的因成立而無常的所立不成立，因此你們前面所說以存在的因證實無常是不一定的。

寅二（破彼觀點）分二：一、宣說觀察則不合理；二、以因建立。

卯一、宣說觀察則不合理：

常者若不起功用，乃無實故實一致，

若能力變失常有，若無變則違能作。

常有的自在天如果不能起作用，那就是無實法，因此只不過你們對它命名為自在天罷了，實際上我們雙方觀點是一致的。所以，對於虛名不必爭執。假設他能起作用，那麼請問他在做事的過程中，由先前的自性中變

化還是不變化？如果變化，就已失去常有的身分；倘若不變，那麼起作用顯然就矛盾了，因為他在不起作用的階段始終不變的緣故。

卯二（以因建立）分二：一、運用因；二、認識論式之義。

辰一、運用因：

何法非作彼無實，如虛空常亦無作。

推理論式：無論是任何所知，只要不能起作用，就決定（遍）是無實法，如同虛空，常有的自在天也不能起功用。或者，常有的自在天（有法），是無實法（立宗），無功用之故（因），猶如虛空（比喻）。

辰二（認識論式之義）分三：一、論式之義；二、所立；三、因。

巳一、論式之義：

有法常有之遣餘。

這裡的有法僅僅是將對方所承認的自在天等常法的概念浮現在心中的遣餘增益耽著為自相。

巳二、所立：

遮有實即所立法。

遮破有實法的無遮空性的本性就是所立法。

巳三（因）分二：一、宗法；二、建立周遍。

午一（宗法）分二：一、破他宗；二、立自宗。

未一（破他宗）分二：一、破以現量成立；二、破

247

以唯一自證成立。

申一、破以現量成立：

謂宗法以現量成。緣取所破無需生。

有些論師聲稱：由於作為所破能起功用的有實法與所諍事恆常不變這兩者相違的緣故，常有而不起功用的宗法以現量可成立。

駁：這種說法絕不合理，能破並不必決定生起緣取所破的量，例如，就遮破兔子頭上有角來說，只要生起未見到兔角的量便已足夠，而並不需要以見到兔角作為前提。

申二、破以唯一自證成立：

有謂唯一分別受。邪分別皆不容有。

有些論師宣稱：恆常不變而不起功用的宗法以分別念領受的唯一自證可以證明。

駁：倘若如此，那麼外道也就不可能生起「是常有作者」的顛倒分別了，因為常法不能起作用這一點（以自證）成立的緣故。關於這一道理的深入探究在阿秋堪布的講義中也有明示。

未二、立自宗：

是故剎那而空無，破起功用之因成。

謂自性常諸分位，變化故可起作用。

二者若一二法違，若為異體違能作。

所以，我們自宗在承認自在天常有的宗派面前，將

恆常的大自在天作為有法，利用「它無有功用，非剎那性之故」這一能破之因而證實宗法，也可以說，是憑藉這一因而通過比量來加以證明的。

對方說道：儘管自性常有，但由於整個過程遷變的緣故，既是常有也起作用是天經地義的事。

駁：自性與階段二者如果是一體，就不該有變化、不變化兩種特徵，假設是異體，在無常的階段能起作用，而自性常有不能起作用，這顯然是相違的。

謂雖無有剎那滅，然有粗大之改變。

起始剎那若不滅，粗大改變焉容有？

辯方仍舊辯解說：雖然常法不存在剎那毀滅的現象，但在做事當中卻有顯現的粗大變化。

駁：如果從一開始就不是剎那滅亡，那麼後來粗大的變化豈能存在？因為第一剎那尚未泯滅而依舊住留，就不可能有後面剎那產生的機會。

午二、建立周遍：

遮破能起功用者，周遍成立無實法。

能起作用是有實法的法相，因此遮破起作用決定（遍）是無實法，如同虛空。

丑三、彼二因之必要：

言有害因之前行，無觀待因非密意。

是故對治二邪念，方宣說此二種因。

有些論師說：有害因建立一切有實法毀滅的前提條

件，需要無觀待因來證實一切有實法不觀待自因以外的他因，這種講法並不是阿闍黎的意趣。實際上，正是為了對治認為一切有實法遇到滅因便滅、不遇滅因不滅，以及承許個別有實法儘管值遇滅因也不滅的兩種顛倒分別才宣說了無觀待因與有害因的。

壬二（能立彼生相屬）分三：一、破他宗；二、立自宗；三、除諍論。

癸一、破他宗：

謂以五層定因果。太過分故此非理。

其他論師提出：最初，火與煙均未看見，之後看見火，隨後又看見煙，再後因消失而不見火，最後果消失而不見煙，依靠這五個步驟可以確定因果關係。

駁：如果這樣就能確定因果，那麼鼓聲與陽光等也應該變成了因果關係。所以，你們的這種說法極其過分，不合道理。其實，只是依次變化的階段性隨存隨滅，通過五個步驟也不能確定是因果關係，如果是自性隨存隨滅，只需三個步驟也能辨別是因果關係。

癸二（立自宗）分二：一、法相；二、確定。

子一、法相：

因果即是能所利，因分近取與俱有。

因的法相即是利益他法；果的法相則是被他法所利益。因也有兩種，即饒益果之本體的為近取因，饒益果之差別法的為俱有因。

子二、確定：

彼即隨存與隨滅，有此二種三層次。

確定因果的方式：在一個清淨的地點，最初（火與煙）二者均未見到，其後看見火，隨即又看到煙，果隨從因而存在即是確定同品，或者，首先看見煙正在產生，之後看不見火，隨後煙也不見了，由因消失而導致果滅亡。通達以上兩種三個步驟的任意一種都可以確定因果關係。

癸三、除諍論：

法相不成之太過，誤他於此無妨害。

凡由非因所產生，彼者即非彼之果，

形象相同而誤解，假立彼之名稱已。

有些論師諍辯道：隨存隨滅的法相不成立，原因是，就拿著魔生病來說，因不可見；諸如，持誦總持咒而使障礙減輕，果不可見。因此，以隨存隨滅這一點並不能確定因果關係。

有些論師則聲稱：作為因的別法「檀香火」與果的總法反體「煙」，也成立隨存隨滅，如若依此而確定有因果關係，那簡直太過分了。

還有些論師說：我們明明看見蟻穴中出現煙等，因此不能確定。

諸如此類凡是誤解為他因的觀點對於此處的立宗都無有妨害。

因明論集

下面依次加以否定：其一、在這裡，我們並不是建立不可見的因果，而是建立自性非遠離如同眼前的火、煙一樣的因果。其二、所謂的「總」（共相）是無實法這一點已經闡述過了。其三、非因的蟻穴中所出現的煙並不是火的真正果，因為它只不過是人們將形象相同所冒出的青色物誤認為煙罷了，其實並不是煙，僅是取上煙的名稱而已。

石及柴等非火因，火因本為火微塵，

微塵合而為一因，方是石柴等如根。

抑或前後之因果，互為異體而存在，

猶如由從火與煙，所生之果煙有別。

對方又辯道：如果非因所生的不是果，那麼火的因本是木柴，結果石、鐵摩擦所生的火就不該是火了。

答辯：石頭與木柴等並不是火的近取因，而火的因是原本存在它們中的火塵，能將火塵匯集一處的因才是石頭、木柴等聚合，比如，眼識的近取因是前面的眼識，它的增上緣才是眼根。或者說，前後的因與果各不相同而以他體存在，諸如：火所生果——煙的前剎那與煙自身所生果——煙的後剎那，作為果的煙也有這兩種差別。

辛二、認識事相：

單獨自相及共相，相屬事相非應理，

乃是唯獨於共相，誤為自相之遺餘。

第六品 觀相屬

單獨的自相與單獨的共相這兩者相屬的事相不合理，因為火與煙自相並不存在相屬，而且依靠獨立的共相也不能理解外境自相。自宗的觀點，這一相屬唯一是在分別心前，將共相誤認為自相的遣餘。

辛三（確定此等之方式）分二：一、片面確定之他宗；二、兼收並蓄之自宗。

壬一、片面確定之他宗：

能樂歡喜論師言，憑藉伺察定相屬。

諸尼洪師則承許，依憑正量定相屬。

一、喀什米爾因明大論師能樂喜宣稱：暫時的相屬雖然依量可以確定，但自相相屬則依靠伺察方能決定，因為：儘管未取自相、未依賴因，但只是見外境還是存在的。

二、東方尼洪諸位班智達異口同聲地說：決定隨存隨滅的量能確定相屬。

壬二、兼收並蓄之自宗：

依量之力所產生，具有遣餘決定性，

錯亂伺察一實法，由此決定彼相屬。

因現量是由三層次的力量所生，而緣取方式是具有決定性的遣餘有境錯亂而將對境自相共相二者妄執為一個有實法，於是萌生「無火則煙不生」的念頭，依此而確定相屬。

總結偈：

有實外境無相屬，二種相屬皆增益，

共相誤認為自相，由此生起相屬念。

　　有實法外境的自相並不存在相屬，而所謂的兩種相屬也是增益假立稱為相屬的，這種方式也是以將共相誤解為自相而承認，生起「這叫相屬」的相屬分別念。

　　　　　量理寶藏論中，第六觀相屬品釋終。

第六品　觀相屬

第七品　觀相違

己二（觀察相違）分二：一、相違之總法相；二、事相之詳細分類。

庚一、相違之總法相：

何法能害於某法，此即彼者之違品。

任何法能害某某他法，就是他法之違品的法相。

庚二（事相之詳細分類）分二：一、總說；二、別說。

辛一、總說：

違品有實不並存，無實互絕之相違，

觀待對境之差異，而承許有此二種。

關於違品，也有是有實法的不並存相違與一者是有實法另一者是無實法的互絕相違，這是觀待對境的差別而承許有此二種的。

辛二（別說）分二：一、不並存相違；二、互絕相違。

壬一（不並存相違）分四：一、法相；二、相違存在之境；三、滅除所害之時；四、確定相違之量。

癸一（法相）分二：一、破他宗；二、立自宗。

子一、破他宗：

許不並存能所害，若經分析非應理。

有些論師承許說：不並存相違的法相是存在於兩個

因明論集

255

有實法的能害所害關係。如果對此觀點加以分析，則不合乎實情，因為力量強大者是能害而不是所害，力量薄弱者是所害而不是能害，所以你們說既是所害也是能害是絕不現實的。

子二、立自宗：

是故所害與能害，猶如因果為異體，

令其所害無能力，此因即稱能害者。

我們自宗聲明：所害與能害二者不可能同時，而是像因果一樣前後互為他體。何法作為導致所害無有力量的因，就稱為能害。

癸二（相違存在之境）分二：一、認識相違；二、遣於彼之諍。

子一、認識相違：

諸不並存相違者，有實法涉能所害，

彼乃相續非剎那，即是所生能生故。

凡是不並存相違，既不可能是一個本體，也不可能存在另一者是無實法的情況。因此，有實法彼此之間是所害與能害，由於這二者的相續不會同時並存，所以是相續抵觸，而不該是剎那相違，因為所害與能害是所生與能生的關係。

子二（遣於彼之諍）分二：一、遣除觀察對境則非理之諍；二、遣除觀察實體則非理之諍。

丑一、遣除觀察對境則非理之諍：

第七品 觀相違

謂剎那若不相違，相續不成違非理。

由從前前剎那中，前所未有後後生，

於彼增益為相續，能遣除之無過咎。

有些論師說：外境剎那如果不相違，那麼由於相續並不成立實體，因此相違的這一安立也就不合理了。

駁：並沒有這種過失，由遇到能害的前前剎那中產生前所未有的後後剎那，其中，從所害相遇能害的第三剎那以後假立謂相續，可見，能害足可消滅所害而無有過失。

丑二（遣除觀察實體則非理之諍）分二：一、宣說對方觀點；二、答辯。

寅一、宣說對方觀點：

謂違微塵若並存，則已相違不並存，

不並存則毀一者，由此因果成同時。

假設辯方說：冷觸的微塵與熱觸的微塵相違的二法如果並行共存，顯然與不並存矛盾。如果不並存，那麼在相遇時摧毀一者，結果就成了因果同時。

寅二（答辯）分二：一、破他宗答覆；二、說自宗答辯。

卯一、破他宗答覆：

有者承許已隱晦，有者則許遇而轉，

個別承許無接觸，此等常派皆錯謬。

設若並存失相違，若轉則違許常有。

對上述觀點，數論派等有些論師認為：所害冷觸的微塵就像白天的星辰一樣，隱晦在能害熱觸之內。有些吠陀派論師則認為：熱觸塵與冷觸塵接觸以後，冷觸塵轉變為熱觸塵。有部宗等個別論師則承許：微塵有間隔地環繞、聚合，雖然沒有接觸，但其他冷觸塵來到的位置已被熱觸塵占據，從而使冷觸塵不能組成粗塵。

你們這些聲稱微塵實有的觀點都是荒謬的，無論是冷塵隱形在熱觸的範圍內還是有間隔地環繞熱觸塵而存在，如果可以這樣並存，就已經失去了是相違的立宗。如果冷觸塵轉變成熱觸塵，則與你們自宗承許微塵常有的宗旨相違。

卯二、說自宗答辯：

是故微塵生微塵，令無力故不相違。

所以，我們自宗承許：如果熱塵與冷塵二者從前剎那產生後剎那，那麼為數眾多並具有能力者將對方變成為數鮮少而不具能力的微塵。由此絲毫也不相違，並且是所生與能生也具有合理性。兩個具能力者不可能共存，為此也是不並存相違。

癸三（滅除所害之時）分三：一、破他宗；二、立自宗；三、除諍論。

子一、破他宗：

有謂三成事剎那，有說長久相共存。

長期共處不並存，此一相違實稀有。

第七品 觀相違

258

有些論師宣稱：所斷與對治在三成事剎那並行不悖。個別論師也指出，從現在直到獲得金剛喻定之間長久並存的所斷與對治也是存在的。作者以諷刺的口吻說：這兩種觀點無論是哪一種，這種長期共處自性的不並存，除了你們這樣的大智者以外，誰會知曉，這實在太奇特了。

子二、立自宗：

接觸令無能力生，三剎那境違品滅，

生起決定令增益，不復生即識相違。

熱觸與冷觸等所有外境法可以同時聚集，因此，第一剎那熱觸的多塵與冷觸的少塵相遇，第二剎那，冷觸不具備生起後面同類的能力，第三剎那，所害滅亡，能害產生。可見，外境無情法的違品相續是在第三剎那消失的，而作為增益等心識的相違，由於兩種分別念一剎那也不可能接觸，因此生起決定而使增益不再持續產生即是心法之違品消亡的形式。

子三（除諍論）分二：一、遣於外境相違之諍；二、遣於心識相違之諍。

丑一（遣於外境相違之諍）分二：一、遣觀察有分無分則非理之諍；二、遣觀察無礙功能則非理之諍。

寅一、遣觀察有分無分則非理之諍：

謂一剎那若無分，則粗相續皆成無，

如若有分成無盡，故三剎那難消失。

刹那原本無部分，　相續亦唯刹那生，

微塵刹那不同故，　於三刹那滅違品。

對方辯論道：一刹那如果沒有三刹那之分，那麼粗大的相續將無法組成。假設存在可分割的部分，也將變成無窮無盡。因此，違品在第三刹那消失之說難以立足。

答辯：作為刹那，觀待時間的緣故，不可分割，雖然相續只是刹那連串生起，但組成微塵團與刹那完全不同，因為微塵觀待方向故是有分，而刹那觀待時間故是無分。所以，在第三刹那時違品不復存在。

寅二、遣觀察無礙功能則非理之諍：

有者如是而聲稱，　冷觸無阻之功能，

生具功能無功能，　如何冷觸無需用。

冷觸無阻之功能，　乃二刹那近取因，

值遇相應俱有緣，　方可出生彼之果。

有些論師說：與熱觸同時的冷觸的無阻功能到底產生自己後面有能力的刹那，還是產生無能力的刹那，如果產生有功能的刹那，也就無需熱觸而自行滅亡了，倘若產生無功能的刹那，熱觸也同樣毫無必要。

駁：冷觸的無阻功能只是本身第二刹那的近取因，而無論要產生有功能的果還是無功能的果，都要借助於有功能或無功能的俱有緣相違才能生果，假設熱觸力量強大，則生起無功能的冷觸，如若冷觸力量強大，則生

起有功能的冷觸，比如，淤泥中土的成分占多數，就硬一些，如果水的成分多，則軟一些。

丑二、遣於心識相違之諍：

謂所斷體或斷種，無論如何亦非理。

亦有斷種之對治，定無增益無二過。

有些論師辯道：要使增益或所斷的本體蕩然無存，心專注在他處也能辦到，並不需要定解，而要斷除種子，定解也無能為力，因此，無論是兩種情況的哪一種，都不合理。

駁：決定的相續通過串習能夠斷除種子，因此它也具備斷除種子的對治。再者，只要決定一經生起，增益的本體就會被斷除。所以，沒有上面的兩種過失。

癸四（確定相違之量）分三：一、破外境相違；二、建立心前相違；三、遣除諍論。

子一、破外境相違：

猶如相屬此相違，亦於實境不成立，

唯以分別念增益，而安立此為相違。

正如相屬一樣，相違在真實的外境中也不成立，原因是：如果能害強有力而存在，則所害無有能力而不生，當無有功能的所害生起時，強有力的能害已經泯滅。由此可見，（能害、所害）相續不可能共存，只是以分別念假立說「此法與此法相抵觸」而安立為相違的。

因明論集

子二、建立心前相違：

除非可見不可見，無定相違之他量。

某法除了可見不可見以外並不存在能確定相違的其他量，就像因果那樣，首先無有能力的所害與有力的能害均未見到，之後看見有力的能害，隨後看見無力的所害，只能依靠這一正量來確定相違。

子三、遣除諍論：

謂冷觸滅火共相，不定具力則不成，

有者說用具力因。自體唯依火共相。

有些人辯駁說：對於冷觸的滅亡，如果運用火的共相，則有不定的過失，因為即使有火也不一定沒有冷觸。假設運用強有力的火作為因，則有不成的過失，因為當時冷觸不可見，故而比它力量強大這一點無法成立。

對於這一辯論，有些論師答覆說：如果火力微弱，當時冷觸也應該見到，正因為冷觸不現，才能證實火力強大，是為此而運用強力之因的。

然而自宗認為：自本體是依靠火的共相予以證實的，因為只要火一經出現其違品——冷觸就不復存在這一點成立。

壬二（互絕相違）分二：一、宣說他宗非理；二、安立合理之自宗。

癸一（宣說他宗非理）分二：一、宣說對方觀點；

二、破彼觀點。

子一、宣說對方觀點：

若謂某法離他法，即是互絕之相違，

分類直接間接違，間接違亦許二類。

實體反體之相違，各有二種共六類。

藏地大多數論師說：某法遠離他法，即是互絕相違的法相。並承許：如果對互絕相違進行分類，則有排除所破安住總反體的直接相違與間接相違兩種，間接相違也有具有直接相違差別法與不具直接相違差別法兩種。具體而言，實體有直接相違等三種，反體相違也有三種，也就是說每一個實體、反體都有直接相違與間接相違兩種，而間接相違內部也各有兩類，總共有六種相違。舉例來說，實體直接相違，諸如藍色與非藍色；實體具有直接相違差別法的間接相違：諸如，非藍色與青蓮花的藍色；不具直接相違差別法的間接相違，諸如藍色與黃色；反體直接相違，諸如非因與因；反體具有直接相違差別法的間接相違，諸如非因與所作因；反體不具直接相違差別法的間接相違，諸如所作反體與無常反體。

子二（破彼觀點）分三：一、真實遮破；二、破遣過之答；三、說明異體稱相違之密意。

丑一、真實遮破：

若離他法是相違，所有相屬成相違。

因明論集

若承許此相違破，相屬則立皆失毀。

駁：如果說某法僅僅遠離他法就是相違，那實在是言過其實了，因為如此一來所有異體法均成了相違。假設認為事實的確是這樣，那麼火與煙等一切相屬也變成了相違。倘若認可這一點，那麼即使運用相違因也成了建立，而根本無法遮破其違品。相反，即使應用相屬因也不能建立相屬的對境，結果一切破立的安立都將土崩瓦解。

丑二、破遣過之答：

謂異體屬或無關，是自本體遮他體。

相違可得遮破故，可見不得成無需。

對方答覆說：不管是火與煙等異體相屬也好，還是藍色黃色等實體反體異體毫不相關也好，只要是自本體就否定了他本體。

駁：倘若如此，那麼比如說，在運用「見到藍色的地方不存在黃色，如果存在，應該見到，未曾得到之故」這樣的可見不可得因進行推理就成了毫無必要，因為藍色、黃色與火、煙一樣的互絕事物，需要相違可得因才能否定。

丑三、說明異體稱相違之密意：

說異體法是相違，實是假立如相屬。

在因明的有些場合當中，說藍黃與火煙等互為他體的事物是相違，這是指假立，而不是指法相，就像兩匹

馬拴在一起假立稱為相屬一樣。

癸二（安立合理之自宗）分三：一、一體異體之安立；二、異體安立相違相屬之理；三、宣說互絕相違。

子一、一體異體之安立：

依因與識之差異，安立一體與異體。

由他體因與一體因所得出的法是實體的他體與一體，或者根據識前顯現的一體與異體的差別，而安立反體的他體與一體。

子二、異體安立相違相屬之理：

異互利害屬與違，無利無害唯他體。

這些異體法之中，互相有利有害，而依次立為相屬與相違，如果無利無害，則既不是相屬也不是相違，僅僅安立為異體而已。

子三（宣說互絕相違）分二：一、解釋直接相違與間接相違；二、遣除於彼之諍論。

丑一、解釋直接相違與間接相違：

遮非自即直接違，間違自破非能遍。

諸如藍色與非藍色、常有與無常一樣，如果是本身，則否定非本身的法，它們彼此之間即是直接相違的法相；具有直接相違差別法之間接相違的法相，以自身來遮破非自身的能遍法存在。如所作與常有，所作的非自身即是非所作，非所作的能遍是常有，如此加以遮破。

265

丑二、遣除於彼之諍論：

謂藍等非違不破，是互絕而非相違。

辯方提出：如果藍色與黃色既不是不並存相違也不是互絕相違，那麼就是能以是一者而否定是另一者了。

答辯：這兩者之間雖然是互絕，卻不是互絕相違。

總結偈：

互絕相違遮一體，是彼以非彼者破，

互絕之二有實法，可見不可得遮破。

實際上，互絕相違是遮破一體的他體，在進行推理論證時，如果是它，則以非它的有害因加以遮破，彼此之間互相排斥的兩個有實法是同體，這一點依靠可見不可得因加以推翻，而並不是以另一者可得來否定一者的。

量理寶藏論中，第七觀相違品釋終。

第七品 觀相違

第八品　觀法相

乙二（決定能知量之自性）分二：一、法相之安立；二、抉擇各自事相之義。

丙一（法相之安立）分三：一、總說法相、名相、事相之自性；二、分別決定量之法相；三、抉擇法相所表之義。

丁一（總說法相、名相、事相之自性）分三：一、建立三法周遍所知；二、決定能遍三法之自性；三、三法各自之安立。

戊一、建立三法周遍所知：

三法周遍諸所知，是故闡釋彼安立。

一切所知以法相等三法周遍這一點依靠自證可以成立，因此關於它的道理要加以闡述。概括而言：法相就是指任何所知相浮現在心境前時，與其他法截然不同；對此通過名言及心識互不錯亂可以耽著的法就是名相；帶有特徵性而顯現的則為事相。

戊二（決定能遍三法之自性）分二：一、認識本體；二、各自之法相。

己一、認識本體：

法相能了境之法，名相所了心之法，

事相所了所依法，彼等即是能所立。

法相：就是依於它能了知某法，作為能安立的因，

如項峰、垂胡，它是在外境上成立的法。名相：所了知的對象，作為所安立的果，如所謂的「黃牛」，它是由心假立的法。事相：所了知的外境法相作為所依、假立名相作為能依，而事相是作為法相與名相依處的法，例如，花白。它們是能安立與所安立的因果關係，如同印章與印紋一樣。以上三者並不是從自相的角度而是以遣餘來分的。

己二（各自之法相）㊼分二：一、總說；二、別說。

庚一、總說：

三法悉皆需理由，若無一切成錯亂。

法相、名相與事相三法，只有「項峰、垂胡」一樣的特徵才稱為法相，而其餘二法並不叫做法相。諸如此類，此三相每一相都需要有一個不共的理由，如果不具備這種理由，就會導致這三者張冠李戴，雜亂無章。

庚二（別說）分三：一、法相之理由；二、名相之理由；三、事相之理由。

辛一、（法相之理由）分三：一、破法相不需要法相之觀點；二、安立需要之法相；三、彼所遣過失之詳細分類。

壬一、破法相不需要法相之觀點：

有謂法相具實體，無需法相需無窮。

有謂義雖無所需，建立名言則必需。

㊼此處藏文中沒有分，但下邊內容應當如此分，否則科判就無法分辨清楚。

餘謂義需其名相，同彼如因無窮盡。

安立之因未決定，所立之果若決定，

法相已成無必要，未定無盡皆失壞。

有些論師聲稱：法相義反體存在實體，不需要其他法相，如果需要，會成為無窮。

另有些論師主張說：雖然法相之義不需要其他法相，但要建立法相自身的名言則需要其他法相。

還有些論師提出：法相之義也需要其他法相，名相與之相同也需要其他名相，並且他們舉例說明：比如，建立聲音為無常，要運用所作因，（運用所作因就要先證明它是真因）而證明所作為真因，又要運用三相齊全的因，而三相齊全也同樣要被證明是真因，它還要觀待建立所作因，之後又要運用第二個三相齊全因，要證明第二個三相為真因也必須觀待建立第一個三相齊全因，隨後又是第三個三相齊全……一直無窮無盡。

駁：以上承認不需要法相以及雖需要法相但會成為無窮無盡的觀點均不合理，下面說明原因：如果能安立的因——法相尚未確定，而所安立的果——名相已經決定，那麼法相就成了沒有必要。在不具備能立之因的情況下，所立的法相如果不具有法相，也就無法確定下來，既然不能確定，那麼無有盡頭的末尾法相也不可能被確定，結果根本的法相也無法確定，這樣一來，此等安立都將失毀。

因明論集

因事相立所立義，是故無窮無過失。

三相垂胡未決定，唯定所作及花白，

無常黃牛亦應知。

對方解釋說：以因的事相足能建立所立的意義，因此即使無窮的末尾未曾確定，也沒有過失。

駁：如果表示因的三相齊全、表示黃牛的垂胡特徵儘管沒有確定，但僅僅決定因的事相所作以及黃牛的事相花白便可了達所作是建立無常的真因以及花白的動物是黃牛。如果承認這一點的話，那麼見到聲音為所作的人就不可能生起聲為常有的增益了，而且諸如不具備垂胡的花白馬等其他動物也將被認定為黃牛。

許謂名言亦復然，若無可耽非所知，

設若有可耽著事，則彼乃後之法相。

若爾枝椏亦復然，無有枝椏非為樹，

彼有枝椏則樹木，亦成法相無止境。

有些論師主張說：名相也是同樣，如果它不具備名言、心識互不錯亂可耽著之事，就已經超出了認知、言說的範疇，而成了非所知；如果具有可耽著事，那麼可耽著事本身就成了第二個名相或後者的耽著境，故而已經成了它的法相。第二個名相本身也是第三個名相的耽著境，如此一來，就會導致前前是法相、後後為名相的結局。

駁：所謂的名言只不過是將自己遣餘識前顯現的這一分耽著為它的義反體。實際上，瓶子的名言與瓶子無

二無別，沒必要分析此名言的自反體。上面對方的觀點是不合理的，如果按照他們所說，那麼被承許為樹之法相的樹枝，如果沒有第二個樹枝，那它就已經變成不是樹了，如果它具有第二個樹枝，則第二個樹枝也需要具備第三個樹枝等等，結果樹的法相也成了無窮無盡。

謂枝雖無他樹枝，然枝本身即建立，

與檀香樹無別體，是故不成無窮盡。

名言縱無第二者，名言自身之法相，

建立所知本體故，名言豈成無窮盡？

對方辯解說：在建立檀香樹運用樹枝的法相時，樹枝雖然不具有其他樹枝，但不會導致樹枝成為非樹的後果，因為不是以樹枝本身來建立與樹木他體的獨立樹枝，包括樹枝本身及檀香樹這兩者，建立在一個樹木的本體中無二無別的緣故，不會成為無窮。

駁：那麼同樣的，名言儘管不具備第二個名言，但前者也不會成為超越認知、言說的範圍，名言本身就是依靠垂胡等法相建立與自身無別的所知本體，因此名言怎麼會成為無窮呢？

何時了達名義繫，爾時名言得成立。

因及法相此二者，各有二類總及別，

總別以三論式竟，第四之後無所需。

我們自宗的觀點，什麼時候通達了所謂名義法相的名稱與意義垂胡等密切相聯，當時它的名言便得以成

271

立，如同領悟了大腹與瓶子的名義緊密關聯時就成立了「瓶子」的名言一樣。

進一步地說，運用因與建立法相二者各有兩種，運用因有總建立因與分別屬於此處論式的建立因，建立法相也有總建立法相與分別屬於此處論式的建立法相兩種，共有四類。總別這兩者都運用三次論式而達到終點，具體來說，第一推理：比如，聲（有法），為無常（立宗），所作性故（因），這是根本因；第二推理：所作（有法），是真因（立宗），三相齊全之故（因），這是理由；第三推理：三相齊全（有法），可以稱為真因（立宗），最初命名因即是如此之故，這是回憶名稱。再例如，第一、此動物（有法），是黃牛（立宗），具有垂胡之故（因），這是根本因；第二、垂胡（有法），是黃牛的法相（立宗），排除直接相違而成立義反體之故（因），這是理由；第三、排除直接相違而成立義反體（有法），可以稱為法相（立宗），最初命名法相即是如此之故（因），這是回憶名稱。就截止到以上三步推理，第四推理以後沒有任何必要和功用。

謂若三相無三相，不成因有則無盡。

三相唯一煙之法，無差別而無他法。

依於此理亦能除，法相應成無窮過。

有些論師聲稱：比如，對面山上（有法），有火（立宗），有煙之故（因），這個三相本身來說，如果它不具有

另一個完整的三相，那麼所謂的三相齊全就不能作為建立火的因；假設具有另一個齊全的三相，則第二個三相也同樣要具有能證明它為真因的第三個三相……結果你們的觀點也已經變成了無窮。

我們的觀點並沒有這種過失。比如說，山上有火，有煙之故，這裡的因就是在有法上成立，存在於同品中，而在異品中沒有，這三相完整無缺。因此，不要再考慮這些因自反體的部分，只是對與煙無二無別的法以心執為三相而已，而三相並不存在煙以外的他法，依靠這一正理也能遣除法相成為無窮的過失。

壬二、安立需要之法相：

有謂安立名相因，因相何故不同此？

有許三法皆齊全。待名相故此非理。

乃遣直違義反體。

有些論師提出質問：法相的法相如果說成是能安立名相的理由，那麼因的法相為什麼不同樣說成是所立的能知？這樣承認絕不合理，如果因是所立的能知，那麼單單以所作就應該了知聲音為無常了，如果說要了知所立需要三相的話，那安立名相也需要三相。

另有個別論師認為：是總法相、不是自身名相以外的法相、在事相上成立，完整無缺具足實有法[48]三者就是

---

[48]實有法：法相的實有三法：一是法相，二是自己事相實有，三是但作自己名相，不作他法法相。

法相的法相。

由於具有了知法相需要觀待名相的過失，因而這種觀點也不合理。

我們自宗的觀點，法相就是指遣除直接相違而成立義反體的法。所謂的遣除直接相違就是否定不同類，所謂的義反體要否定名相與事相的兩種反體，原因是：名相不是外境（自相），事相雖然是外境（自相），但它不是指排除他法的部分。

壬三（彼所遣過失之詳細分類）分三：一、破他宗；二、立自宗；三、除諍論。

癸一（破他宗）分二：一、對方觀點；二、破彼觀點。

子一、對方觀點：

雪域諸師承許言，法相之過歸攝三。

位於印度北方的雪域派論師認為：法相的過失歸納起來，可以包括在三種過失當中，第一、自反體未成實體：諸如，這個動物（有法），是黃牛（立宗），是黃牛之故（因），法相自反體尚未成立實體。

第二、義反體轉他：諸如，這個動物（有法），是馬（立宗），具有垂胡之故（因）。法相已經變成名相之外的其他義反體。

第三、法相於事相上不存在：諸如，馬（有法），是牛（立宗），具垂胡之故（因）。無論如何安立事

相，在它上面法相都不存在。

子二、破彼觀點：

運用論式視為過，則義反體無轉他，

若未運用定為咎，不住事相成無義。

此等過失若合理，智者頂飾何不許？

你們的這些推理如果是運用因法事三相的論證方式而立為過失的，那麼義反體不會轉成他法，因為在將非黃牛的其他有情立為事相之時，此因在事相上並不存在。如果沒有運用三相就論證為過失的話，那麼法相於事相上不存在就成了無有意義，因為法相在事相上存不存在都要觀待運用論式的緣故。再者，倘若對方所陳述的這些法相過失具有合理性，那麼作為智者之頂飾的法稱論師為何不予以認可。可見，將法稱論師恰如其分的真理拋之腦後而自己以分別念來假立，這完全是錯誤之舉，即便稍有無誤之處，但由於並不是諸位智者所共許，因而並不妥當。

癸二、立自宗：

不遍過遍不容有，即是法相之總過。

名言義之諸否定，唯此三者別無他。

下面聲明自宗的觀點：法相總的過失可包括在三種之中。

其一、不遍：諸如，這個動物（有法），是黃牛（立宗），具有花色垂胡之故（因）。

275

其二、過遍：諸如，這個動物（有法），是黃牛（立宗），有頭之故（因）。

其三、不容有：諸如，這個動物（有法），是黃牛（立宗），是黃牛之故（因）；或者，這匹馬（有法），是黃牛（立宗），具有垂胡之故（因）。

所有名言否定均可包含在非有否定、別有否定以及非可能否定三者當中，這三者依次是否定不遍、否定過遍與否定不容有的語義。一切義否定也只有這三種而別無其他，因此定數是成立的。

癸三、除諍論：

謂立事相與不立，法相不容有事中，

遮遣抑不遮名相。彼二辯論不害此。

對方辯論道：以上法相的這些過失是立事相當作過失的還是不立事相當作過失的？如果是在立事相的情況下當作過失的，那麼對於黃牛的法相來說，運用花色項峰、垂胡就不會成為不遍，原因是，如果這一法相安立在花白動物上，則無有過失；倘若安立在黑色動物上就成了不容有。假設不是立事相而算為過失的，那麼事相的所有過失也就不合理了，因為，即使要表明馬是黃牛而運用項峰、垂胡的特徵也成了沒有過失。他們又繼續說：就這些是在事相上算為過失而言，法相不容有的事上如果遮遣名相，那麼要表明具有項峰等特徵的動物是黃牛，而在使用具有項峰等特徵的過程中，法相與事相

第八品　觀法相

沒有不同反體而成為不容有，這樣一來，具備項峰等也成了否定黃牛的名言。如果法相不容有的事中不遮遣名相，就成了法相不遍於名相的結局。

上面這兩種辯論推翻不了我們這裡的觀點，下面依次來說明原因，儘管所有過失是在立事相時看作過失的，但不會招致你們所羅列的過咎，因為，就花白牛立為事相而言，如果在花白的動物上來表明花色黃牛的名言，你們的觀點的確是對的，然而在只是證明黃牛之時，花色項峰、垂胡的法相顯現不遍。其次，具足項峰等自身的名言不成不容有，而不容有項峰等其他的名言這一點我們也承認。

辛二（名相之理由）分三：一、破他宗；二、立自宗；三、除諍論。

壬一、破他宗：

有謂法名一實體，名言許為名事相。

名相即以名為體，故見法相之根識，

亦成有分別識矣，證成義理亦實有。

有些論師聲稱：由於證成名言是自性因的緣故，法相與名相在外境上是一個實體。

駁斥：我們承許黃牛的名言是通過項峰、垂胡所詮表的事相，而耽著名相在外境上存在。事相與名相在外境上如果是一個實體的話，那麼一個實體不會有現與不現兩個部分，因為以名稱為特徵的名相是分別識所見

因明論集

的，由此見法相的根識也應成為名言、自相混合執著的分別識了；建立名相也應像以所作建立無常一樣成了證成義理；名相也應該變成實體存在了。

名相事相亦非理，命名運用即名言。

個別論師又說：名言的法相是心識不錯亂可耽著的對境，它是名相的事相。

這種說法也不合理，原因是，確鑿可靠的論典中說：首先以法相作為理由而命名就是名相，後來在運用它的過程中就成了名言。

壬二、立自宗：

具有緣由名言識，即是名相之法相。

事相命名予理由。如是知已三門行，

依此形成彼名言。乃觀待義之名稱，

是故彼者為假有，有實不成故假立。

成立具有理由的名言、意義相混合的心識就是名相的法相，名相的事相是指為了認知義反體而以名稱進行命名。其中，最初取名稱為命名時，後來了達這一點進而身體加以取捨、語言表達是非、意識觀察有無等三門運用的過程中，依此就形成了世間的名言。具體來說，言詞並不是自相，而是真實種類的言語。名相是指「樹」一樣諸多同類的總稱名言，由於它是觀待義法相具有緣由的名稱，因而是一種假有。又因為不成立有實法，故而也是假立。

第八品 觀法相

壬三、除諍論：

謂法名相非一體，則自相因不應理。

名言之義誤為一，由此運用名言者，

世間事中不欺故，焉違共許之比量？

有些論師聲稱：如果法相與名相二者不是一個實體，那麼法相建立名相的自性因就不合理了。

駁：並沒有這種過失。依靠遣餘將名相詞語與它的意義法相誤為一體而運用自性因的名言，在世間事中也不會欺惑的緣故，又豈能與法相建立名相等世間共稱比量相違？絕不相違。

辛三、事相之理由：

法相所依即事相，分類有二真與假。

作為法相的所依就是事相的法相。分類有兩種，其一，真實事相：諸如黃牛的花白；其二、假立事相：作為衡量功過的根本，例如，將馬當成黃牛的事相。

戊三（三法各自之安立）分三：一、認識自反體；二、相屬之方式；三、與法相相屬而各自所詮之安立。

己一（認識自反體）分二：一、破他宗；二、立自宗。

庚一、破他宗：

有謂三法自反體，即自行相可顯現。

倘若如此則三法，應成無分別對境。

未加分析三法各自之顯現、遣餘的藏地個別論師宣

因明論集

稱：法相、名相與事相三法各自的自反體絕對是指自己的行相可以獨立自主顯現的建立。

駁：如果是這樣的話，那麼三法自己的行相也應成了獨立自主無有觀待而顯現之無分別識的對境了，倘若承認這一點，顯然與一切名言分別均是遣餘的說法相違。

庚二、立自宗：

是故顯現之反體，非為三法遣餘前，

浮現三法自反體，則有遮破及建立。

所以說，如果黃牛等自相顯現的反體是無分別識的對境，才會使法相與名相的名言不合理，因此自相顯現的反體並不是三法任何一者。實際上，在排除不同類的遣餘心識前，三法的自反體分開浮現，如果從建立有實法的部分而言，是非遮；從建立無實法的部分來說，是無遮，有此二種。

己二（相屬之方式）分二：一、真實宣說相屬之方式；二、能確定相屬之量。

庚一、真實宣說相屬之方式：

法相名相自性聯，事相多數暫時繫。

法相與名相二者在分別心前自性是一體相屬，這兩者與事相雖然會有同性相屬的可能性，但大多數只是暫時相屬。因為，即使個別事相不復存在，單獨的總法相仍然可以存在。

庚二、能確定相屬之量：

錯亂執為一體性，受故法名相屬成。

事相名相之相屬，智者現見而回憶，

於愚者前需建立，憶名名言之比量。

法相的義共相與名相的名言共相二者借助命名的力量而分別錯亂為一體，執著為一體，以識領受或者通過自證而成立法相與名相的相屬，諸如「花白」事相與其上所謂「黃牛」名相的相屬是由精通法相名相的智者見到法相回憶名稱而成立的，對於儘管了知黃牛的名稱但不懂名相與事相差別的愚者，將這個具項峰垂胡的動物取名為黃牛，為了使他們能回憶起這一名稱而需要運用建立名言的比量因。

己三（與法相相屬而各自所詮之安立）分二：一、如何詮表之方式；二、相互決定之安立。

庚一（如何詮表之方式）分二：一、論式之分類；二、遣除於彼之諍論。

辛一、論式之分類：

三法各二總與別，屬此論式共六類，

反體亦六論式中，法相事相會無過。

項峰、垂胡（有法），是總法相（立宗），是遣除直接相違而成立義反體之故（因）；項峰、垂胡（有法），是分別黃牛的法相（立宗），是遣除黃牛的直接相違而成立義反體之故（因）。同樣，名相自之法相也有兩種論證方

因明論集

式，事相自之法相也有兩種論式。總之，此三法都有總論式與分別屬於此處推斷的論式兩種，表明是自反體的這六種均是正確論式。

表明非他反體的論式：項峰、垂胡與黃牛的義反體作為理由而論證的名稱（有法），不是總事相（立宗），非為法相的所依之故（因）。垂胡與花白（有法），不是總名相（立宗），非為義反體作為理由而論證的名稱之故（因）。花白與黃牛的義反體作為理由而論證的名稱（有法），不是總法相（立宗），非為遣餘直接相違而成立義反體之故。

以上三種是總論式。

同樣，分別屬於此處的論式也有三種，共有六類。這其中的四類是正確的，表明花白不是總法相以及黃牛的名相與項峰垂胡不是總事相的兩種論式是錯誤的，其一、這個動物的顏色可以充當花色的名言，因為可以安立說「見到花白」；其二、由於不可作為暫時事相之法不容有的緣故，雖然安立是事相，但沒有過失的情況也會存在。所以以上兩種不是正確論式。

辛二（遣除於彼之諍論）分三：一、遣除於表明是自反體之諍論；二、遣除於表明非他反體之諍論；三、舉例說明相違相同論式。

壬一、遣除於表明是自反體之諍論：

謂屬此論式法相，於事名相若遮遣，

第八品 觀法相

成遮事相之垂胡，若不遮遣則過遍。

遍義反體不遍於，自反體故無過失。

對方向我們辯論說：項峰、垂胡作為事相而表明屬於此處論式的法相，運用遣除直接相違而成立義反體〔推理公式：項峰垂胡（有法），是法相（立宗），遣除直接相違而成立義反體之故（因）〕。這裡的因到底在花白事相與黃牛名相的兩種名言中是否被遮遣（也就是說是否存在），如果遮遣（即不存在），那麼法相也將在此處事相的垂胡中遮遣了。這樣一來，由於事相存在而無有法相的緣故，就有法相不遍於事相的過失。如果法相在事相與名相中不被否定，則會有法相就不單單是垂胡的法相也遍於事相與名相之過遍的過失。

答辯：由於三法是一個義反體，因而，這一法相周遍於事相與名相的義反體，所以並沒有不遍的過失。又由於三法自反體是不同他體，因此，並不遍於自反體，如此一來也沒有過遍的過失，因為三法義反體浮現為一個而自反體是不同他體的緣故。

壬二、遣除於表明非他反體之諍論：

謂名相違遮名言，直違事名無諍論。

有些論師對我們辯論道：其一、不是名相的花白名言究竟是不是名相？如果是名相，則由於它否定了名相的法相——具理由的名言心識，而使法相與名相成了直接相違；假設它不是名相，那麼作為非名相之名言的

283

因明論集

它，就成了不觀待真實安立因。

其二、項峰、垂胡上到底否不否定總名相的法相？如果它否定成立具理由的名言心識，那麼就滅絕了法相的名言；倘若不否定，則名相的法相就成了過遍。

其三、事相是有實法，名相是增益假立的無實法，這樣一來，彼此直接相違的兩個法應成了事相與名相。

對方所提出的三種辯論，對我們此處的觀點並無妨害，下面逐一說明理由。沒有第一種過失，因為非名相的名言是名相的事相而不是名相自反體的緣故。沒有第二種過失，原因是，具有項峰等的名稱並不否定成立具理由的名言心識，而不存在於自反體中，因此也不是過遍。第三，我們是承認，對於意義與名言二者，只是通過分別錯亂而執為一體，外境上並不存在一個實體。

壬三、舉例說明相違相同論式：

是故有者顯相違，相同論式亦容有。

所以，在文句的論證方式過程中，有些原本不相違而顯得似乎相違，比如，聲是常有，所作故，這一論式用「所作有法，是相似因，三相不全之故」可以推翻，接下來，三相不全（有法），是真因（立宗），三相齊全之故（因）。

還有些論式，有法與立宗二者本不相同，卻顯得相同，例如，所知的反體（有法），是所知（立宗），是可充當心之對境故（因）。也可能會出現此類論式。

庚二、相互決定之安立：

謂法事相境一體，異體量不等皆誤，

實有假有決定性，事法等量一本體。

彼等相互皆顛倒，安立於此無妨害。

藏地大多數論師承許，法相與名相在外境上是一個本體。聲聞部有些論師則聲稱：瓶子表示有為法的生住衰滅四個法相與瓶子是不同實體。有些論師則主張說：一個法相可能表明若干名相，一個名相由許多法相來表示，因此法相與名相數量不等。

以上所有觀點均是錯誤的，下面依次說明原因：其一、因為法相是實有、名相假有這一點可以確定的緣故。其二、對方承認以法相不能無二無別地表明名相的本體，如果具有不同他體而表明，那麼就有「瓶子成了具有無常而不能成立瓶子是無常」的過失。其三、法相為一、名相為多，名相為一、法相為多這都是不可能的，所以法相與名相二者數量相同，而在分別念前浮現為一體。

對此觀點，名（名相）義（法相）相互顛倒而心裡承認的觀點並無妨害。例如：立論者以比量作為事相，而以無欺來建立量的名言〔論式：比量（有法）是正量（立宗），不欺之故（因）〕。

因明論集

㊽關於此頌藏文注釋中的頌詞順序與自釋及前文總頌詞不同。總頌詞及自釋中為，事法等量一本體，實有假有決定性，謂法事相境一體，異體量不等皆誤。

285

敵論者則將不欺的名稱假立為緣取自相，而反擊道：比量（有法），不是正量（立宗），不取自相之故（因）。假設將緣取自相立名為正量，那我們也不承認比量是正量。如果將不欺取名為正量，你們也無法矢口否認。

再舉一例，立論者立論說：瓶子是世俗，經不起觀察之故。

敵論者則反駁道：瓶子是勝義，能起作用之故。但是，中觀宗將離戲命名為勝義，不可能運用於此處，而因明宗將能起作用立名為勝義，這一點我們也承許。

丁二（分別決定量之法相）分二：一、認識法相；二、依此遣除增益之理。

戊一（認識法相）分三：一、破他宗；二、立自宗；三、除諍論。

己一、破他宗：

不欺及明未知義，稱為異名或分說。
法相若以二安立，名相亦應成二體，
若許法相名相二，總法相一不容有。

有論師主張：阿闍黎的諸論典中說，量的法相是不欺、明未知義。天王慧論師認為：此二法相任意一者都能表示，因此它們是法相的兩種異名。《量莊嚴論》的作者則說：量有勝義量與名言量兩種，其中勝義量是指明未知義，而並非不欺，因為沒有獲得斷定的意義。後

者名言量既是不欺也是明未知義，因為已經獲得斷定的意義。他們各作分析而各抒己見。

駁：針對第一種觀點來說，如果法相是各自分開而安立，那麼由於能安立的因各不相同，致使法相也成了兩個，因此第一種觀點不合理。

假設按照第二種觀點而承認勝義量及名言量的法相與名相是各自分開的兩個，那麼量的一個總法相所謂的「此法」在二者每一個上面不可能有容身之地，因此第二種觀點也不合理。

遣不遍式此非理，區分為二非意趣。

法勝論師提出：量的法相是具備三種特徵的不欺，其一、本體特徵，依靠獲得自相的能力而排除執著事物為量的法相；其二、對境特徵，依靠獲得全面分析的照了境而排除不容有；其三、作用特徵，依靠肯定意義的能力而排除過遍，這一法相還需要補充排除不遍。了悟真義是指量的作用，而不是法相。

駁斥：補充排除不遍在法相的這一場合實不應理，由於尚未排除不遍的情況，因此法相就成了有過失的，如果詞句本身不具備，那麼補充也無濟於事。看來你們的了悟真義就是指的明未知義，明未知義與不欺的識分成兩個也並不是論典的意趣所在，關於這一點下文將予以說明。

無需不遍不容有，承許悟真義者具。

跟隨婆羅門的有些論師承認了悟真義具有三法，其一、本體差別，就是遣除反方面的增益；其二、對境差別，是指先前通達的意義；其三、緣取方式差別，就是於外境上不錯亂。

駁：如果緣取方式在外境上不錯亂的話，那麼已經通達完畢就不可能再緣取，只要有這一點就足夠了。而所謂「對境差別先前通達的意義」也就沒有必要了。本體差別斷除增益這一點不遍於現量，因為現量只是顯現而已。了悟真義的意義如果能原原本本如實地通達外境，那麼由於現量是無分別、比量不能直接取外境自相的緣故，它也就不可能是現量與比量。以上三種過失對於承許具足三法的了悟真義為量之法相的宗派來說在所難免。

己二、立自宗：

不欺及明未知義，相同了悟自相故，
名言量及勝義量，皆可運用此二者。
其中不欺具作用，作者所作三本性。

不欺與明未知義無論任何一者都同樣可以了達自相，因此它們只是一個法相的異名。名言量與勝義量也無有差別可運用這兩種法相。其中不欺也有三種，其一、作用不欺，如果作用不欺在外境自相上存在，那麼無欺能起作用，假設在外境自相上不存在，則成了無欺不能起作用。其二、作者不欺，本來存在而無欺了知存

第八品　觀法相

在，原本無有而了知無有，故為無欺。其三、所作無欺，如果趨入有自相的外境，那麼無欺能得到，如果從無有自相中退出，它也無欺化為烏有。無欺就是具有以上這三種特徵的本性。

己三、除諍論：

謂不遍於量無實，於染污識則過遍。

分析自相有無故，應理染污說欺惑。

對方辯論說：在外境自相上，運用不欺這一量的法相，不遍於衡量無實法的量。並且，染污性根識緣取黃色海螺、樹木顯現行進等，自相上也有不欺的成分，因此這一法相過遍於這些。

答辯：並沒有不遍的過失，因為對於分析自相是有實法還是無實法而言，無實法雖然無有自相，但並不是對獨立的無實法進行衡量，而是從自相反體的角度作為對境，所以合情合理。也沒有過遍的過失，因為明明說染污性根識純屬欺惑而無有不欺，關於這一點下文中還有論述。

戊二（依此遣除增益之理）分二：一、如何決定；二、遣除諍論。

己一、如何決定：

依量之力引定解，定解違品乃增益。

彼之法相棄真理，分別他邊有二類，

分別倒識及懷疑。

是憑藉量的力量斷除懷疑來引出定解，並且真實定解的違品就是增益他邊。增益的法相也就是拋開真理而妄執他邊。它分為分別顛倒識與懷疑識兩種。無分別顛倒識並不是決定所遣除的增益，因為它沒有實執而無需遣除，毛髮飄浮等的因如果未經消除，通過決定分別也無法予以遣除。

己二、遣除諍論：

有謂未悟驟然中，了悟尚未遣增益。

比量非由顯現取，乃是遣餘彼對境，

執著同他無有火，是故許為顛倒識。

對方辯論說：由驟然比量決定火時，只是前所未知中突然性了達而已，因此，儘管通過了達而遣除了（違品），但並未斷除顛倒識與懷疑兩種增益任意一種。

駁：事實並非如此，比量並不是像無分別識那樣以顯現緣取，它完全是一種遣餘，比量所遣除的對境是在比量還沒有產生之前，某識執著與不存在火的其他地點相同，所以認為包括在顛倒識的範疇中。

定解增益此二者，對境本體時間中，

觀察一體及異體，三種辯論不害此。

定解增益耽境一，耽式相異故遣餘。

另外，對於定解與增益二者，從對境、本體、時間每一方面來觀察是不是一體與異體的角度，有些論師說：定解與增益，對境到底是不是一個，如果不是一

個，就成了內外的光明與黑暗一樣成了不是所遣與能遣的關係；假設是一個，那麼對境是真還是假，如果是真，則增益也成了無謬，倘若是假，那麼定解也成了錯謬。

還有些論師說：定解與增益這兩者如果在心的本體中是一個，則由於自識不能對自己做事，因此是所遣與能遣的關係不合理；即便是他體，也不合理，就像他者通達並不能遣除他者的不悟識一樣。

還有論師則提出：決定與增益這兩者如果時間相同，就成了兩個分別念並駕齊驅；假設時間不同，也就不該是所害與能害的關係，猶如白天的光明與夜晚的黑暗一樣。

以上三種辯論並不能推翻我們在此的立宗。下面依次加以駁斥，其一、定解與增益二者的耽著境雖然是一個自相，但由於耽著方式符合實際與不符實際截然不同的緣故，是所遣與能遣的關係合情合理；其二、這兩者是一個心相續中的不同反體；其三、時間雖然不同，但在一個心相續中，首先存在增益，後來生起定解而使增益相續不能再生，對此立為遣除它的名言。

丁三（抉擇法相所表之義）分四：一、名相之詳細分類；二、破於事相顛倒分別；三、宣說於事相上能決定法相之量；四、如何進行破立之理。

戊一（名相之詳細分類）分四：一、分類之根本：

因明論集

二、分類之本體；三、定數；四、詞義。

己一（分類之根本）分二：一、破不合理之宗；二、立合理之宗。

庚一、破不合理之宗：

非量真實已遮破，真實分說即錯謬。

雪域派諸位論師承許非量的已決識與伺察意等是真識的觀點已經予以遮破了。還有個別論師認為，對於正識而言，分為兩種，其一，就像看見正在用火燒煮，成辦人們事情的直接因顯現起作用；其二，例如，看見單獨的水、火，它作為間接因而進行做事，前者確定是不欺而不是所分析的物件，又由於是決定唯一現量而不是分基，只有後者才是分基。

這種說法是錯誤的，如果「總」不能充當分基而「別」需要分出來安立為分基，那麼現量等的一切分類也需要如此，因此你們的說法實在太過分了。

庚二、立合理之宗：

是故正識即為量，由此理當作分基。

所以，我們自宗認為，正識本身就是量，量與正識只不過是不同的名稱，因此可以充當分基。

己二、分類之本體：

分類現量及比量，觀察彼等一異體，

二量皆是有實法，是故非為遮一體；

觀待對境一與異，即非一體非他體；

是故心之本體一，觀待對境為異體。

比量非境與自證，一體故離諍過失。

如果對量加以分類，則有現量與比量兩種。下面來觀察這兩種是像所作與無常那樣，是一個本體不同反體？還是像月亮與涼光一樣是一個事物的不同名稱？或者是像瓶子與氆氌一樣的不同事物？或者是像有實法與無實法一樣的遮一？到底是哪一種？由於兩種量是有境識的有實法，故而不是遮一的異體。從觀待一個對境的角度而言也不是一體，因為分別識與無分別識二者對境是不同他體之故。從觀待不同本體而言也不是異體，因為識的實體是一個的緣故。我們自宗並非未加區分而一口咬定它們是一體或異體，而是認為，此二量在心識的本體中是一個，觀待山背後的火堆外境而是比量，觀待識的本體而是現量，觀待對境而言是異體，因為自相與共相，明顯與隱蔽各不相同的緣故。

有論師說：假設觀待對境而是他體的話，比量就不是識了，因為它不是自證的緣故。再者，如果觀待有境而與自證是一體致使與總現量是一體，那麼由於與根現量他體的緣故，與總現量也成了他體。

駁：因為比量不是對境的反體，而是證知對境的心識，所以沒有第一種過失。由於現量的別法與自證是一體的緣故，也脫離了諍論的第二種過失，比如，倘若與樹的別法沉香樹是一體，必然與總的樹是一體，然而，

如果與沉香樹是他體，則不需要與總的樹木是他體。

己三、定數：

所量二故量亦二，除此他數已遮故。

在這裡，如果是所量，數量決定有自相與義共相兩種，因此權衡它的量也絕對有兩類。關於過多過少的其他數目，阿闍黎已經予以遮破了。

己四、詞義：

名稱釋詞及說詞，彼者釋說有四類，

相違以及不相違，時爾相違時不違。

一般來說，名稱有兩種，一是以釋詞作為理由，諸如一切智；二是以說詞作為理由，諸如瓶子。釋詞說詞兩者共有四類情況，一、釋詞說詞完全相違：雖然有說詞但永遠不可能有釋詞，比如，牧羊鳥、飲芝麻雀；二、釋詞說詞完全不違：例如，意識、一切智；三、四，釋詞說詞有時相違、有時不違，如蓮花叫水生。

此等名稱種類詞，諸位智者分二類。

對於這些，諸位智者分為「天授」一樣的名稱與「樹木」一樣的種類名詞兩種。同樣，現量的名稱，梵語叫做札德嘉，翻譯過來就是依根，釋詞為依靠根，說詞涉及緣取自相的一切識。其中根識與意識既有釋詞也有說詞，瑜伽現量與自證現量唯有說詞，錯亂根識只有釋詞。比量的名稱梵語為俄訥瑪訥，直譯過來，就是現見理由而回憶關聯，隨之通過共相的方式進行推斷，故

稱為比量。比量，兼具釋詞與說詞。

戊二（破於事相顛倒分別）分二：一、破於現量事相顛倒分別；二、破於比量事相顛倒分別。

己一（破於現量事相顛倒分別）分三：一、破本非現量妄執是現量；二、破本是現量妄執非現量；三、破妄執是非相同。

庚一、破本非現量妄執是現量：

有許境時及行相，錯亂之分為現量。

無自相故非現量，由因決定可比量。

有些論師認為：比如，將從門縫中看見的珠寶光執為室內的珠寶，雖然將門縫與室內弄錯了，但僅僅從珠寶的方面來說許為量，這是就對境而言的；同樣，半夜三更誤認為正中晌午執著夢中子孫的識，這是從時間而言的；再有，執著黃色海螺與樹木顯現運行等形象錯亂的部分中也存在對境不錯亂的成分，因此這些一概是現量。

駁：由於這些現象不具備指點自相的形象，所以並不是現量。假設認識到錯亂後通過所有這些現象的理由而決定事實的部分，那就會成為比量。

有者聲稱取色識，彼於所觸是現量。

不明處之差別致，因法誤解為現量。

另外有些論師聲稱：緣取白色海螺顏色的眼識對於所觸柔和與沉重等來說也是現量。

駁：這是他們對處各自分開的差別一竅不通所致，如果對於其他處而言他現量也成了量的話，那眾多根就成了無有意義。因此，這種情況，只不過是將其他處中推斷同時之處的因法推知果因㊿誤解為現量而已。

庚二、破本是現量妄執非現量：

有謂分別境時相，錯亂之故非現量。

分別錯亂然不障，根識猶如取藍量。

有些論師說：分別念將對境門外的瓶子誤認為室內瓶子時的眼識、將時間下午的有情誤認為上午的有情時的眼識、將形象紅色柱子誤認為紅色氆氌時的眼識，這些都不是現量。

駁：這種說法並不合理，分別念雖然錯亂，但它並不障礙眼識，如同相續中儘管存在將藍色執為常有的增益但緣取藍色的眼識仍是（現）量一樣。

庚三、破妄執是非相同：

個別師言是非同。不同對境異體故。

個別論師說：如果將柱子的紅色誤認為氆氌的紅色時的根識在總的紅色方面是量，那麼將白色海螺錯亂為黃色這一點在形狀方面也不該不是量了，因為這兩者的理由完全相同。

駁：但實際上，這兩者並不相同，因為有分別的意

㊿因法推知果因：五種果因之一。以能立有味之因，證成所成立法為有形色者。如云：口中糖丸之上，有現在糖之形色，以有現在糖味之故。

識與無分別的根識對境各不相同。所以，意識錯亂而根識不錯亂的情況是存在的，而一個根識有錯亂與無錯亂兩種情況絕不可能。

己二（破於比量事相顛倒分別）分二：一、破本是比量而妄執非比量；二、破本非比量而妄執是比量。

庚一、破本是比量而妄執非比量：

有謂依於珠寶光，推知寶珠非比量。

若爾稻芽稻種等，果因多數成荒謬。

因明論集

有些論師說：由珠寶光了達珠寶不是比量，原因有三，其一、當時如果運用珠寶因，那麼因與所立無二無別，為此不可能成為所立與能立的關係；其二、如果使用珠寶光這一因，則珠寶尚未確定還不能證明是它的光；其三、如果運用總的光，那麼也存在其他可能。所以，並不一定。

駁：倘若如此，那麼由稻芽推知稻種等大多數果因都成錯誤了，因為運用稻芽之因則不成立等與珠寶光一模一樣。

假設對方說：在它上運用稻芽的因，儘管當時稻子作為差別法不成立，但是因為其他時間地點見過的緣故而予以肯定並不相違。

駁：那麼珠寶光也是同樣，因為在其他時間地點見過的緣故而予以肯定又怎麼會相違？

庚二、破本非比量而妄執是比量：

297

謂因所立縱錯亂，外境及分乃正量。

如是之因無三相，證成無有因差別。

有些宗派論師聲稱：有支的山上有常恆的火，因為有勝義煙之故，如大自在天所作的火灶。即使從憑空想像的角度來說因與所立是荒謬的，但實際上外境山上的的確確有「火」，它依靠煙建立的部分是量。

駁：你們所說的這樣的因根本不具備三相齊全的條件，原因是，要證明所差別法火與煙，因的能差別法勝義與所立的能差別法常有也需要證實，這樣一來，在所諍事中完全無有，所以這樣的因不能充當能知，就像說這裡有瓶子，有兔角的瓶子之故一樣。

戊三（宣說於事相上能決定法相之量）分二：一、提問；二、回答。

己一、提問：

謂彼等量決定者，由自他何所證知？

對方提出：確定這些量是不欺這一點到底是通過自身還是他者來證知的？如果是自決定，那麼誰人也不可能對量與非量的道理茫然不知了。如果是他決定，則它本身也需要由他者來決定，結果就成了無有止境。

己二（回答）分三：一、破他宗之回答；二、立自宗之回答；三、遣除於彼之諍。

庚一、破他宗之回答：

有者承許自決定，個別宣稱他決定。

此二棄理說理許。

對此，有些論師承許，絕對是自決定，個別論師則說唯一是他決定。這兩種觀點顯然已棄事勢理與法稱論師等說真理的觀點於不顧，因為與《釋量論》中所說相違，此論中云：「由自證自體，名言中為量」以及「現量所取者，捨諸差別分，證知某差別，緣有彼即悟……」

庚二、立自宗之回答：

二種境證與自證，以及比量自決定；

初者心未專注者，諸具錯因他決定。

依起作用具串習，比量悉皆可決定。

如看見正在用火進行燒煮時緣取火的根現量一樣正在起作用的現量以及依靠長久串習力而十拿九穩地認定對境的習氣現量，這兩種境證，加上自證和由因推知的比量四者是自決定。

諸如首先看見野黃牛的色形的根現量，是前所未見同類而見的現量，諸如分別念內收時緣色的眼識，心未專注，是煙還是汽懸而未決時見灰白物的眼識，所有具有錯亂因的情況，只是憑藉看見並不能證明是量，而要依他決定，能決定的量，比如，看到具有火行相的事物正當懷疑是真是假之時，又親見正在做燒煮等之事；依靠現量長久串習的力量而一口咬定者；由看見冒煙的因中比量推斷。這三者中無論哪一種都可以決定。

庚三、遣除於彼之諍：

有謂對境及本體，分析不容他決定。

彼等現量與分別，作用混淆一起已。

有些論師辯論道：所決定的量與能決定的量二者如果對境是一個，那麼後面的量就成了已決識。假設對境是不同的他體，則由決定他者並不能決定另外法。而且，需要是依靠他決定，如果自境不是斷除增益者，那麼就不能成為量，如果是斷除增益者，就成了自決定。經過這般分析之後便可知曉，他決定的量根本不可能存在。

駁：這些論師只是因為對於量前後的照了境相續是一體而實體是他體、現量僅是以無分別、未錯亂而成為量並不觀待斷增益的道理一無所知，而像外道一樣將現量分別的作用混為一談才憑著想像辯論罷了。

戊四（如何進行破立之理）分二：一、破立之安立；二、依其如何證境之理。

己一、破立之安立：

顯現有實之有境，遣餘之前有破立，

遮破則有遣除立，及不遣除二方式。

由於顯現是有實法的有境，因此現量只要顯現外境就可取名為建立，而不必直接進行破立。由它引出的決定與比量，歸納而言，在遣餘中有破與立兩種。如果分類，遮破的分類當中也包含遣餘的建立，諸如無瓶，遣

除建立是無遮，比如無瓶的地方，不加遣除是非遮，這兩種方式當中，前者是單獨的遮破，而後者破立兼具。

己二（依其如何證境之理）分三：一、破他宗；二、立自宗；三、除諍論。

庚一、破他宗：

有謂直接與間接，亦是建立與遮破。

比量成為間接知。若非則成第三量。

藏地有些論師聲稱：例如，某地青蓮花的青色直接成立，由此總的青色間接成立，這是通過顯現外境的行相而直接證知的；再比如，直截了當地遮破火從而間接破除煙，這是通過顯現其他外境的行相斷除增益而間接證知的。這兩種方式也屬於建立與遮破[51]。

駁：如果是這樣，那麼所有比量也成了間接證知，因為具備它的法相之故。

如果對方又辯解說：比量觀待因而這種情況不觀待因，所以比量不是間接證知。

駁：那麼，它就成了不包括在現量與比量當中的第三量，而且它也不是不觀待因，理由是：由「別」成立而證明「總」就是自性因；以因的相違否定果是可見不可得因。

庚二、立自宗：

---

[51]自釋為建立與遮破，本藏文注釋是否定建立之義。但根據頌詞意思該是建立與遮破。

是境是識有境識，由此建立二二四。

遮破反之分為四，破立亦以量證實。

對此問題，由是境、是識、有境、有識的分類而使得建立也各有二類，共有四種。遮破與之恰恰相反，即包括非境非識、無境無識。四種建立與前二種遮破是非遮；後兩種遮破是無遮。能決定這些的破立也是依靠量而證明的，因為憑藉現量與建立無遮的比量加以遮破，通過現量引出的決定與建立非遮的比量完全建立。辯論的智者，通過取境的根現量未得到某地有瓶子時，才作為無有瓶子的名言；辯論的愚者，由因明中的可見不可得因而確定某地無瓶時，作為瓶子無有的名言。遠離執著聲常有的顛倒因而取聲現量引生定解時，作為證明聲音為無常的名言。如果有錯亂因，後來由因確定聲為無常時作為證成聲音無常的名言。

庚三、除諍論：

所謂間接之證知，意趣作用或比量。

對方提出：如果現量間接證知不存在，顯然與法稱論師論典中「間接證知義而了知」的說法相違。

沒有這種過失，法稱論師的密意是指通過現量的作用或者串習三相使得驟然比量生起。

量理寶藏論中，第八觀法相品釋終。

第九品　觀現量

丙二（抉擇各自事相之義）分二：一、現量；二、比量。

丁一（現量）分三：一、真現量；二、似現量；三、現量之果。

戊一（真現量）分三：一、法相；二、名相之分類；三、事相各自之義。

己一（法相）分二：一、破他宗；二、宣說自宗合理性。

庚一、破他宗：

謂領受斷增益錯。

藏地論師聲稱：現量與現量之量各自分別開來，現量的法相是離分別、不錯亂；而現量之量的法相是對於前所未證的意義通過領受斷除增益。

這種說法是錯誤的，因為在論典中從來沒有提及過分成這樣兩種，再者，如果是不錯亂的識，就不可能涉及已經證知者，結果對前所未證並沒有確定，斷除增益對現量來說也是不容有的。

庚二、宣說自宗合理性：

現量不誤離分別，分別名言義執著。

在這裡，現量的法相就是離分別、不錯亂。所離的分別是名言共相與義共相混合一起而執著。有些論師

說：如果這樣說來，那麼就不遍於尚未熟知名稱者相續的分別念，為了包括它而必須說成是名言共相、義共相可混合執著。

然而，這也同樣不遍於已經熟知名稱者相續的分別念。

對方又說：法相是在種類上安立的，因而並不相違。

如果是這樣的話，那無論如何表達都沒有矛盾。

不錯亂是指遠離眼翳者前墜亂髮與快速轉動的（旋火輪）等迷亂之因。當然，在真實性中，所有分別念均是錯亂的，因此說不錯亂也就證明了離分別。然而，有些人承許在有分別的同時所取境不錯亂；有些人認為照了境不錯亂也可以代表不錯亂結果比量難道不也是這樣嗎？正是為了遣除以上這兩種顛倒分別，才說了兩種。

己二、名相之分類：

不錯亂彼有四種，由從對境及所依，
補特伽羅現量分。四種現量經部許，
有部三類唯識二。

如果從不錯亂的角度來分，有根現量、意現量、自證現量與瑜伽現量四種。其他分類方式，從對境的側面來分，包括見他的兩種境證現量、見自的自證現量、見無自他的瑜伽現量。從所依的方面來分，有依根的兩種境證現量、依他根（也有論師說是依他起）的自證現

量、依等持的瑜伽現量。從補特伽羅的角度來分，有凡夫現量與聖者現量。現量分類有這麼多種。如果對應各宗各派的觀點，承許四種現量的是經部觀點，因為他們既承認外境也承認自證。有部宗由於不承許自證而有三種現量；唯識宗不承認外境，故而他們的觀點中前三種現量包括在自證當中，因此只認可自證現量與瑜珈現量兩種。

己三（事相各自之義）分四：一、根現量；二、意現量；三、自證現量；四、瑜伽現量。

庚一（根現量）分三：一、法相；二、建立彼；三、決定名共相。

辛一、法相：

分開而立法相誤，是故根識不錯亂。

藏地多數論師對此問題將根現量與根現量之量分別開來而安立是錯誤之舉，因為會招致前面所說的過失。所以，我們自宗聲明，根現量的法相就是依於根的識離分別、不錯亂。

辛二（建立彼）分二：一、建立由根所生；二、建立離分別不錯亂。

壬一、建立由根所生：

根即取境之能力，隨存隨滅決定成。

根是根識緣取對境的一種能力這一點成立，因為通過根與照了境的識隨存隨滅的決定性可以證明這一點，

就像火生煙一樣。

壬二、建立離分別不錯亂：

明現成立無分別，取自相故不錯亂。

由自境互不混淆各自部分了然明現可以證實無分別，又因為原原本本緣取外境自相的緣故，純是不錯亂。

辛三、決定名共相：

根即不共之因故，稱謂根識如鼓聲。

如果有人認為：既然某識的因需要境與作意二者聚合，那麼為何不叫境識等而單單稱為根識呢？

答：境與作意也是其他識的因，而根才是某識的不共因，因此稱為根識，例如，鼓聲的因雖然需要鼓槌等，但從不共因的角度而叫做鼓聲。

庚二（意現量）分三：一、認識本體；二、抉擇自性；三、遣彼諍論。

辛一、認識本體：

對境根識此二者，無間所生即是意，

依之而不錯亂識，乃意現量之法相。

由對境、根識二者無間生起的就是意識，因此，意識並不是像根識那樣具有色根，依靠前面根識滅盡無間分所生起的不錯亂識就是意現量的法相。

辛二（抉擇自性）分二⑤：一、生之方式；二、作為量之合理性。

壬一、生之方式:

意現量雖有多種，猶如根識一自證。

有些論師說: 五種根現量滅盡之後五種意現量到底是不是同時產生，如果同時產生，那麼一位補特伽羅的相續就成了多種; 假設不是同時產生，那麼依靠因的差別就不能證明果的差別。

駁: 打個比方來說，有五個門的玻璃房中央放著寶珠，在門上放上五色綢緞，結果這所有的影像都會現在寶珠上。同樣，繼五根現量之後，外觀的五種意現量也會有同時產生的可能性，但是一個補特伽羅的相續不會變成多種，就像從內觀而言為自證一相續所攝但外觀的諸多根識儘管同時生起但相續不會變成多種一樣。

壬二、作為量之合理性:

無錯亂故是正量，無相續故非決定。

從有色根而生根，是故根識具相續，

意根中非生意根，是故彼者無相續。

如果有人問: 意現量到底是不是正量?

答: 從對外境真實性無有錯亂這一點而言是正量，但是由於意根無有相續的緣故並不能像其他量那樣憑藉自力引出決定。

對方問: 那麼，根現量有相續意現量無相續的原因

因明論集

---

⑤藏文原科判中此處分三，即生之方式、作為量之合理性及觀察生之分位，但下文中並沒有第三，因此改為二。

何在呢？

答：從作為識的它不錯亂緣取真實外境這一點來說是量，然而，因為意根沒有相續而使意現量不能像其他量那樣一樣憑著自力而引出決定。它的理由也是因為有色根的前剎那中產生有色根的後剎那，如果產生同類，就說明有不間斷的相續，而意根中並不是這樣產生意根，因為意根（意現量）就是由前面根識滅盡當下產生的緣故。可見，憑著根有相續的力量而使根識能引出決定，由於根識沒有相續的緣故使得意現量無法引出決定。

輪番以及相續際，二者悉皆有能害[53]。
是故根者乃根識，不共之因成意緣。
即自證故非他續，由此現量三步同。

對方繼續問道：那麼，根現量的相續泯滅之後，是生起唯一的意現量還是根現量與意現量二者交替產生呢？

答：並不是生起唯一的意現量，因為第一剎那與後後等剎那的根現量，產生意現量的因並沒有完整無缺與殘缺不全的差別，而不可能有前面不生、後來產生的情況。也不是根現量與意現量二者交替產生，因為對於輪番出現，不該有根現量決定、意現量不決定的差別。所以，根屬於根識的不共因，並作為意現量的緣，因為由

第九品 觀現量

---

[53]此兩句頌詞在本釋中沒有解釋。

308

根所生的根識滅盡無間時刻就是意根。它從外觀而言有兩種境證，內觀就是自證的一個相續。為此，從與第二剎那根現量同時的第一剎那意現量產生時起，直至根識的事情尚未滅盡之間，根現量與意現量二者平行而生，但人的相續不會變成他體，這一點我們必須搞明白。所以說，當時不包括瑜伽現量在內的三種現量的步伐並駕齊驅。

辛三、遣彼諍論：

緣取他境觀待根，是故此中無二過。

那瓦瑪破（不穿耳）外道聲稱：作為意識（到底是否取緣根識的所取境？）如果它緣取根識的所取境，那麼就成了已決識，如果它不緣取根識的所取境，那麼盲人也應見色了。

意現量實際上是緣取自身增上緣的根現量對境以外它後面的同類，因此不會變成已決識，又由於間接觀待根的緣故，而無有第二種過失。

庚三（自證現量）分二：一、法相；二、遣諍。

辛一、法相：

證知自之本體識，即是現量智者許。

諸位智者異口同聲地承許，生起證知自本體的不錯亂識就是自證現量的法相。

辛二、遣諍：

自生前所未有生，自證唯遮無情法，

是故自證及自生，無有相同之時機。

有些論師說：這樣一來，原原本本的自證也應成了自生。

駁：自生是指前所未有的事物產生，為此如果不存在他體的因果則不合理。然而自證並不是所證與能證分開而自我證知，而是自本體排除無情法的自明自知的領受本體得以產生就是名言假立的「自證」。可見，自證與自生永不存在相同的機會。

庚四（瑜伽現量）分三：一、認識自性；二、成量之理；三、能立之量。

辛一（認識自性）分三：一、法相；二、分類；三、內容。

壬一、法相：

分開安立法相妄。修生無誤真現量，
所有迷亂似現量。

藏地諸位論師將現量與現量之量分別開來安立法相是完全錯誤的，這一點已經闡述完畢。對此加以修行所生的不錯亂識就是瑜伽現量的法相，雖然是由修行所生，但是修不淨觀者的心前顯現白骨等不符對境的所有迷亂識只是似現量。

壬二、分類：

三種聖者三現量，有學無學分為五，
彼等有現及無現，各有二類共十種。

第九品　觀現量

總體來分，瑜伽現量有聲聞、緣覺、大乘三種聖者現量，再進一步從有學與無學所依的角度來分，有五種，因為緣覺在一墊上經行諸道而未將其立為有學現量。這五種從後得見三千世界等有現與入定無現的側面來分各有兩種，總共合起來有十類。

　　壬三（內容）分三：一、智慧之因；二、彼究竟之時；三、觀待方便果之特點。

　　癸一、智慧之因：

　　善修方便及智慧，互為因緣將成就，

　　如所盡所有本智。

　　認認真真修行串習大悲等方便與證悟無我的智慧，通過二者相輔相成的力量，以智慧作因、方便為緣將成就如所有智，以方便為因、智慧作緣將成就盡所有智。

　　癸二、彼究竟之時：

　　三世以及一百劫，三大劫中彼究竟。

　　如果突飛猛進地精勤，那麼三世當中兢兢業業積累二資將成就聲聞菩提，百劫之內將圓滿麟角喻的智慧，三大阿僧祇劫究竟大乘瑜伽現量。

　　癸三、觀待方便果之特點：

　　方便薄弱二解脫，具習氣故非本師，

　　修習方便明萬法，斷習氣故即遍知。

　　作為著重修行人無我而各種方便串習薄弱的聲緣二種解脫由於仍然具有習氣的緣故，他們的心含糊不清，

因明論集

無法步入廣大利他的壯舉中，因此聲聞緣覺並不是究竟斷證的導師。由於修行智慧、串習方便達到終點，因而佛陀的瑜伽現量徹見一切所知的智慧了了分明，這一智慧就連細微的習氣障也予以斷除，因此才堪稱遍知一切、超群絕倫的本師。

辛二（成量之理）分二：一、建立現量；二、依此量進行取捨之理。

壬一、建立現量：

已決識及決定識，乃分別故非現量，

所有瑜伽之現量，皆現量故成立量。

已決識與決定識二者均是分別念，因此與現量並不是同體，這一點已經講述完畢。所有瑜伽現量都屬於現量，所以成立是於對境不錯亂的正量。

壬二、依此量進行取捨之理：

異生凡夫之正量，由決定性行取捨，

離分別念諸聖者，由等持行經論說。

凡夫觀現世量是通過見聞覺知的憶念分來決定而進行取捨的，遠離分別習氣的所有住地聖者應時及時調教所化眾生以及遣除非時等唯一是憑藉等持力而進行的，這是經論中宣說的。

辛三（能立之量）分三：一、建立本體；二、建立法相；三、遣於成立義之諍。

壬一（建立本體）分二：一、建立過去未來；二、

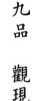

第九品　觀現量

建立所依能依。

癸一、建立過去未來：

不可思議智慧者，彼之智慧無法測，

言詞特徵若決定，亦能推知前生也。

串習圓滿明了彼，遮他邊定而證實。

如同睡眠所蒙蔽的心無法測度醒覺的心一樣，被所取能取所遮蔽的觀現世心也絕對不能揣測具有不可思議智慧的佛陀洞曉三時方式等「是此是彼」。然而，佛陀具有這種智慧，如果通過他所演說的言詞殊勝依靠具有三清淨的特點予以確定，那麼也就能夠推出佛陀對於因對境不錯亂的智慧——究竟瑜伽現量先前已經生起或獲得，未來我們可以出現也是依靠修習空性等法門達到圓滿之後於對境最極明了從而成就瑜伽現量，如同串習貪欲與恐懼等一樣。關於它是因量這一點，由遮遣他邊的決定性（自性因）可以證明，修道的所依能依（穩固）久而久之自然而然會變得殊勝。

癸二（建立所依能依）分二：一、建立宗法；二、建立周遍。

子一（建立宗法）分二：一、破他宗；二、說自宗合理。

丑一、破他宗：

於此有謂依所依，識之初始最終二，

以火及燈作比喻，憑藉現量可成立。

313

無盡自證不證實，燈火作喻非應理。

對此，有些論師說：後識依於前識的所依，是指識的前際開端無始，後際無終這兩者通過自證可成立。也就是說，對自相續而言，由自證可以證明總識源於前識是成立的。因此，如果直接否定沒有前識前提的總識，間接已遮破了沒有前識前提的別識，這就如同煙出自於火以現量成立，直接否定沒有火前提的總煙間接已遮破了所有別法一樣。再者，由於自相續中總識產生後識是成立的，因此如果直接否定了不生後識，那麼間接已遮破了一切別法，如同一切燈發光以現量成立，如果直接遮破不發光的總燈，依此間接已否定了所有別法。以火與燈作為比喻，來說明識的相續無始無終依靠自證現量可以證實。

駁：憑藉這一點雖然能證明現在所有緊密關聯的識，但是心前後無窮無盡這一點以自證並不能證實，就像現世美一樣認為最初的心不是由他世的心中產生而是由父母的身體所生，臨終的心也不生後世的心，就像火滅一樣相續斷滅。所以，火與燈並不能充當比喻，因為煙的初始並不是由自己前面的同類所生，而是由不同類的火中產生；作為燈來說，臨近熄滅的燈不產生他法。

丑二（說自宗合理）分二：一、建立前際無始；二、建立未來無終。

寅一、建立前際無始：

第九品 觀現量

心不觀待他因故，依因前際無始成。

剛剛生起的心（有法），是以近取因的前心作為前提（立宗），除自己前面的同類以外不觀待他因之故（因），如同現在的識（比喻）。也就是說從產生心的本體作為出發點的推理能證實前際無始。

寅二（建立未來無終）分二：一、建立具有我執之明了無終；二、建立無有我執之光明無終。

卯一（建立具有我執之明了無終）分二：一、以因建立；二、抉擇意義。

辰一、以因建立：

因聚齊全無障礙，依因後際無終成。

凡夫的死心（有法），必定生後心（立宗），因為愚癡業惑具全而不具備無我等障礙之故（因），如同水肥等聚合到最後生長苗芽（比喻）。依靠這一推理證明後際無終。

辰二（抉擇意義）分二：一、破他宗；二、立自宗。

巳一、破他宗：

謂業身心輪迴因，為斷二者經苦行。

無力無益無需故，盡業滅身非正道。

有些外道聲稱：業、身、心三者聚合就是輪迴的因，如果其中任何一者殘缺，就不會產生輪迴，如同無有水肥的種子一樣。所以，為了斷除業與身體而通過經

歷苦行使得不再受生轉世。

這種說法不合理，原因有三：一、如果未曾斷除我執，就無法徹底擯棄業與身體；二、業與身體儘管可以通過苦行來摧毀，但仍然會再度轉生，因此並起不到作用；三、一旦斷除了對我的愛執，就會像薪盡之火般不再投生轉世，而並不需要單獨棄離業與身體。由此可見，依靠苦行等消滅業力與憑藉五火等毀滅身體並不是解脫之道。

巳二（立自宗）分二：一、認清轉生輪迴之因；二、分析彼之對治。

午一、認清轉生輪迴之因：

生因無明由其中，亦起煩惱業輪迴。

從此處中生他處，彼之賢劣業所為。

總體而言，轉生輪迴的因就是對我愚昧不知的無明，從中也產生貪嗔等煩惱、由煩惱中起現黑業白業、由業而投生善趣與惡趣，由此所攝的輪迴出生七事。分別來說，根識是指由六內處形成其他外處，這是從根識相互為緣的角度而言的，產生根識好壞的增上緣是由業造作的。

午二（分析彼之對治）分二：一、片面壓制；二、全面根除。

未一、片面壓制：

慈等與我不相違，因非能斷輪迴根。

第九品 觀現量

對於嗔心，通過修慈心來對治，對於貪欲，依靠修不淨觀，嫉妒的對治法是修喜心等等，由於這些與輪迴的根本——我執及執著方式並不相違的緣故，這些對治法並不具備斬斷輪迴根本的能力。

未二、全面根除：

無我與我相違故，現見無我彼即除。

種子雖非有初始，然為火焚見後際，

如是輪迴雖無始，然見無我成後際。

作為證悟無我的智慧，它與我執完全相違，因此現見無我足能將那個「我」驅除，如同冷熱一樣。比如說，儘管種子沒有開端，但是如果種子被火燒毀，便可見到後際有頭，同樣的道理，這個輪迴無始的所依雖然根深蒂固，可是一經現見無我，即可使輪迴的後際得以立足，因為從此之後不復再生。

卯二、建立無有我執之光明無終：

生起明心因已齊，無障礙故決定起。

如果有人心想：那麼，證得涅槃時難道心的相續也中斷了嗎？

答：並非中斷，生起明了的心不需要觀待心以外的他因，因已齊全，再者證悟無我也不對此造成障礙，而無有障礙，為此必定連續不斷產生後面的果。

子二、建立周遍：

串習畏等生明受。

如此所依穩固、長期修行，使自身變得更為出色，因為經過了串習的緣故，如同串習畏懼與貪欲等而生起明顯的感受一樣。

壬二、建立法相：

無二取故成無謬。

由於瑜伽現量無有所取、能取的分別念，因此成立不錯亂。

壬三（遣於成立義之諍）分二：一、遣斷圓滿不合理之諍；二、遣智圓滿不合理之諍。

癸一、遣斷圓滿不合理之諍：

有謂不能不知曉，不穩故無斷解脫。

非自性故有方便，及除因故解合理。

外道聲稱：垢染是心的自性，因此無法斷除，就算是能夠斷除，凡夫也不知道斷除的方法。假設知曉而一次性斷掉也像身體的污垢一樣會再度返回，根本沒有穩固性，所以說斷除垢染的解脫純屬子虛烏有。

駁：實際上，垢染並不是心的自性，原因有三：其一、心的自性是光明而垢染是客塵；其二、斷除它的方法——了知無我存在；其三、它的因——我執一經去除，就像柴盡之火一般一去不復返。所以說，解脫合情合理。

癸二（遣智圓滿不合理之諍）分二：一、遣因修道不合理之諍；二、遣果遍知不合理之諍。

子一、遣因修道不合理之諍：

謂以跳水熔金喻，成立串習非容許。

觀待勤奮不穩固，復生起故不堪喻。

另有些外道聲稱：其一、無論怎樣串習跳躍，也無法跳到無邊際之處；其二、無論水如何沸騰也不可能變成火的自性；其三、無論金子如何熔化，但如果離開了外緣的火，就會再度凝固。通過以上三個比喻可以證明串習所證的意義不可能達到無量，不可能變成它的本性，不可能不退回原位。

駁：其一、跳躍要觀待當時的努力技能，一旦涎分等沉重的法窮盡，自身能力就會退回到原有的力量，而不可能接連不斷地增上。其二、水在燒開之後，所依不穩固而會乾涸。其三、金子本身固有再度形成堅硬的因。所以，你們的這三種事物並不能充當比喻，原因是，其一、慈心與智慧等屬於心法，可以連續不斷地增上；其二、慈心等的自性可以變遷；其三、當悟入法的實相時並不存在退轉的因。

子二、遣果遍知不合理之諍：

謂由修習空性悲，變成彼性雖可能，

然諸所知無有邊，建立遍知實困難。

主要之義不欺惑，乃是遍知如眾聚。

對方又聲稱：空性與悲心等雖然通過串習有可能變成心的性質，但由於一切所知永無止境的緣故，誰也不

因明論集

能了達，所以要建立遍知這一點實在困難。

駁：對這一問題的回答，包括以徹知一切必要之義來證實遍知的方式與以徹知一切所知之義來證實遍知的方式兩種。

其中，第一、追求解脫的主要意義——因果四諦的取捨無欺這一點以事勢理成立，而能宣說此道的取捨者就是遍知佛陀，因為只有遍知才能徹知一切必要之義的緣故，猶如眾人雲集與百藥聚合之說一樣。

了達一切必要義，諸智者稱一切智。

悉皆雲集而聽聞，黃牛雖無非過失。

為了明確開顯此義而說暫停偈：對於了達士夫一切必要之義者，諸位智者就稱之為遍知。比如說諸眾雲集而聽法，儘管當時黃牛並不在，但不存在所有聞法者尚未聚集的過失。

抑或憑藉比量者，成立彼為一切智。

第二、以徹知一切所知義來證實遍知的方式，或者，通過洞曉細微甚深的奧義比量推測成立徹知其餘一切所知相，因為何者對他眾講說，如果符合實際毫不相違，那麼它決定（遍）是現量通達所量，如同講述各自的對境一樣。《般若經》等中也說：「講者對他人宣講，符合事實、無有相違」與「何者以現見細微、困難可以確信，則見粗大、容易，如同見日光塵可以確信則可確定見瓶子一樣，遍知亦照見細微困難之四諦義。」

第九品 觀現量

暫停偈：

縱經劫間有所說，然於鏡內頓時現，

如是所知無止境，佛智剎那即徹知。

比如，縱然在劫數之間有可宣說，但是就像會在圓光的鏡中頓時顯現一樣，儘管所知無邊無際，然而佛陀的智慧一剎那便可徹知。

戊二（似現量）分二：一、法相；二、分類。

己一、法相：

所有錯亂之心識，即承許為似現量。

凡是錯亂之識就被承許為似現量。

己二、分類：

彼有分別無分別，無分別亦根與意，

分別有三說六種，為除邪念而分說。

似現量的分類，有分別錯亂識與無分別錯亂識兩種。無分別也有如夢境一樣的錯亂意識與如二月一樣的錯亂根識兩種。分別錯亂識分為三類，其一、具名所依分別錯亂識：如將不同時間、不同地點的所有樹木執為一個「總」的識。其二、增益他境分別錯亂識：如將花繩執為蛇的識。其三、具隱蔽分義分別念錯亂識。《集量論》中說：「錯亂世俗識，比量比量生，憶念現求識。」這其中所說的六種識正是為了遣除顛倒分別而由三類識中分開宣說的。其中錯亂識：諸如將陽焰執為水與將花繩執為蛇的識；世俗識：如執著黃牛「總」的分

別念；比量識：執著因本身的心；比量生識：執著有因所推測的心；憶念識：回憶過去事的識；現求識：希求未來事的識。從種類的角度而言，為了消除將根識誤解為有分別而宣說了前兩識，中間二識是從依靠因的角度出發的，也就是說，為了證實建立非根識的同品喻。最後二識是從不依賴因的側面而言的。實際上，世俗識就是具名所依分別識，錯亂識是增益他境分別識，後四識是由具隱蔽分義分別識中分出來的。

戊三（現量之果）分二：一、真說；二、旁述。

己一（真說）分三：一、陳述他說之不同觀點；二、安立合理之自宗；三、彼與四種宗派相對應。

庚一、陳述他說之不同觀點：

見與決定立量果，接觸證境許量果，

說彼差別差別法，有許根識為量果。

外道伺察派認為，觀外境而顯現外境的無分別識是量，隨後決定外境的本體與差別的分別念是果，他們這樣安立量與量果。吠陀派則承許：根遇到境與從中證知外境分別是量與果。勝論派則聲稱：執著外境的功德差別與證知差別法分別是量與果。有些聲聞部認為，根是安立境的量，由彼所生的識是果，他們是這樣承許量果的。這些派別將量果二者想成是能生（所生）的因果而安立的觀點均不合理。

庚二、安立合理之自宗：

所立能立之因果，承許此二為量果。

對此，我們自宗承許：有境量實施作用的基立為所量，能安立真實作用的境立為量，所立的結果立為果。因此，所安立的果與能安立的因這樣的因果本身就是量與果。

庚三、彼與四種宗派相對應：

彼者自證量果者，立識宗派多數同。

境證派依各自見，分別安立量果理。

自證是量果的觀點，是安立識的大多數有相派一致承許的，他們認為：自身是所量、生起領受是量、真正的自證名言是果。

所有境證派則根據各自觀點的不同而分別安立量果。其中，有部宗承許：色等遇到根而顯現的真實外境是所量、見境是量、證知外境的心是果，他們認為所量與量果二者是同一時間的不同實體。經部宗則主張，外境是所量，識具外境相而生起是量，分別對境的現量是果。他們認為所量與量果二者時間與本體各不相同。真相唯識宗承許，顯現所取的自證是所量，顯現緣取它的能取是量，真正的自證是果，他們認為所量與量果二者如同感受苦樂一樣時間與本體相同。假相唯識宗承許，顯現境的增益是所量，緣取它的識是量，假立自證的名言是果，他們認為所量與量果二者如同浮現毛髮等一樣是遮一的他體。它的自證是假立的理由：所取相是增益

而不是識自現。

已二（旁述）分二：一、境證派之觀點；二、自證派之觀點。

在闡述以上內容的同時，順便在這裡說明比量的量果，有以下兩種觀點。

庚一、境證派之觀點：

諸位智者承許說，火之自相為所量，

煙生遣餘識即量，證知彼者乃為果。

山背後的火的自相也就是可耽著的火是所量，執著煙生煙以因作為差別的遣餘識是量，證知對境自相是果，這是諸位智者一致承許的。

庚二、自證派之觀點：

現火習氣精藏中，生起現煙之習氣，

是故於士不欺惑，稱謂比量智者許。

按照有些唯識宗的觀點而言，果因是絕不容有的，如果山上有火，則成立外境，如果無火，則是錯亂因，如果現在沒有但以後會有，則是由因生果。

在普遍加以決定時，了然明現火甦醒的習氣精藏中生起顯現煙的習氣，如果這兩者成立因果關係的話，再度見到煙時，山後的習氣能夠復甦，由此推知並不欺惑人們，所以唯識宗也說它是比量，這是諸位智者異口同聲共許的。

量理寶藏論中，第九觀現量品釋終。

第九品 觀現量

第十品　觀自利比量

丁二（比量）分二：一、自利比量；二、他利比量。

戊一（自利比量）分二：一、法相；二、抉擇意義。

己一、法相：

比量有二其自利，由三相因知本義。

自利比量的法相，也就是由三相齊全的因而覺知所量的意義。

己二（抉擇意義）分二：一、通達之因；二、說明由因所證之所立。

庚一（通達之因）分二：一、認識因之觀待事；二、觀待彼因之分類。

辛一（認識因之觀待事）分三：一、第一相之觀待事宗法；二、同品遍異品遍之觀待事同品與違品；三、安立彼等為觀待事之理由。

壬一（第一相之觀待事宗法）分二：一、總體思維比量之語義；二、決定場合義之差別。

癸一（總體思維比量之語義）分二：一、認識比量之語言照了境；二、如何緣取之語言法相。

子一、認識比量之語言照了境：

宗法即法與有法，聚合宣說乃真名，

為持彼之一方故，任意一者用假名。

因明論典中所說的宗法或者所立的名言，要表達的對境就是所立法、欲知有法與聚合的意義。其中，表達所立法與欲知有法兼具運用的是真名；而為了掌握聚合意義的片面一方而使用單獨的法與有法任意一種假名。

子二（如何緣取之語言法相）分二：一、真名與假名之差別；二、思維實法與假法。

丑一、真名與假名之差別：

隨欲說依前命名，理解彼義即真名，

依彼個別之緣由，了達他法許假名。

不觀待其他必要與理由只是隨著想說的念頭而依靠以前命名的某一名稱來理解那一意義本身，就是真名。從依靠傳播給他眾的某一名稱的個別理由與必要中，由真名的所詮而了解、通達另外的意義，這種被承許是由其他名稱結合他法的假名。比如說，具有項峰、垂胡的黃牛，本是真名，而對於愚者來說就成了假名。

丑二（思維實法與假法）分二：一、思維兼義為實法；二、思維支分為假法。

寅一、思維兼義為實法：

聚義即是宗法名，諸智者前原本成。

關於聚義就是宗法的名言這一點，在包括外道在內的諸位智者前原本就成立。

寅二（思維支分為假法）分三：一、立名之緣由；

二、立名之必要；三、假法與實際不符。

卯一、立名之緣由：

立名觀待餘相似，以及相屬之理由。

對於命名來說，需要觀待相似、相關的其他理由，其中相似作為理由，例如，將黑色的芬芳鮮花命名為帶箭烏鴉。相關作為理由，包括四種，其一、果取因名，例如：日光說成太陽；其二、因取果名，例如將酒說成迷醉；其三、聚合的名稱而取在其中之一的事物上，例如，焚焦布匹的一方說成焚焦布匹；其四、其中之一的名稱取在聚合的事物上，例如，由根、境、作意聚合所產生的識，說成根識。

卯二（立名之必要）分二：一、法立名為所立之必要；二、有法立名為宗法之必要。

辰一、法立名為所立之必要：

法取所立之名稱，相違之因妄執真，

為遣如此邪分別，或就組合而命名。

對於孤立的法取上所立名稱的必要，有人認為對於相違的法來說，也有同品。正是為了斷除這種將相違因妄執為真因的邪分別，或者，也是在某些場合當中從詞語的搭配角度來命名的。

辰二（有法立名為宗法之必要）分二：一、真實必要；二、斷除與未命名相同之觀點。

巳一、真實必要：

若說有法具錯事，若遮諸邊延誤時，

若說真名失聲律，為輕易知故說宗。

如果說所謂的有法之法，那麼欲知法、同品喻與異品喻的三種有法當中，就不能確定第一欲知法，由於在同品喻與異品喻中存在著錯亂的現象。如果要說出所謂有法不是另外兩者的道理而否定一切邊的話，就會費很長時間的口舌。如果說所謂欲知有法之法的真名，那麼在「宗法有無同品」的場合中就會有失去詞語組合的過失。所以，為了用簡練的語句就能毫不錯謬、輕而易舉地了達意義，才稱為宗法的。

巳二、斷除與未命名相同之觀點：

謂宗有法皆等同。就共稱言有差別。

有些論師說：雖然詞句說起來倒是方便，但實際上並不能遮止顛倒妄念，原因是，宗法與有法二者同樣都有許多自己所涉及的方面，因此同等不能理解欲知法。

駁：這兩者完全不同，因為從盡人皆知的角度而有差別。

總結偈：

與法相屬宗法名，即所諍事如具手，

與法相屬有法名，不能確定如具首。

儘管單獨的宗法這一名詞所涉及的內容很多，但在這裡與法相關的宗法名詞要理解成是所諍事，比如，一說具手，並不牽涉凡是有手的事物而只會理解成大象。

雖然與所謂法的名詞息息相關，但是以有法的名詞並不能絕對確定所諍事，比如，所謂的「具首」涉及一切有頭的事物，而並不實用於大象等每個事物。因此，有著人們共稱的差別。

卯三、假法與實際不符：

法與有法非所立，彼等不具法相故。

法與有法各自並不是所立法，因為無有已證已違(54)而認定為所量才是所立的法相，這一法相對於法與有法每一者來說都不具備。如果無有已證已違的意義在心前憑藉正量已經證實，那麼再度證明也就沒有意義。對外境來說，倘若已經與正量相違，則即使建立也無法證明成立。

癸二、決定場合義之差別：

作衡量事欲知法，彼上成立即宗法。

作為衡量的事物就是欲知法，在某欲知法上，現量或比量的因成立，就是第一相宗法。

壬二（同品遍異品遍之觀待事同品與違品）分三：一、破他宗；二、立自宗；三、除諍論。

癸一（破他宗）分三：一、宣說對方觀點；二、破彼觀點；三、斷除遮破非理。

子一、宣說對方觀點：

---

(54)已證已違：心境中已經正量證成，事境中已與正量相違。前者不需再證，後者不能強證。

謂具不具所立法，乃是同品與異品。

思維二品直接違，復慮出現第三品，

有師不知量對境，分實反體而說明。

稱實體法一異體，反體依於自反體。

有些論師聲稱：具有與不具有所立法分別叫做同品與異品。他們認為，如果這兩品互不相違，那麼真因就無容身之地了，而覺得這兩者是直接相違，進而又擔心不是這兩者的第三品物體出現。

對於比量的對境是通過自相與義共相混合來緣取這一點不了解的某些論師將實體與反體分別開來，他們說：在建立依靠實體的法時，在實體上斷定兩品，這時對反體而言即使出現第三品物也沒有過失，因為當時並不在反體上進行破立的緣故。同樣，在建立依靠反體的法時，在反體上斷定兩品，而實體縱然出現第三品物也沒有過失，因為當時並不在實體上進行破立的緣故。他們還說：建立的方式也有三種，如果建立實體法，則有以所作建立無常一樣的一體以及以煙建立火一樣的異體兩種；如果建立反體，則只有一種，那就是像所作的自反體以三相齊全推理建立一樣依靠自反體來建立。

子二（破彼觀點）分三：一、斷定二品非理；二、分開實體反體建立非理；三、分別依於自反體建立非理。

丑一、斷定二品非理：

實體反體如何分，無法決定其二品，

二者所涉實反體，諸智者前見成立。

無論如何分開實體與反體，都無法確定同品與異品兩方面，因為這兩品所涉及的實體、反體在諸位智者觀點前成立的緣故。這樣一來，在建立山上有火而運用灰白色的實體作為因的時候〔論式：山上（有法），有火（立宗），有灰白色實體之故（因）〕灰白色的實體如果是同品，那麼氣體也成了有火；假設它是異品，則煙也成了沒有火。灰白色實體如果有兩品的可能性，顯然已失毀了斷定兩品的立宗。

再者，對於證明所作反體是建立無常的因來說，通常運用三相齊全作為因的時候，如果它是同品，那麼所有的三相齊全都成了建立無常的因；倘若它是異品，那麼建立無常的因也不可能成立三相齊全；假設它有兩種可能，顯然已失毀斷定二品的立宗。

丑二（分開實體反體建立非理）分四：一、若觀察則非理；二、太過分；三、與安立相違；四、非阿闍黎之意趣。

寅一、若觀察則非理：

若於外境行破立，量之對境不得知，

若於心前行破立，將成有無不定矣。

如果在外境單獨的自相上進行破立，就不能了知量的對境，因為在它上面僅僅破立的界限也不存在。假設

在心識前進行破立，就會導致決定有、決定無、模棱兩可三種情況。

寅二、太過分：

不許欲知為宗法，故觀待事初成無，

若不許初觀待事，宗法法相實難立。

初觀待事定二品，其餘二種觀待事，

決定有無同異遍，啟齒而說亦極難。

如果斷定兩相，那麼在中間，第一相的觀待事欲知法不是這兩者而是第三品物這一點對方也不承認，由此一來三個觀待事當中第一項欲知法就不復存在了，如果不承認第一觀待事，那麼在此所謂的宗法實在難以另外立為第一相的法相。假設承認第一觀待事定為同品與異品中任意一者，那麼決定其餘兩個觀待事的同品存在、異品不存在的同品遍與異品遍也極難說出，這也是由於同品對境欲知法另行不存在的緣故，因為在真因的場合中所諍事也是同品；在相違因的場合中所諍事也是異品。

宗法二品若一體，亦以反體而區分，

諸因皆墮真違中，不定之因豈可能？

另外，如果認為：對於宗法與二品是一體而言，從因成立的角度來說也是宗法，從具有所立的角度來說也是同品；如果認為異品也是憑藉不同反體來辨別的話，那麼所有因就只會落到相違與真因兩種當中，而所謂的

不定因又豈能有立足之地？絕不可能有。對此，有些書籍中有多餘的一句「聚義同品……」，這也是將注釋中對方的觀點遺失到頌詞中的，因此不包括在內。

寅三、與安立相違：

若許所知定二品，觀待事三誠相違。

若許觀待事亦二，觀待彼因成二相。

對方承認所知決定有兩品、因有三種觀待事的觀點是矛盾的。實際上，如果承認觀待事也有兩種，那觀待它的因也就無需證實宗法，而成了只具備兩相。

寅四、非阿闍黎之意趣：

決定同品異品二，此阿闍黎不承許。

若隨實體與反體，各自分開毀名言。

無論是任何所知，通過一次論式來決定同品與異品這一點，法稱論師並不承認，因為《定量論》中明明說：「如是相之名詞即是宗法，而並非同品與異品任意一者，經過觀察（指同品異品二者）與一法分開決定（指宗法）相違之故。」可見，如果跟隨實體反體各自分開的觀點，則由於外境自相不是分別識的對境、分別識的對境單單以遣餘不可得到的緣故，將失毀一切世間的名言。

丑三、分別依於自反體建立非理：

依自反體而建立，觀察此理無實質。

如果對依賴自反體來建立的這種方式加以觀察，則

因明論集

沒有實質性可言，因為這種建立方式要麼是依賴無二無別的本體，要麼各不相同的他體，要麼是依於非一非異。前兩種是自性因和果因，無論是這兩種中的哪一種，都是以實體反體混合來建立的，否則，以單獨的反體不可能實現任何破立。

子三、斷除遮破非理：

謂若二品非直違，一切破立皆失毀。

破立非由二品為，定量相違相屬證。

依因所立相屬力，決定有無隨存滅。

辯方說：假設同品與異品不是直接相違，那麼由遮破所破來證成所立、由所立成立來遮破所破的立論將土崩瓦解。

駁：破立的要點並不是由二品來作的，不管對於任何法，都是通過決定量的相違、相屬來證明的，原因是，借著因與所立相屬由量來決定的力量才能證成所立與因定有、定無而隨存隨滅。

癸二（立自宗）分三：一、分析同品異品；二、認識因之破立對境；三、遣餘破立之詳細分類。

子一（分析同品異品）分三：一、法相；二、認識相同對境；三、遣除諍論。

丑一、法相：

宗以所立之總法，相同不同及二品。

自宗認為：所觀待的同品遍與異品遍是這樣的，借

助因與所立相屬的力量，「無常」的所立隨著所作的因而存在，這是同品遍；所立反過來而使因也與前相反，這是異品遍。由此可知，宗法（欲知法）與對境相同與否是以所立的總體來確定的，這分別是同品與異品的法相。比如，凡是聲音，均是無常，所作之故，猶如瓶子（聲音與瓶子相同點是以無常來確立的）；（常有之法，皆非所作性故，）猶如虛空（聲音與虛空不同也是以無常來確立的）。

丑二、認識相同對境：

相同對境之宗法，假立遣餘非二者。

相同對境的宗法也是假立欲知法的遣餘，而並不是欲知法自相與二者聚義的真正宗法。

丑三、遣除諍論：

於此無有他說過，論典意趣亦僅此。

關於這一點，對方說：如果按照你們的觀點，那麼真實的所諍事就成了違品，因為自己充當自己的同法絕不會有。

駁：根本不會招致這種過失，因為所諍事與其同品喻相同的緣故。（陳那、法稱）兩位論師論典的意趣，也唯有我（薩迦班智達）才講得恰如其分，這一點以理成立。

子二、認識因之破立對境：

所謂實體即有實，遣餘之外無反體，

是故實體與反體，誤為一體行破立。

實體並不是有實法以外的事物，除了遣餘以外所謂的反體也一無所有，因此將外境自相的有實法實體與浮現在分別念前的反體這兩者誤為一體而進行破立。

子三、遣餘破立之詳細分類：

依於有實無實法，以三名義立二法。

存在之有實法的近取者「瓶子」等，本不存在而作為運用無實法名言之所依的「兔角」等等，非有非無而以遣餘可以增益「所知」等，依靠這三種而以三種名稱、三種意義在對境上證成義理與證成名言二法。

癸三（除諍論）分二：一、遣除觀察二方則不合理之諍；二、遣除觀察因與所立則不合理之諍。

子一、遣除觀察二方則不合理之諍：

謂煙因中灰白物，三相之因總所知，

觀察同品異品攝，則已失毀量安立。

煙及三相二遣餘，與灰白色及所知，

自相緊密相聯繫，反體聯二故合理。

辯方提出：如果按照你們所說實體反體不相分開來建立，那麼對於在由因證成「山上有火」中灰白色的實體與由三相齊全的因證成所作反體因時所知總反體或三相齊全的總反體包括在同品還是異品當中進行分析，結果不可確定，如此一來將失毀你們關於量的安立。

駁：並沒有這種過失，原因是，煙和三相的這兩種

不共遣餘分別與灰白色和所知二者的自相息息相關，因此不會成為第三品物體。而且，由於灰白色和總所知的總反體也分別與同品、異品密切關聯的緣故，在心前安立第三品物也是合理的。也就是說，煙的灰白色是同品，非煙氣體的灰白色是異品，二者不相分割的灰白色的遣餘是二者的法。

子二（遣除觀察因與所立則不合理之諍）分二：一、宣說辯論及其他回答不合理；二、自宗之答覆。

丑一、宣說辯論及其他回答不合理⑤：

遣破法因之二品，四種辯論他答錯。

關於這一道理，藏地因明前派的個別論師說：因如果在所立有法之外，那麼，「空性是無遮，遮破所破以後不引他法之故」中的這個因就成了自身所立無遮名言以外的法，因為無遮名言是所破法的緣故，如果這樣承認，宗法就無法成立，並且因也成了不存在同品遍，原因是，因不能應用在所立有法上。如果因是所破法以外的法，那麼「無遮的名言應成不是無遮，遮破所破以後引出他法之故」中的因就成了自己的有法以外的法，因為作為名言設施處的有法是無遮的緣故，如果承認這一點，那麼宗法就不得成立，原因是，因在有法上不成立。

---

⑤此處注釋中他宗第四辯論及其他回答混在自宗的答覆當中，翻譯時按照自釋而加以調整，而且本釋中自宗答覆裡後面的一句話「假設無遮的名言是非遮，那麼破立都成了一體，如果這樣承認的話，最終有實無實也都變成了一體」與他宗第三辯論的後面重複，所以沒有加上。

對於這種辯論，某些論師回答說：因雖然在所立有法⑤以外，但不會導致無有同品遍的結局，原因是，遮破所破以後不引出他法的這一因儘管不涉及無遮的名言，但卻應用在無遮的本體上。

這種回答也不妥當，因為如果本體無二無別而應用的話，名言也成了無遮本身，就算是互為他體而涉及，但自性因的同品遍不成立。

第二辯論：對方辯道：因如果否定所破的有法，那麼前面遮破所破以後不引出他法的那個因就遮破自己的所立而成了破法的違品；假設因遮破所破的法，那麼前面遮破所破以後引出他法的那個因由於遮破自己的有法而成了破有法的違品。

按照前面那樣回答也只不過沒有懂得無實遣餘罷了。

第三辯論：對方辯道：在「空性是無遮，無有所立法之故」的論證過程中，所立的法——無遮的名言如果是同品，那麼它也同樣成了拋棄所立法的法，假設是異品，那麼因就成了不能應用在它上面。如果這樣承認，就成了不存在同品遍。

對此辯論，有些論師回答說：無遮的名言是異品，這樣一來雖然因不能在它上應用，但不會成為無有同品

---

⑤所立有法：本釋藏文原文是所破法，根據上下文理當是所立有法，懷疑是錯字。

遍，因為那個因應用在無遮的本體上。

這種答辯也是沒有理解無遮遣餘而已。

以上三種辯論的對方實際上均是將無遮的名言認為是非遮而辯論的，以上的所有答覆也同樣承認這一點而予以回答的，因此無有實質性可言。假設無遮的名言是非遮，那麼破立都成了一體，如果這樣承認的話，最終有實無實也都變成了一體。

第四辯論：對方辯道：在「所作，是建立聲為無常的因，三相齊全之故」的論式中，三相齊全的總反體如果是同品，那麼所有的三相齊全都成了能夠建立聲音是無常；假設它是異品，此處的推理也成了三相不全。

對此辯論，有些論師回答說：單單以所作因建立名言的時候，三相齊全是同品，而在建立聲音是無常的時候，它就是異品。這樣分開場合來答覆其實也只是沒有懂得三相的總反體浮現在心識前可以涉及三方面的道理。

丑二、自宗之答覆：

無遮名言即無遮，總反三品故合理。

無遮的名言並不是除了無遮以外的他法，由於因排除在所破法以外，並且因遮破所破法，為此完全可以避開上述所羅列的這些過失。自宗認為，總反體在心識前是非二品的第三品物體，所以這些因合情合理。

壬三、安立彼等為觀待事之理由：

凡是安立為因者，悉皆依賴三種事，

真實任一事不齊，然識前許觀待事。

凡是安立為因全部是依靠三種觀待事，就算是實際中任意一種觀待事不齊全但是承許在心識前觀待三種觀待事。

為了能明了上述的所有意義而說總結偈：

於依遣餘行破立，分開實體及反體，

二品辯過無妨害，精通量之對境故。

對於通過遣餘進行破立的這一觀點來說，分開實體、反體分析包含在同品異品中而認為不合理的辯論過失不會有妨害，因為精通量的對境顯現與假立混合在一起這種遣餘的道理。

辛二（觀待彼因之分類）分三：一、真因；二、相似因；三、彼等因之定數。

壬一（真因）分三：一、法相；二、事相；三、名相之分類。

癸一（法相）分二：一、認清法相；二、彼成為法相之理。

子一（認清法相）分三：一、破他宗；二、立自宗；三、除諍論。

丑一、破他宗：

一相直至六相間，相似安立許他錯。

外道扭戒吉（器主派）聲稱：真因的法相就是所謂

第十品　觀自利比量

340

其他不合理這一相。

藏地有些論師說：真因的法相有宗法與同品遍或者宗法與異品遍兩相。

吠陀派主張說：欲知法上存在是前法，同品上存在是餘法，異品上不存在是總未見，以現量及教證二者無有妨害是無相違，共有四相。

有些論師說：三相加上各自決定和無有妨害的有境，共有五相。

還有些論師說：在三相的基礎上，再加上排除有害所立的因——無害的有境、排除無誤相違——欲說法、以心決定三相，共有六相。

從一相到六相之間的相似安立方式，除了三相以外承許其他觀點都是錯誤的，原因是，如果三相不全，就無法推出所立，為此不能成為真因；假設三相齊全，其餘所有法相就沒有意義了。關於如此直接有害所立按照下文中所論述的那樣，有量相違，這是通過宗法成立來排除的，對於三相以量成立來說，無誤、相違也不可能存在，因為在宗法成立的事上，如果所立不存在，就不會有無誤，如果存在，也不可能與之相違。

丑二、立自宗：

宗法成立相屬定，即因無誤之法相。

在此，宗法成立與關聯確定即是因的無誤法相。這裡「宗法成立……」一句，也是注釋遺落在本頌中的。

因明論集

丑三、除諍論：

二相及以同品遍，引出異品二過無。

有些論師說：宗法成立與關聯確定就成了只有兩相。

駁：如果沒有能在同品上建立、在異品上遮破的二量，關聯就不得成立，如果關聯成立，同品遍與異品遍才得以立足，因此無有過失。

對方又辯道：一般同品遍是錯亂的，而作為特殊同品遍也已經包含了異品遍。所以，如果承認要依靠同品遍來引出異品遍，那顯然不合理。

駁：如果存在，才是有的同品遍，如果反過來異品遍也無錯誤，因此無有相違。可見我們的觀點並不存在上述的兩種過失。

子二、彼成為法相之理：

可定非因懷疑故。決定是因能了故。

於此無有他說過。

如果對方問：真因到底是三相已經決定還是僅僅可以決定？

如果僅僅可以決定，那就不是真因，因為仍舊存在懷疑的緣故，已經決定才是真因，因為依靠它能了解所立。對此方式，並不會招致其他論師所陳述的「在三相沒有決定之前不是因，對它生起執著為因的心應成將非因執為因」的這種過失，因為我們承認所安立為因的本

第十品　觀自利比量

體是由煙與所作等中生起執著為因的心，而並不認為是
由因的法相三相決定中生起的，這是由於承認執著因的
心是執著差別事的心，決定三相是執著差別法的心。

癸二（事相）分二：一、破他宗不合理之部分；
二、安立離諍之自宗。

子一、破他宗不合理之部分：

有者承許所諍事，所差別法因事相。

非有否定依諍事，而是我等無諍議。

別有否定無同遍，所立之法與其同。

有些論師認為，所諍事作為所差別法，「山上的
煙」與「聲音的所作」是因的事相。如果某因在欲知法
上單單的非有否定是以所諍事的聲音而作為因，那麼我
們雙方沒有什麼可辯論的，因為我們也承認這一點。假
設是所諍事以外的別有否定，那麼此因在同品喻上不存
在同品遍，結果就無法避免成為不共不定因。所立法火
與無常等也與之相同，如果在所諍事上是非有否定就合
理；倘若是別有否定則不合理。

子二、安立離諍之自宗：

因之事相即遣餘，於此無有他過失。

我們自宗認為：因的事相就是遣餘，也就是將不區
分時間地點的煙、所作等的總反體與所安立的因耽著為
一體。對此，不會招致他宗所說的「因之共相不可能存
在」的過失，儘管實體的共相不存在，但遣餘的共相是

因
明
論
集

存在的，因而絕不相違。

癸三（名相之分類）分三：一、如何辨別之理；
二、決定分類之自性；三、破於此等相屬顛倒分別。

子一（如何辨別之理）分二：一、安立分類之其他
異門；二、認清此處所說。

丑一、安立分類之其他異門：

具此法相之此因，分門別類成多種。

如果對於具足此法相的因加以分析，由於分門別類
各不相同而導致有多種多樣的分類，從所安立因的角
度，分為安立無遮因與安立非遮因兩種；從所立法的角
度分為建立無遮因與建立非遮因兩種；從相屬的角度，
分為同體相屬因與彼生相屬因兩種；從建立方式的角度
分為證成義理因與證成名言因兩種；從能立的角度分為
共稱因⑤與事勢理因兩種。

丑二、認清此處所說：

具德法稱阿闍黎，由論式言定三類。

法稱論師在《釋量論》與《定量論》中從論式的角
度而確定有三種因，一切所破因⑤可包括在可見不可得因
當中，因為在一個比喻上面可以抉擇，所以歸屬在一因
之中；一切所立因在一個比喻上面無法抉擇，因此分為

第十品　觀自利比量

⑤共稱因：三種真因之一。也有譯極成因，即以世間共同承許之理由，作為
此宗依即是所立法之能立因。如云：「懷兔可以說名為月，以於思維境中承
許有彼之故。」此除是名言、思維所立，世間共許之外，別無其他理由。
⑤所破因：某一能立因所立之事物，是應當破除者，此能立因，名所破因。
如彼成立全無可得之因。

自性因與果因兩種。總共有這三類因。

子二（決定分類之自性）分三：一、不可得因；二、自性因；三、果因。

丑一（不可得因）分三：一、法相；二、分類；三、決定所破因相屬之方式。

寅一、法相：

遮破所破具三相。

不可得因的法相即是遮破所破具足三相。

寅二（分類）分二：一、雖遮破存在然不能建立決定不存在之不現不可得因；二、建立決定無有之相違可得因。

卯一、雖遮破存在然不能建立決定不存在之不現不可得因：

體不可得有四類。

本體不可得包括自性不可得、因不可得、能遍不可得與果不可得四種分類，下面依次舉例來說明：一、自性不可得：不具備大腹形象的泥團上不存在瓶子，因為，如果存在瓶子，則可以見到，然而有瓶子以量不可得；二、因不可得：冒青色物的湖上沒有煙，因為無火之故；三、能遍不可得：無有縫隙的石板上面不存在柏

因
明
論
集

---

⑤不現不可得因：真不可得因之一。所破依處可現為有，而無可以作為破之屬性，或於所諍事中，雖不能證成所破屬性之定無，而於破除其定有則三相具備。如云：「在正前方，不能見鬼者不當立宗說是有鬼，以依正量不得確定鬼物之真實定見故。」

樹，無樹之故；四、果不可得：遠離障緣的虛空底下沒有親因⑩的火，因為沒有親果㉑的煙之故。

卯二（建立決定無有之相違可得因）分二：一、不並存相違可得；二、互絕相違可得。

相違可得分二種。

相違可得因有兩種，即是不並存相違可得與互絕相違可得。

辰一（不並存相違可得）分二：一、破他宗不合理之部分；二、安立合理之自宗。

巳一、破他宗不合理之部分：

四類熱觸滅冷觸，故說論式十六種。

功能無阻非為火，無相續故非能滅。

雖然他宗說：冷觸、冷觸之因功能無阻、寒冷之後果汗毛直豎、寒冷之所遍霜觸四者如果依靠火而滅，那麼就有四種相違自性可得；如果以檀香火而滅，則有四種相違所遍可得；如果以煙而滅，則有四種相違果可得；如果以火因——功德無阻而滅，則有四種相違因可得，總共定數有十六種論式。然而，其中的功能無阻：由於在第二剎那決定生火的是木柴而不是火，而且安立功能無阻是指剎那的反體而沒有相續，所以它並不能滅

第十品 觀自利比量

---

⑩親因：直接因，能生因之一，直接生起自果，謂與自己所生後果之間，無需經過其他事物者。

㉑親果：直接果，由因直接生起之果。此因與其自果之間，別無他因間隔而直接生起之果法，如事物之第二剎那，是其第一、剎那之親果。

盡冷觸。

巳二、安立合理之自宗：

論中雖說多安立，能滅即是前十二。

儘管所有因明論典中宣說了多種安立，但是可以包括在除了功能無阻以外前十二種能滅當中。

其中，四種相違自性可得是指，自性相違自性可得、因相違自性可得、果相違自性可得、能遍相違自性可得。按順序：其一、自性相違自性可得：在有決定到量之火力的東方，無有冷觸，因為有決定到量的火力之故。其二、因相違自性可得：在有決定到量之火力的東方，無有寒冷之後果汗毛直豎，因為有決定到量的火力之故。其三、果相違自性可得：在有決定到量之火力的東方，無有冷觸之因，因為有決定到量的火力之故。其四、能遍相違自性可得：在有決定到量之火力的東方，無有霜觸，因為有決定到量的火力之故。

四種相違果可得：是指自性相違果可得、因相違果可得、果相違果可得、能遍相違果可得。論式：其一、自性相違果可得：濃煙噴起四處彌漫的東方，無有冷觸，因為濃煙噴起四處彌漫之故。其二、因相違果可得：濃煙噴起四處彌漫的東方，無有寒冷後果汗毛直豎，因為濃煙噴起四處彌漫之故。其三、果相違果可得：濃煙噴起四處彌漫的東方，無有冷觸之因，因為濃煙噴起四處彌漫之故。其四、能遍相違果可得：濃煙噴

因明論集

起四處彌漫的東方無有霜觸，因為濃煙噴起四處彌漫之故。

四種相違所遍可得，是指自性相違所遍可得、因相違所遍可得、果相違所遍可得、能遍相違所遍可得。其一、自性相違所遍可得：在檀香火以量可得的東方，無有冷觸，因為檀香火以量可得之故。其二、因相違所遍可得：在檀香火以量可得的東方，無有寒冷後果汗毛直豎，因為檀香火以量可得之故。其三、果相違所遍可得：在檀香火以量可得的東方，無有冷觸之因，因為檀香火以量可得之故。其四、能遍相違所遍可得：在檀香火以量可得的東方，無有霜觸，因為檀香火以量可得之故。

假設對方說：由於以檀香火作為差別法的緣故，可以包括在相違自性可得因當中，所以四種相違所遍可得皆無有必要。

駁：沒有這種過失，因為檀香火是火，所以足能滅盡冷觸，並且與總火他體可以在心裡浮現。如果不是這樣，那麼破除黑暗用酥油燈、遮破無常用勤作所發等等，論典中所羅列的所有別法將一概泯滅，因為這些的總法歸根到底是光明與所作等之故。

還有人說：檀香煙遮破四類冷觸而運用自性相違所遍果可得等四種因，是合理的。

駁：絕不合理，濃煙噴起能滅盡冷觸，是從未見到

火只見到煙的角度而言的，檀香火尚未決定而檀香煙已決定下來的情況是不會有的，並且檀香火決定下來的當時理當以檀香火作為因，而不該用它的煙作為因。

辰二、互絕相違可得：

真實互絕之相違，因與立宗無論式，

然而彼所差別法，能遍相違可得因。

互絕相違，對於有實法來說，諸如常與無常一樣，如果肯定一方，就已經否定另一方。儘管因與立宗二者不存在論式，但它的所差別法可得就是能遍相違可得。比如，聲音無有常法，所作故。對此，所破常法決定是非所作，與之相違的所作可得就稱為能遍相違可得。

以量有害之相違，亦屬能遍相違得。

以量有害的相違，例如，樹並不是壞滅不壞滅不一定，因為它壞滅並不觀待其他因的緣故，這種不定的對立面——決定的所遍立為無觀待因，而遮破不定，這也包括在能遍相違可得當中，另外無有。

寅三（決定所破因相屬之方式）分二：一、說他宗錯誤觀點；二、立無誤自宗觀點。

卯一、說他宗錯誤觀點：

實法相屬已遮破，謂不並存聚生錯。

承許有實法上存在相屬的觀點前面已經遮破完畢。有些論師聲稱：不並存相違，在對立的具力等四種都不存在的情況下產生。

因明論集

這種說法是錯誤的，因為對立的因火雖然已經消失，但不冷不熱的所觸有可能存在。

卯二、立無誤自宗觀點：

相屬境反屬法反，故反相屬心前成。

本性可得是指相屬對境反過來，相屬法本身隨之倒轉這一點以量決定。因此，反相屬在分別心前成立，而外境相屬不存在。因不可得與果不可得是反彼生相屬；自性不可得、能遍不可得、互絕相違均是反同體相屬。相違可得是指，如果對立法成立，則以有害另一方來遮破，所以無需觀察反相屬⑫。

丑二（自性因）分二：一、真實宣說；二、遣除過失。

寅一、真實宣說：

證成其是具三相，本體無別自性因，

彼之同分攝其中。

證成其是、具足三相就是自性因的法相。因此，具備此法相而與所立法本體無二無別證成的一切正理均是自性因。

自性因有兩種分類，其一、淨盡差別自性因：比如，瓶子是無常，存在故；其二、觀待差別自性因：例如，它的因運用所作。這兩者安立為淨盡差別因與觀待

---

⑫反相屬：與相屬逆反，比如，從因可得推果可得是彼生相屬，由果不可得推出因不可得即是反彼生相屬。

差別因的理由是，一說「存在」，則不觀待因緣也會認為存在；一說「所作」就會觀待分析「以何因緣而作」。它的同分外道所承許的因緣齊全估計可生果以及煙因——功能無阻證成無常之煙等其他因也歸屬在此範疇內。

寅二、遣除過失：

　　　　一故不染他體過。

對方說：依靠煙因——功能無阻證成無常的煙，不能作為自性因，因為實體不同之故。

駁：這兩者雖然實體不同，但由於因安立為功能無阻觀待現見正在冒煙，實際上正在冒煙與無常的煙二者是同體，因此不會染上成為他體的過失。當然，如果從因本身來考慮，由於是他體，所以不是自性因。

丑三（果因）分二：一、真實宣說；二、遣除諍論。

寅一、真實宣說：

證成其有具三相，彼生相屬即果因。

彼之同分攝其內。

能證成有所需三相齊全就是果因的法相。因此，凡是具足這一法相立為彼生相屬的均是果因。它有三種分類：其一、因反體證果因：比如，具煙的山上有火，有煙之故。其二、先因證成果因：諸如，空中煙霧繚繞，是由自因先前的火所致，因為是煙之故。其三、因法推

因明論集

知果因：晚上林中失火的山上有煙，因為林中失火之故。外道所承認的由水鳥之因推測水等所有同分的其他因都可以包括在果因的範疇內。

寅二、遣除諍論：

立異體故無過失。

對方辯論道：諸如，通過瓶子的語言使分別念浮現出瓶子的共相，這不能作為果因，因為從無實法的共相中不能生出有實法的語言。

駁：無實法與有實法既不成立一本體也不成立異本體，但是依靠遣餘的緣取方式能夠建立他體，由此便可擺脫過失，因為浮現共相的欲說法作為近取因，舌、齶等的作用充當俱生緣，從而形成語言。

子三（破於此等相屬顛倒分別）分二：一、說對方觀點；二、破彼觀點。

丑一、說對方觀點：

有謂相屬分九類，能知相屬有四種。

有些論師說：一般而言，相屬共有九類：相屬法有「煙子」之類的真實相屬法、「冒出藍煙」之類的彼之能差別法與「聞煙味」之類的彼之所差別法三種；相屬境也有「火」一樣的真實相屬境、「通紅的火」一樣的彼之能差別法與「火焚事物」一樣的彼之所差別法三種。每一個相屬境對應三種相屬法（，共有九種相屬）。

第
十
品

觀
自
利
比
量

其中，真實相屬境與兩種所差別法（即相屬境所差別法與相屬法所差別法）相屬能引證，而與能差別法相屬不能引證，因為能差別法如果存在，那麼所差別法存在也已決定。真實相屬法與兩種能差別法相屬能引證，而與所差別法相屬不能引證，因為通過在所差別法上周遍不能證實在能差別法上周遍。所以，能了知的相屬有四種。並且認為，認清能差別法與所差別法，也是像手杖與持杖者一樣有一個反體與兩個反體。

丑二、破彼觀點：

於此安立相違背，非符論典之意趣。

先因的能差別法火與煙可以代表彼生相屬這一點你們自己也承認，因此它與此處相屬境的能差別法不能相屬等安立顯然相違，原因是，如果與相屬境的能差別法有關聯也不代表相屬，那麼與先因的能差別法關聯也成了不代表相屬。倘若承認這一點，就成了以空中煙的理由（因）無法證成先前火的自因。如果與相屬法的所差別法有關聯不代表相屬，那麼煙霧彌漫在何地也不能證明火了，假設承認這一點，則火與煙就成了不是因果。所以，由煙的因中推測相屬境的所差別法火的顏色等包含在因法推知果因之中，為此這樣進行安立就無有意義了，因為不合乎因明論典的意趣。

我們自宗除了同體相屬與彼生相屬以外不承認其他相屬。為了使此義淺顯易懂而說總結偈：

因明論集

憑藉能所之差別，相屬不知所立法，

唯依彼體或他義，相屬之力方了知。

不管觀點如何，依靠能所差別的相屬力量都不能明確所立，只不過是憑藉真實相屬境的本體，也就是依靠同體或者他義因果彼生相屬的力量而證知罷了。

壬二（相似因）分二：一、法相；二、分類。

癸一、法相：

某因三相不成立。

安立為因者，三相不全而不成立就是似因的法相。

癸二（分類）分三：一、不成因；二、不定因；三、相違因。

子一（不成因）分二：一、法相；二、分類。

丑一、法相：

宗法因無不成因。

在宗法上，所運用的因不存在、不成立，就是不成因的法相。

丑二（分類）分三：一、外境不成因；二、心前不成因；三、觀待論者不成因。

寅一、外境不成因：

外境不成因分為六種：

其一、因體性不成，如云：「此一士夫有我，以其具備自我之性能故。」

其二、有法體性不成，如云：「勝義聲是常有，以

非所作性故。」

其三、依因相屬不成，如云：「聲是無常，以是眼之所見故。」

其四、因一分有法不成，如云：「顯現二月的根識是現量，以是無分別、不錯亂故。」此中，顯現二月者，無分別這一分雖然可以成立，但不錯亂這一分不能成立，因此因的一分在有法上不容有。

其五、有法一分因不成，如云：「聲是無常，是勤作所發故。」勤作所發，在聲音的一分如水聲上不成立，因而有法的一分在因上不可能有。

其六、反體同一不成，包括三種，一、依因同一不成，如云：「聲是無常，是聲之故。」二、依法同一不成，如云：「聲是聲，非作性故。」三、法因同一不成，如云：「聲是無常，是無常故。」

寅二、心前不成因：

心前不成因分為三種：

其一、有法猶豫不成，例如，對於不能親見鬼者說：「此處之鬼所擁有的瓶子是無常，所作性故。」

其二、因猶豫不成，例如，對於未能確定是煙是汽者立論說：「帶有灰白色物的山上有火，因為有煙之故。」

其三、依因相屬猶豫不成，例如，對於未能確定孔雀聲是從三個山谷中的哪一個谷中發出者立論說：「三

個山谷中間的谷中有孔雀，因為有孔雀聲發出故。」

寅三、觀待論者不成因：

觀待論者不成分二：

其一、觀待立論者不成，例如，對於數論師立論說：「意及安樂，均是無心，因為有生滅故」，但對於數論師來說，只承認它是明顯、是隱蔽⑥⑤，而不承認它有生滅，是故此因不能成立。

其二、觀待敵論者不成，例如，離繫師（裸體派師）對佛教徒立論說：「樹是有情，因為剝皮即死亡故。」但對於佛教徒來說，只承認樹皮剝掉它會乾枯，而不承認是死，所以此因不能成立。

總結上述分類的意義：

宗法外境或心前，即是不住不成立，

論者一或雙方前，不能成立分析說。

宗法不成的道理，就是指在外境中不成立，或者在外境中成立但在心境中不住不成，其中從心前不成宗派的角度而言，也有在論者一方或者論者雙方面前不成立等多種類別，要分析而加以說明。

子二（不定因）分二：一、法相；二、分類。

丑一、法相：

不定生起猶豫因。

不定因是指宗法雖然成立，但會產生猶豫的因。

丑二（分類）分二：一、不共不定因；二、共同不定因。

寅一、不共不定因：

非宗法外不成立，不共不定有四類。

不單單是宗法欲知法，而在同品與異品上均不成立，故稱不共不定因。它有四種分類：

其一、因於同異二品中無而不見，例如，「聲是無常，是所聞故。」

其二、於二品有而不見，例如「此人是從天降生，因為其有眼故。」

其三、於同品有而不見，對於承認吠陀聲常有的諸位吠陀師立論說：「聲是無常，所作性故，如吠陀聲。」

其四、於異品有而不見，例如，在吠陀師前立論說：「虛空常有，非所作性故，如吠陀之聲。」

寅二（共同不定因）分二：一、正不定因；二、有餘不定因。

異於宗法俱涉共，分類正餘不定因。

除宗法欲知法以外，既涉及同品又涉及異品的因，就是共同不定因。它分為正不定因及仍有懷疑的有餘不定因兩種。

卯一、正不定因：

見於二品不斷異。

因明論集

以心也可以見到其並存於同品與異品之中，隨之如果認定一品，則不能斷除是另一品。正不定因有四種分類：

其一、同品異品俱遍。例如：聲音是無常，是所量故。

其二、同品遍、異品遍不遍。例如：聲音是勤作所發，是無常性故。

其三、異品遍、同品遍不遍。例如：聲音是非勤作所發，是無常性故。

其四、同品異品俱遍不遍。在承許四大之微塵常有並是有所觸者之同體的勝論外道面前立論說：聲音是常有，非所觸性故。它是同品異品遍不遍的理由為：同品中涉及虛空，不涉及微塵，異品中涉及電，不涉及瓶子。

卯二（有餘不定因）分二：一、真正有餘不定因；二、相違有餘不定因。

辰一、真正有餘不定因：

真正有餘見同品，而於異品未現見。

真正有餘不定因是指在同品中見其有，在異品中雖然沒有見到，但並未確定它在異品中無有，比如，此人不是遍知，因為他能發言之故。

辰二、相違有餘不定因：

異品中見於同品，未見相違之有餘。

相違有餘不定因，是指在異品中見其有，在同品中雖然沒有見到，但並未確定它在同品中不存在⑥，這是相違有餘不定因，比如，此人是全知，因為他能發言故。

子三（相違因）分二、一、法相；二、分類。

丑一、法相：

因成遍反即相違。

因在宗法上成立，而與所立決定相反者，即是相違因。

丑二（分類）分三：一、依事物而分；二、依所欲說者而分；三、宣說承許其餘分類不合理。

寅一（依事物而分）分二：一、依相屬而分為二類；二、觀待論式而分為三類。

卯一（依相屬而分為二類）分二：一、歸為兩類之理；二、抉擇果相違因。

辰一、歸為兩類之理：

不得自性因中攝，是故相違有二類。

由於所有不可得因可以歸屬在同體相屬當中，因此它的相違也可歸屬在自性相違因之中，為此相違包含兩類，如果建立聲常有，運用所作性〔論式：聲音（有法）是常有（立宗），所作性故（因）〕，就是自性相違因；如果運用由勤作所發的理由，則是果相違因〔論式：聲音（有法），是常有（立宗），勤作所發故（因）〕。

辰二、抉擇果相違因：

剛剛勤生無常果。恆常不變故相違。

無常變故不同此，如是無變亦非理。

有些外道聲稱：由勤作所發證成聲為常有並不是果相違因，理由是，勤作所發是聲音常有的果。

駁：這種說法不合理，因為剛剛勤作所產生的耳識是聲音無常的果，這是由於沒有成為恆常的情況，因而相違果剛剛勤作而有產生的緣故。

假設對方認為：聲音雖然是常有，但以能立所遮障故。

事實並非如此，因為常有並不涉及外緣來造作。

對方說：那麼，你們難道不承認瓶子等有遮障時見不到、沒有遮障時才能見到嗎？

答：由於我們承許瓶子等是變化無常的，因而依緣可以轉變，顯然與你們的這種觀點完全不同。

對方說：那麼，我們也這樣承認。

駁：你們承認這樣依緣轉變而沒有變化是不合理的，因為如果外緣可作利害，那麼就成了無常。

卯二、觀待論式而分為三類：

不可得因立為三，反之相違亦成三。

在真因當中，分為三種不可得因，如此一來，與之相反也就是相違，因此相違也有三種。舉例說明，在前面的兩者上面，無有大腹形象的泥團上存在瓶子，不現

之故。

寅二（依所欲說者而分）分三：一、陳述他宗觀
點；二、宣說自宗之合理性；三、遣除於彼之辯論。

卯一、陳述他宗觀點：

有謂以法及有法，差別而有四相違。

個別論師說：遮破法的本體與差別、遮破有法的本
體與差別，共有四種相違的類別。具體以舉例來說明：
一、遮破法的本體，如云：「聲音是常有，是所作性
故。」二、遮破法的差別，如云：「聲音不是勤作所
發，是所作性故。」三、遮破有法的本體，如云：「有
實法的虛空常有，非所作性故。」四、遮破有法的差
別，如云：「聲音是無常，非勤作所發故。」

這些都是不合理的，原因是：如果遮破了有法的本
體，則宗法不成立，如果宗法不成立，就不能作為相違
因；再者，這些只是從欲說法的角度來分的，而並不是
從遮破法與有法方式的側面來分的。

卯二、宣說自宗之合理性：

明說暗說法有法，相違是以欲說致。

自宗認為，相違因依所欲說者來分安立為四類：
一、明說相違因：比如，無常的聲音是常有，是所作性
故。二、暗說相違因：例如，虛空是常有的作者，因為
它無功用的緣故。三、說法相違因：例如，此花是由空
中生長，因為具有芳香之故。四、說有法相違因：例

因
明
論
集

如，虛空之此花具光，無顏色故。這些都單單是從欲說的側面來分的，而並不是意義的運用有不同。

卯三、遣除於彼之辯論：

若謂真因亦相同，作用渺小故置之。

對方辯論道：按照相違分為四類的觀點，真因也同樣需要這樣區分。

即使這樣來分也未嘗不可，然而有說明外道認為相違是真因的觀點等存在著矛盾的必要，而對於真因，需要遣除這樣的邪分別的作用渺小，因此具德法稱論師才不破不立。

寅三、宣說承許其餘分類不合理：

意圖所說此二者，同等乃為所立故，

證成利他相違等，此三相違外不許。

如果有人認為：數論派聲稱眼等能利他，因為聚集之故，如同臥墊。他們運用次第與頓時聚集微塵作為因而擔心在佛教徒面前比喻不成立，而在口頭上說利他，但心裡的想法是利己，因為他們自以為神我是非聚集的有境，在以此建立能起作用的神我之間，完全口是心非，所以這種相違不包括在此中。

無論是心裡的意圖還是口中所說，自己的觀點都同樣是所立，因此並不承許數論派建立眼等利他的論式相違等也在此三種相違以外另立相違因。

壬三（彼等因之定數）分二：一、遮邊之定數；

二、彼等之功能。

癸一、遮邊之定數：

遮破他邊固定性，安立為因定數四。

凡是可應用的因只有一種真因與三種似因，依靠否定過多過少的其他邊而決定所有運用的因定數為四，原因是：因在宗法上有成立與不成立兩種情況，如果在宗法上不成立，則是不成似因；假設成立，則是決定證成所立的真因；如果決定遮破，則是相違因，倘若模棱兩可，則為不定因。只有以上這四種，不需要再多，如果少於此數也不能完全涵蓋。

癸二、彼等之功能：

所立之因有四種，功能亦當有四類。

所運用的因有四種，功能也相應有四類，依靠不成因，連懷疑也不能生起；憑藉不定因能萌生懷疑；借助相違因形成不承許的觀點；通過真因生起承許的決定。

庚二（說明由因所證之所立）分三：一、安立法相；二、認清事相；三、宣說有害宗法之相違。

辛一（安立法相）分三：一、觀待否定而說五種法相；二、觀待肯定而建立一種；三、遣除於彼之辯論。

壬一、觀待否定而說五種法相：

集量論說具五相。

《集量論》中云：「本體唯一說，自身許不違。」這其中講了所立具有五種法相。

因明論集

其中，本體：如果認定何法為所立，則依靠量力而在心前已經成立現在只是通過說出詞句來回想意義，這就不再成為所立，因此為了排除這種情況而需要一個不是它的法。

唯一：排除既是所立也是能立的情況後唯獨指出所立。

自身：有些立論者雖然沒有承認，但論典中說的一切內容就是當場的所立，因此排除與它不能相違的觀點以後，指明僅有立論者自身承許的觀點才是當場的所立。

承許：如果數論派立論者沒有說出，敵論者也沒有當面聽到，這不屬於所立，如前所說通過欺騙的伎倆來論證而不是心裡的意圖，將這種承許為所立的情況排除以後，指明心裡的觀點是所立。

不違：涉及下文中要講述的四種相違不應該被承許為所立，因此為了排除這種情況而說明需要一個涉及非它的法。

壬二、觀待肯定而建立一種：

理門論中所立許。

《理門論》⑥中說：「所立是承許宗法。」這其中觀待肯定而說了一種法相。

⑥《理門論》：《因明入正理論》的簡稱。印度陳那論師所著，喀什米爾學者拜同瓦同西藏釋迦比丘札巴堅贊於薩迦寺從梵文本譯成藏文。唐代玄奘於貞觀二十一年在弘福寺由梵譯漢。

第十品 觀自利比量

壬三、遣除於彼之辯論：

於此不遍及過遍，於因等同無諍辯。

有論師說：這其中，不遍於驟然比量，因為沒有承認之故；而且過遍於不符場合（未至時）的立宗，例如，有人問：「聲音是常有還是無常？」答覆說：「山上有火」也應成了所立；再者，如果所立需要承認，那麼因也同樣需要承認。

以上這三種辯論對此並無妨害，下面依次來說明：一、在驟然比量的時候雖然沒有直接承認，但由於當時的能立是突然性的，因而所立也是突然性的，可見間接已承認。二、如果承認所立，則它也是總的所立。三、對於因來說，假設具足三相，那麼即使不承認也成為因，倘若不具全三相，縱然承認也不能成為因，而所立必須直接承認或者以不同場合承認再依靠因來證成。

辛二（認清事相）分二：一、真實宣說；二、遣除諍論。

壬一、真實宣說：

承許所立之事相，分為真假證成妄。

名言共相執自相，即是所立之事相。

如果問：所立的事相到底是真實的還是假立的？

個別論師認為只是假立的共相，其實這種觀點是錯誤的，建立單獨的名言、義共相並不能證明自相，遮破它也遮破不了自相，自相是各自分開的，而在單獨的自

因
明
論
集

相上不能進行破立。

自宗認為：將名言共相耽著為自相的法與有法聚合之義本身就是所立的事相。

壬二、遣除諍論：

此立有實及無實，無有諍論之時機。

對此，有些論師說：諸如「聲音是常有嗎」如何能詮表所立，因為既然聲音與常有各自分開不是所立，聚合一起不可能成為所立。

駁：聲音無常或常有的遣餘心來認定而建立有實法或無實法，對此無可置辯。

辛三（宣說有害宗法之相違）分二：一、總安立；二、分別之自性；

壬一（總安立）分三：一、法相；二、分攝；三、遣除諍論。

癸一、法相：

相違成立宗上抵。

此相違的法相即是一經立宗就成立在所立的宗法上能排除的抵觸。

癸二、分攝：

五類歸納說四種，由對境言比量分，
由此相違說四類，現量比量事理量，
承許共稱乃增益，是故歸屬比量內。

《理門論》中所說的相違的分類，在《釋量論》中

將承許相違與自語相違合而為一，說有四種。在此按照後一種說法，從對境的角度，比量分為事理相違、承許相違與共稱相違⑥三種，再加上現量相違，共為四類。如果歸納起來，現量與比量是事勢理的量，因此各自分開，承許相違是與自己的承許矛盾，共稱相違是與一切世間的承認矛盾，它們是增益假立為量的相違，所以可包含在比量的範疇內。

癸三、遣除諍論：

謂如比量則現量，亦當分為二相違。

承許唯一是果因，可說不以現量成。

辯方說：如同比量中分出承許相違與共稱相違一樣，現量也該分為，所說的「無有二月而現量見為二月」的現量承許相違、依靠語言可以表達而認為不可言表的共稱相違兩種。

駁：這種觀點不合理，因為，「現二月」的現量承許相違，是由於親自說出「現二月」的緣故，才稱為現量，其實只是由詞句推知意義的果因，而不是其他，並且可以言表不是以現量成立。

壬二（分別之自性）分二⑥：一、現量相違⑧；二、

---

⑥共稱相違：本來藏漢大詞典中是極成相違，但不好理解，依照原義譯成共稱。

⑥此處科判與藏文稍有不同，藏文原釋中此處分為四種，一、法相；二、比量相違；三、信許相違；四、共稱相違，但根據結構本譯者認為如此來分似乎更有條理，請研學者予以觀察。

⑧現量相違：藏文中說是法相，但下面分別說的是四種相違，第一應該是現量相違，所以翻譯時將科判理順。

比量相違。

癸一、現量相違：

立宗即與受相悖，即是現量之相違。

任何義理一經立宗便與親身感受相對立，這就是現量相違，如云：「聲非所聞。」

癸二（比量相違）分三：一、事理相違；二、信許相違；三、共稱相違。

子一、事理相違：

如若三相事勢理，抵觸立宗因相違。

三相事勢理與立宗相違背，就是因相違（也叫事理相違），如云：「聲音是常。」

子二（信許相違）分三：一、法相；二、分類；三、分析意義。

丑一、法相：

可信之詞與立宗，抵觸信許之相違。

可信之語與立宗對立，即是承許相違（也就是信許相違）。

丑二、分類：

彼分承許與自語。

如果分類，按照《理門論》中所說分為承許相違與自語相違。

丑三（分析意義）分三：一、真實說明差別；二、以聖教之差別而分說；三、遣除於彼之諍論。

寅一、真實說明差別：

餘謂聖教與自語。阿闍黎許語差異。

集量論以一比喻，闡示聖教與自語。

理門論教另說喻。

前派其他論師說：這兩種需要辨別開來說「與聖教相違，與立論者自語相違。」

然而法稱論師認為僅僅是語言的差別而意義並無不同，因為《定量論》中明明說：「那麼，此等怎會絲毫差別也無有？那麼，如何各自分開表達？是以語言之差別而導致這樣的。」前者是承許前後相違，後者是自語直接間接相違。《集量論》中用「具所量之義的量不存在」這一個比喻來說明聖教與自語；而《理門論》中「既是善法又是在命終之後不賜自果安樂的同體」作為聖言相違的比喻來說明，這是在前者之外另行宣說的。

寅二、以聖教之差別而分說：

二量不害二所量，自語不害隱蔽事，

即是佛語我等教，說為歸攝比量內。

如果觀察任一聖教，則對於明顯所量與隱蔽所量來說，沒有現量與比量妨害，並且在指明時隱蔽、地隱蔽、相隱蔽事的時候，前後、直接間接相違的自語不能妨害，這即是如來的聖教。我們的所有聖教，理自在歸屬在比量當中，《釋量論》中云：「信許語無欺，總此地隱蔽，亦無時機故，慧許比量中……」

因明論集

是故以理成立教，乃是正量若不成，

則與自語等同故，即承許為能障性。

所以，如理如實成立的聖教是正量。本來按照這種言教來承認而在自己的耽著意義中不成立，那麼就與自語前後相違等同了，因此承許是對建立所立製造障礙。為了明確這一意義而說暫停偈：

非凡共稱教皆量，以量成立即聖教，

先許後察愚者舉，先察後許智者軌。

並非凡是共稱的教均是正量，以量成立才是聖教，首先承認是確實可信的聖教以後再觀察它合理不合理，是愚者之舉，首先觀察以理證實而承許為清淨聖教才是智者的風範。

寅三（遣除於彼之諍論）分二：一、遣除等同他宗；二、遣除能障不成所立之過。

卯一、遣除等同他宗：

謂違他教亦成彼。貪等非法離貪法，

非斷見者一致說，沐浴貪等因不違，

如此諸論非聖教。

對方說：與他教《吠陀》中說的依靠沐浴清淨罪業等相違也成為聖教相違，因為它們是聖教之故。

駁：貪嗔等不是正法，離貪等才是正法，這一點是除了持斷見的順世外道以外的內外宗派一致所說的，因此，在以承許此觀點作為前提的基礎上，能淨的沐浴與

所淨的貪等這兩種因並不相違，相互之間不該是能遣與所遣的關係。為此，這所有的論典中存在著自語相違，而不是聖教。

卯二、遣除能障不成所立之過：

若謂自語及論義，障礙之中僅生疑，

彼乃無咎之所立，故非宗法之過失。

此非由依障礙中，生起懷疑成為過，

是由彼詞不證成，所立安立為過失。

立宗表明自意樂，如若相違毀立宗。

是故有過之言詞，辯論之時招自負。

假設對方說：與自語相違、與論義相違的障礙僅是對所立產生懷疑，它對所立自身不構成過失，因此沒有理由說是宗法的過失。

駁：它不能充當宗法，因為在證成所立時，並不從詞句之間的障礙產生懷疑的角度而成為所立之過失的，而是從障礙導致那一詞句不能證成所立的側面安立為過失的。換言之，立宗就是表明自己的意樂，如果在立宗上存在著前後承許相違或者直接間接相違，勢必會像腐汁的優酪乳一樣毀壞那一立宗。可見，有錯誤的語言表達在辯論的場合中會造成自我失敗。因此，務必要斷除。

子三（共稱相違）分二：一、法相；二、決定彼之自性。

因明論集

丑一、法相：

立宗與世共稱悖，即是共稱之相違。

一經立宗便與世間共稱相矛盾，就稱為共稱相違。

丑二（決定彼之自性）分二：一、略說；二、廣說。

寅一、略說：

聲論派師所承許，名義直屬前已破。

隨意所說已證實，是故共稱亦成立。

外道聲論派師承許名詞與意義之間有直接相屬的觀點前文中已經遮破完畢，在遣餘品中，一切名詞是由欲說者隨意而運用的這一點也已經建立完畢，由此共稱也就得以立足。

寅二（廣說）分三：一、第一種說法；二、第二種說法；三、分析彼等之意趣。

《集量論》中說：「不共之故無有比量，與名詞已成之共稱相違，是故彼相違也非宗法。」抉擇這其中的意義分為三個方面。

卯一（第一種說法）分二：一、破他宗之觀點；二、說自宗之合理性。

辰一、破他宗之觀點：

依有之因能遮破，懷兔即是月亮說。

此無比喻凡有者，所有名詞可說故，

名詞之義存在者，可稱月亮故相違。

聲論派以「存在之故」的因，來破「懷兔可以稱為月亮」這一點，但實際上此因有成為不定因的過失，理由是，此因沒有不共的比喻，因為凡是存在的法，隨欲的所有名詞都可以言說之故，再者，凡是在分別念境中存在的名言義共相，就可以稱為月亮，所以此因也是相違因。由此可見，上面教證中第一段的意義是說明聲論派的因是不共不定因，後句的意思是說此因是相違因。

辰二（說自宗之合理性）分二：一、可說共稱；二、認清名詞已成共稱。

巳一、可說共稱：

世間使用名詞成，承許彼者即共稱。

彼於一切所知法，可故共稱遍一切。

有稱則謂共稱詞，於未共稱違世間。

於諸所知皆適宜，用共稱名如烹飪。

遵循世間準則所使用的名詞已成本身是可說共稱這一點是法稱論師所承許的。

也就是說，對於一切所知都可以稱呼的緣故，共稱遍及一切。其他論師說：對於以前沒有共稱者運用共稱的名詞，就像對瓶子稱呼月亮一樣，與世間共許相違。其實僅僅是對一切所知可以如此共稱這一點而用共稱之名詞的，就像具備烹飪能力的東西稱為食品、可以飲用的東西命名為飲料一樣。

巳二、認清名詞已成共稱：

可共稱於事成立，然依名稱與說意，

名詞若成即說成，故謂名成之共稱。

依於共稱比量證，相違不誤不可能。

單單可以如此共稱這一點儘管對於一切事物都成立，但是依靠名稱的命名與命名者想說的意圖的一個能詮名詞如果成立，那麼說明它對於一切事物可說共稱也就成立，因此叫做名言已成共稱。如此一來，懷兔可用月亮的名詞來表達這一點依靠共稱比量可以證成，由此可見，它在比量的對境上並不相違，如果相違，那麼無誤比量就不可能涉及了。

卯二（第二種說法）分三：一、宣說事理比量是可說共稱以外異體對境；二、破他宗之觀點；三、說明阿闍黎之意趣。

辰一、宣說事理比量是可說共稱以外異體對境：

共稱若由事理成，如比量境成決定。

依欲說意所命名，諸名無有何不用。

共稱如果是由事勢理所得出的，那麼如比量中所作與無常、煙與火一樣各自的對境決定是唯一，相反，由對方欲說的意樂來命名，所有名詞都沒有不可涉及的任何對境。

辰二（破他宗之觀點）分二：一、聲論派之因成為不共因；二、宣說自宗內道之其他說法不合理。

巳一、聲論派之因成為不共因：

是故涉及一切故，共稱於境不適用，

此說他喻難尋覓，非共同因如所聞。

因此，聲稱可以涉及一切的那一共稱，不涉及這一懷兔對境、以月亮不可稱呼的其他同品喻實在難以找到，由此運用存在的因就成了不共不定因，如同運用「聲是所聞」之因一樣。

巳二、宣說自宗內道之其他說法不合理：

乃為講說共相時，懷兔作為比喻已，

說明遍及諸所知，達哲非樹等亦同。

解釋《集量論》的有些論師說：阿闍黎的那一教證是說明由月亮的名詞推測可說共稱本身不存在比喻，所以它是不同不定因。

駁：這種說法不合理，原因是：這裡是在講可以共稱之共相的時候，是以懷兔作為比喻來說明這樣的道理在一切所知上決定可以說，而並不是其他意思，否則，用樹木的名詞不可稱呼達哲等也都同樣以世間共稱有害。

因明論集

辰三、說明阿闍黎之意趣：

冰片以及水銀等，以月亮名共稱他，

彼作比喻而證成，具涼光月共同因。

其實，懷兔用月亮的名詞可稱呼這一點並非沒有比喻，因為，由香配製成的冰片、由避穀術形成的水銀等也使用月亮的名詞來表達。因此，月亮的那一名詞也共

稱懷兔以外的其他事物，為此，由它作為比喻可以證明具涼光表示月亮是共同因。

諸所用名乃共同，若於一成於眾成，

此者乃為事勢理，若破共稱亦壞汝。

是故隨欲所命名，顯然普及一切法，

予以遮破世間害，故違共稱即意趣。

由於涉及欲說意樂之術語的所有名稱都是共同的，因而如果這一名稱在一個對境上成立，那麼在其他所有對境上也成立，這是事勢理。假設遮破可說共稱，那你們所承認的懷兔等觀點也將被毀壞。由此可見，如果對具有理由的名詞具涼光等進行分析，雖然不可能在一切事物上運用，但是像月亮一樣隨欲而命名的名稱可以在所有對境上使用的同時，如果否定不能在這一對境上使用，則以世間共稱可稱呼它成立的道理有妨害，因此是共稱相違。這就是法稱論師的密意所在。

卯三（分析彼等之意趣）分二：一、破他宗之觀點；二、說自宗之觀點。

辰一、破他宗之觀點：

有者將此分二種，術語名言之共稱。

若爾名言非此義，法相如是前已遮。

雖然有些論師將共稱分為僅以名相可耽著之術語共稱與決定義反體以名詞、心識可耽著之名言共稱兩種，但這是不合理的，原因是，如果以名相作為名言，那就

第十品　觀自利比量

不是符合此時的意義，名言的法相如此在前文中已經遮破完畢。

謂直耽著之可說，術語共稱亦有二。

講時雖有此二種，而應用時無差別。

是故二種之說法，講成直說耽著誤。

再者，藏地有些論師聲稱：從直接可說的義共相與耽著可說之有實法自相的角度而言是兩種術語共稱。

這種說法也不合理，因為，在講說的時候儘管有分開兩種的情況，而在運用的過程中是不可分割而運用的。鑒於此種理由，有些論師將《集量論》中的二種說法中講成後者是直接可說、前者是耽著應用完全是錯誤的，就算是反過來講，有無過失也一模一樣。由因證知所立也是指運用的場合，而不是指講說的場合。

辰二、說自宗之觀點：

前者名已成共稱，無比量故不可破，
抑或彼無對立方，由此決定故能害。
後者說明此共稱，比量對境之差別。
若知此理則成立，共稱相違智密意。

《集量論》的前一種說法表明：由於懷兔稱呼月亮是名言已成共稱，而沒有能害的比量，因此聲論派推翻不了或者無法否定這種觀點，或者是表明：名言已成共稱不存在相違的量，由此而決定的緣故，能駁倒聲論派不承認可說的觀點。後一種說法是為了說明共稱比量中

因明論集

的可說共稱從對境的角度來分是不同的。如果懂得這樣
來講解，那麼才能如實成立宣說共稱相違的《集量論》
智者的意趣。

量理寶藏論中，第十觀自利比量品釋終。

第十品　觀自利比量

第十一品　觀他利比量

戊二（他利比量）分三：一、他利比量之法相；
二、補特伽羅之安立；三、辯論語言之分類。

己一、他利比量之法相：

他利比量自所見，於他宣說之語言。

他利比量是指立論者將自身覺知的意義，通過推因
的方式在他者面前宣說的語言。

己二（補特伽羅之安立）分三：一、各自之法相；
二、勝負之安立；三、見證者如何建立之理。

庚一、各自之法相：

立論敵論見證者，次第立破與裁決。

立論者是指承認說出能立；敵論者是指承認說出反
駁；見證者裁決勝負。

庚二、勝負之安立：

辯論雙方以功過，實施制服及攝受。

如是而說有勝負，非爾無二論中說。

妄言諂誑雖制服，不許彼者有勝負。

對於立論者與敵論者雙方，通過說出有過失來制服
對方，說出功德而進行攝受。如此功過如果各自分開來
指出，則有勝有負。相反，如果平起平坐，則不分勝
負，這是《諍理論》中宣說的，此論中云：「敵論者
若已理解彼之事，則有勝負，否則雙方等同，不分勝

負。」通過誇大其詞的妄說以及狡猾的伎倆雖然制服對方，但阿闍黎不承認這種情況有勝負之分。《諍理論》中說：「若謂：為保護佛法，諸位正士以諂誑等方式制服亦許為取勝。並非如此，所謂拳擊、掌擊、刃擊、放火等作法並非護持佛教之殊勝方便。」

庚三（見證者如何建立之理）分二：一、總說制服與攝受之理；二、分別抉擇負處。

辛一、總說制服與攝受之理：

世許奪施制服攝，取捨宗派則承許，

正士折服及受持。

世間人認為，通過強取豪奪財物等途徑進行制服，依靠恩賜地位等方式進行攝受。而作為取捨宗派者，則承許正士折服錯誤、受持真諦。

辛二（分別抉擇負處）分二：一、宣說合理觀點；二、遮破錯誤觀點。

壬一、宣說合理觀點：

負處雙方共有四，乃知理者之意趣。

負處，對於立論者來說，有不說能立支、說非能立支兩種，對於敵論者來說，有不說過失、說非過兩種，如是辯論雙方分出的四種為定數，這是知理者法稱論師的意趣。

壬二（遮破錯誤觀點）分二：一、破雪域派觀點；二、破足目派觀點。

癸一、破雪域派觀點：

立論三二共六過，敵論三二亦有六，
見證有三皆有一，雪域派師許十六。
若是負處前含攝，非爾非為所制服，
於見證者無負處，竭力而為太過分。

雪域派諸位論師認為：對於立論者來說，對方問而不答、未問而答、說有過失三種，在除過期間不除過失，作相似回答、答非所問，總共有六種過失。對於敵論者來說，有問時不問、不該問而問、提出無關的問題三種，在該說過時不說過、說相似過、說不符場合的過失，總共有六種。對於見證者而言，有不加辨別、顛倒辨別、不合適宜而辨別三種，三者共同都有不專注聽一種，共有以上十六種負處。

這種觀點不合理，因為，如果是負處，那麼可以包括在前面四種之中，如果不能包括在其內，那就不是該制服的。對於見證者來說，不存在負處，原因是，如果是不能勝任見證者的一個人，則不能擔當見證者，如果能勝任見證者，那再竭盡全力加以制服，就太過分了，結果將無有止境。

癸二、破足目派觀點：

壞宗異宗相違宗，捨宗異因及異義，
不可解義與無義，缺義重言不至時，
缺減增加不能誦，不知以及不能難，

認許他難與避遁，忽視應可責難處，

責難不可責難處，離宗義及相似因，

即是足目本師說，二十二種之負處。

於彼具德法稱師，說彼部分非負處，

若是負處可歸二。

下列具體分析逐一說明：

一、壞宗：

所謂壞宗之負處，即是說非能立支。

對方聲稱：承許異品喻而立論說：聲是無常，是根之所量故。對此，如果承許共相是根之所量與常有的敵論者說：是根之所量故聲是常有。這顯然有害於前面的立宗，因此它是負處。

駁：關於這種情況，儘管敵論者的遮破會對立論者產生懷疑，但是不一定有害立宗，因此它屬於說非能立支，而另行安立不應理。

二、異宗：

所謂異宗之負處，了知遮破歸不定。

對方聲稱：對於某一立宗，以其他立宗作為能立。如前一樣在破聲是無常的立宗時，（立論者）觀察法的共相遍及一切、瓶子不遍及一切以後聲明第二立宗「如瓶子不遍一切一樣、聲音也不遍一切」，這時以其他立宗並不能建立那一立宗，因此它是負處。

駁：這種說法也不合理，因為這種情況只是說明不

遍一切的比喻瓶子是根之所量而共相不是根之所量的能立，並不是表明所立。假設對於某一立宗，運用其他立宗作為因，那麼能立就是不定因，所以這也包括在說非能立支當中。

三、相違宗：

立宗與因等相違，若說立宗無所需，

未說則成因三過，因無過失非負處。

對方聲稱：（一）比喻與立宗相違，比如說「聲是常有，如同瓶子」；（二）因與立宗相違，比如說「一切法是異體，會合運用有實法的名稱之故」。這些是與立宗相違的負處。

駁：這種說法也不合理，原因是：前者（比喻與立宗相違）不存在同品遍，因此是不定的過失，包括在說非能立支當中；後者（因與立宗相違），不承認一體，由此也不承認它所包含的會合是一體，因此沒有相違的機會。換句話說，如果立宗一經出口，那麼再說就是多此一舉，雖然沒有出口但意圖與因相違等可歸屬在因的三種過失任意一種當中，因的過失除了三種以外不可能再有別的，如果不存在過失，也就不屬於負處。

四、捨宗：

捨宗歸屬不定中，第二負處乃無義。

對方聲稱：首先立宗，隨後捨棄，比如以根之所量來建立聲是無常的因也可涉及共相，因此是不定因。在

遮破這種立論的時候，立論者改口說：誰說聲是無常了，斷然捨棄前面的立宗。這也是負處。

駁：這種情況是由對能立尚未獲得定解所導致，因此包括在不定因當中，這在先前說出不定的當時就該折服，而隨後作為第二個負處實屬無義。

五、異因：

異因如若詞圓滿，不定未完非負處。

對方聲稱：當有人立論說：對於某因，運用其他因作為能立，比如，此等別法自性是一體，因為有量之故，猶如泥碗等一樣。對此，敵論者反駁說：苦樂等的個別法中不見有量，所以此因不一定。這時，立論者連忙分辯說：這裡是指與苦樂等無關的其他別法。最初無有差別而建立，隨後又分別開來這就是異因，它也屬於負處。

駁：這種說法也不合理，原因是，如果前面的論式言語圓滿結束以後才安立陳述後者的話，則由於前者無有能力的緣故而成為不定因，假設話還沒有說完，那麼在一個所立當中會有使用多種因的情況，因此不該是負處。

六、異義：

異義立論不定故，負處敵論非過咎，
由說而言予折服，非為除此之負處。

對方聲稱：口出與本義毫不相干的其他意義，比如

對於「聲是常有，非所見故」的立論，反而說推理的「達（藏文）」是帶有「薩（藏文）」再後加字，這也是一種負處。

駁：這種情況另行作為負處不應理，原因是，如果是立論者，則不一定，因為是從說非能立支的角度而成為被折服之負處的；如果是敵論者，那麼是從說非過的角度而成為被折服之負處的，而得不到除此之外的負處。

七、無義：

無義說非能立支，此外他者實非有。

對方認為：口中所說的話沒有任何意義，就像字母的順序一樣來說也是一種負處。

駁：這種另行作為負處也不合理，因為這種情況屬於說非能立支而別無其他。

八、不可解義：

不可解義非義名，攝於說非能立中，

具義說三敵論者，不解絕非立論負。

此宗聲稱：如果對方說了三遍，還口出不懂之詞，就叫做不可解義，它也是一種負處。

駁：這也同樣不合理，如果是建立，故意當中以非共稱的名稱以及速度極其迅猛等原因的不可解義，則與無義相同，可包括在說非能立支中；假設具有如實的意義說了三遍，但敵論者仍舊一竅不通，那說明他太笨

因明論集

了，因此該屬於敵論者的負處，而不該是說者立論者的
負處。

九、缺義：

缺義誣賴無關語，歸屬非能立支中。

對方聲稱：說出前後毫無瓜葛的抵賴之詞，就叫做
缺義，因此是一種負處。

駁：這一負處也不應該在無義以外另立名目，可以
歸屬在說非能立支當中。

十、不至時：

不至時即序顛倒。如若解義非負處，

若不解義則歸屬，說非能立支之中。

對方聲稱：如果論式言詞的順序顛倒，那是一種負
處。

駁：如果能理解意義，就不是負處，如同說金質的
黃色瓶子或者黃色的金質瓶子沒有差別一樣。假設不能
理解意義，則包含在說非能立支當中。

十一、缺減：

缺減二支之過失，無立宗等非負處。

對方聲稱：如果按照下文中所講的辯論五支中任意
一者不齊全來表達，則是負處。

駁：依照我們的觀點，具二支的論式如果殘缺不
全，則不能理解意義，因此屬於過失，而無有立宗等並
不是過失，因為雖然沒有這些但也能懂得意義，所以不

該是負處。

十二、增加：

增說攝於非能立，汝之觀點非負處。

對方聲稱：增說是指因與比喻增加，也就是說，如果本來已經建立完畢，又添加說明，則是一種負處。

駁：這種情況按照承認論式有固定性的我們觀點而言，包括在說非能立支當中，因此算為過失，而對於你們這種沒有必要胡言亂語的宗派來說很難立為過失。

十三、重言：

重言詞重非過失，義重歸攝非能立，

彼亦論式立為過，長篇故事非為錯。

詞句重複：比如說「聲是無常無常」；意義重複：例如說「聲音是無常之有法、聲音是滅亡之有法」，這也是一種負處。

駁：詞句重複不需要另行表達，因為可以包括在意義重複當中。如果意義不重複，詞句重複也沒有過失，比如說「你高興就高興吧，看就看吧，吃就吃吧」之類的話。倘若意義重複，則屬於說非能立支。這種情況也是一樣，如果陳述論式，則立為過失，而在長篇小說當中並不是過失，因為擔心對方不懂的時候，一而再、再而三地向見證者等說明也並沒有錯。

十四、不隨說：

不隨說若敵論者，未說立論之諸言，

非過需說未宣說，則攝不能難之內。

對方聲稱：在眾會之中，立論者說了三遍，雖然對方已經一清二楚，但敵論者緘默不言，就叫做不隨說，這也是一種負處。

駁：敵論者只是沒有說出立論者的語言，並不是過失，因為最初誰也沒有許諾要一概隨著說以後再回答的緣故。如果需要說的沒有說，則包括在不說能立支或者不說過失即兩種不能難任意一者當中。在這裡，「汝亦……」一句，本是釋文遺失在頌詞中的。

十五、不知義：

不知義於敵論者，非為不能難之外。

對方聲稱：對於立論者所說的意義，見證者已經懂得，但如果敵論者沒有理解，則是不知義的負處。

駁：這也與不隨說一樣，對敵論者而言，它並不是不能難（不說過失）以外的負處。

十六、不能難：

不能難者屬不說，能立支抑不說過。

此派聲稱：繼對方口出語言之後，不予以答覆而說些無有意義的偈頌來消磨時間，這是所謂的不能難的負處。

駁：這種負處也包括在不說能立支或者不說過失當中。

十七、避遁：

避遁真實非負處，有狡猾歸不能難。

此派聲稱：當對方陳述辯論之詞時，如果聲稱「我沒有空」、「我病了」等等而放棄辯論，則是所謂避遁的負處。

駁：如果是為了生命或戒律而去辦不得不辦的事，或者的的確確是患了不能言語的病，又怎麼該是負處呢？如果是不知答案的狡猾伎倆，則歸屬在不能難當中。

十八、認許他難：

認許他難知不知，依次不定不說過。

此派聲稱：比如對方說「你是盜賊，是士夫之故」，對此回答說「你也同樣」。這種承認自方的過失以後順便歸咎於他方，就叫做認許他難的負處。

駁：如果是士夫就成了盜賊的話，那你也成了盜賊，實際上你自己不會承認這一點，由此說明是士夫對盜賊來說並不是真因，認識到是相似因的本相，因此自身並沒有過失。如果將它執為真因而自我承認是那樣進而誣過於他，那麼就屬於本是有過之因而不知有過，因此包括在不說過失當中。

十九、忽視應可責難處：

忽視應可責難處，辯雙不能難中攝。

立論者雖然運用相似因，但敵論者無法反駁、不能觀察而斷然放棄（，這是忽視應可責難處的負處）。

這種負處可以歸集在立論者不說能立支以及敵論者不說過失即辯論雙方不能難當中。

二十、責難不可責難處：

責難不可責難處，唯不能難之負處。

此派聲稱：本來並不是對方的負處，反而強加於他，就叫做責難不可責難處的負處。由於這種屬於決定推翻對方觀點的能力已經消盡而無計可施的情況，因此並不是不能難以外的負處。

二十一、離宗義：

彼者所謂離宗義，攝於不說能立支。

此派聲稱：比如，數論派承許「有」不毀滅，「無」不產生的宗義，又說主物唯一的自性現見多種現象，實際上「有」已毀滅，「無」已產生。這種失毀自宗的詞句脫口而出，就叫做離宗義的負處。

駁：這也包括在不說能立支當中。

二十二、相似因：

相似之因為負處。

此派聲稱：相似因是一種負處。

駁：這一點千真萬確，但是這一切均可包含在說非能立支或者說非過任意一者中，因此無需另行算為負處。

這以上關於足目派本師所說的二十二種負處的不合理性已宣說完畢。

第十一品　觀他利比量

接下來，講述外道所有似能破皆是相似因。如果有人問：似能破有多少種呢？

值遇未遇相似因，恆常無說與未生，

果法同法及異法，分別無異與可得，

猶豫知義及應成，皆是集量論所說。

觀理論謂增與減，言說未言及正理，

各喻所立無常作，生過相似似能破，

如是所許二十四，陳那已破法稱置。

下面依次來講解這些似能破的辨別：比如立論者立論道：「海螺聲（有法），是無常（立宗），由勤作所發之故（因），如同瓶子（比喻）。」這裡的因雖然是真因，但是對此，敵論者誣陷說沒有意義，下面是他們聲稱的二十四種似能破：

一、值遇相似⑥的似能破：如果因與所立相遇，那麼就像與大海的水值遇一樣成了一體。

二、未遇相似⑦：因與所立如果不相遇，則如同聲音是眼睛的所取一樣無法建立。

三、因相似：因若在前，所立還不存在，因而不能證成；如果因在後，則已經成立而無需因；如果因與所立同時，那麼就像牛角相對一樣不該是因與所立的關係。

---

⑥值遇相似，有譯至相似或到相似。

⑦未遇相似，有譯不至相似或不到相似。

三、常住相似：聲音具不具有無常，如果不具有無常，則由於不相關聯的緣故而不能充當所立，如果具備無常，則成了常有，因為自身不是無常的緣故。

四、無說相似：在沒有運用此因之前，聲音應成常有，因為依此證明無常之故。

五、無生相似：如果聲音由於勤作所發就成了無常的話，那麼已生就會因為無有勤作而成了常有。

六、果相似：聲音的勤作所發是聲音本身，因此由它不能證明聲音是無常，因為瓶子的勤作所成在聲音上不存在。

七、同法相似：瓶子與海螺聲二者同是勤作所成，如果能充當同品喻與具比喻者，那麼虛空與海螺聲同樣不是有情，因此虛空也能作為它的同品喻了。

八、異法相似：海螺聲與虛空截然不同，海螺聲是勤作所發，而虛空不是勤作所發，因此虛空不能充當海螺聲的同品喻。

九、分別相似：由於與瓶子無常是異法，故而聲音成了常有，因為瓶子已經熟透並是眼睛的所取而聲音未曾熟透並是所聞的緣故。

十、無異相似：勤作所發的常有（不存在），因為凡是由功用力所產生，均成立無常，涉及總體，而不單單涉及聲音。

十一、可得相似：勤作所發對於聲音而言並不是真

因，因為雖然沒有勤作也有聲音存在，比如，證成閃電是無常是以現量或者其他因來證明。

十二、猶豫相似：勤作所發是見到不明顯與前所未有產生兩者，對此關於它是明顯還是產生猶豫不定，因而依靠此因並不能證成無常。

十三、知義相似：如果勤作所發是無常，那麼非由勤作所發的閃電等常有依靠意義能夠了解。

十四、應成相似的似能破：如果憑藉因來證明聲音是無常，則需要運用唯有聲音是無常的因。

以上十四種似能破是《集量論》中宣說的。下面是《觀理論》中所說的：

十五、增益相似：聲音與瓶子相同的緣故應成色法。

十六、損減相似：瓶子與聲音相同的緣故應成非色法。

十七、言說相似：如果聲音成為所立，那麼由於理由等同的緣故，瓶子也應成了所立。

十八、未言相似：瓶子如果不成為所立，則由於理由等同的緣故，聲音也應成了非所立。

十九、正理相似：儘管由勤作所發來證明聲音是無常，但以非有情也能證明是常有。

二十、各喻相似：對聲音而言，如果運用瓶子作為比喻就成了無常的話，那麼運用虛空作為比喻就成了常有。

因明論集

二十一、所立相似：證成聲音無常，如果運用具五支的論式，則作為比喻的瓶子也需要運用具五支的論式。

二十二、無常相似：如果借助勤作所發的因來證成無常，那麼凡是由勤作所發為什麼不都安立為有法呢？理當安立，因為同樣是因所涉及的對境之故。

二十三、所作相似：倘若聲音不是由勤作所發，那麼就不能使用此因，如果是由勤作所發，則由於所聞也就是聲音本身，故而運用所聞也該可以。

二十四、生過似能破：依靠與瓶子等同來證明聲音是常有，就像黑暗中的瓶子先前不明顯當遇到光明以後就明顯露出一樣，聲音也是如此，雖然先前存在，但不明顯，當遇到外緣便顯露出來。

以上這所有的理論均可包括在相似因當中。對於前後加起來共計二十四種似能破，陳那論師已經遮破完畢，因此法稱論師不置可否。

總結偈：

未知此等似能破，講說諸大論典者，

多數未了前觀點，故乃籠統分開詮。

己三（辯論語言之分類）分三：一、由補特伽羅而分類；二、由必要而分類；三、由論式而分類。

庚一、由補特伽羅而分類：

三種人有六說法。

三種人共有六種說法，對立論者來說，有立自宗與除過失兩種；對敵論者而言，有詢問觀點與說過失兩種語言；作為見證者，有裁決與分析兩種語言，總共有六種。

庚二（由必要而分類）分二：一、建立自宗之語言；二、破斥他宗之語言。

辛一（建立自宗之語言）分二、一、真論式之分類；二、似論式之分類。

壬一（真論式之分類）分二：一、運用語言之方式；二、論式之作用。

癸一（運用語言之方式）分三：一、破他宗；二、立自宗；三、除諍論。

宣示三相真論式。

宣說三相齊全的能立即是真論式的法相。

子一（破他宗）分二：一、破前派觀點；二、破雪域派觀點。

丑一、破前派觀點：

五支立宗與應用，結論三者屬多餘，

周遍不全故非理。

因明前派運用五支，比如說：「聲音是無常，所作性故，如同瓶子，如同瓶子是所作性一樣聲音也是所作，為此證明聲音是無常。其中「聲是無常」是立宗，「所作故」是因，「如同瓶子」是比喻，「如同瓶子是

395

所作性一樣聲音也是所作性」這是應用，「為此證明聲
音是無常」作為結論。這裡立宗、應用與結論是多餘
的，並且有周遍不全的過失，故而不合理。原因是：如
果所謂的聲音並不是確定宗法的事，所謂無常也不是為
了確定周遍相聯而運用的，而只是立宗，那麼在對方補
特伽羅的面前，是不成的自性（即不成因）。即使說出
它，也不能生起符合事實的了達；就算是沒有說出，依
靠使用理由本身也能證明，因此純屬多餘。而且，應用
與因重複，結論與立宗重複，所以這兩支也實屬多餘。
雖然說了比喻，但在它上面，還需要說出能確定周遍關
聯所謂的「凡是所作決定是無常」，這也是欠缺的部
分。

丑二、破雪域派觀點：

二支亦用第三格，及第五格引立宗。

設若立宗未言說，語未圓滿故需問。

藏地有些論師承許兩支論式。諸如說「聲也是所
作」，應用第三格施事詞以及運用第五格出處詞是不合
理的，因為：以這樣有餘的語言來引出立宗，假設沒有
說出立宗，那麼它的語言尚未完整，仍舊需要過問，比
如說吃食物，雖然懂得了它的意思，但是說「已吃或由
吃」，自然還會詢問「吃的是什麼」，「由吃引出的是
什麼」。

子二（立自宗）分二：一、於愚者前論證方式；

二、於智者前論證方式。

丑一、於愚者前論證方式：

愚前應用簡與繁，二者先後無差異，

復加末尾結束詞。

在「瓶子」的上面所作以無常周遍，這一點儘管憑藉正量可以確定，然而在不能聯想到凡是所作決定是無常的辯方愚者面前，需要應用言詞簡短、意義博大的兩支齊全論式，因為必須依此而憶念三相的緣故。具體來說，同品遍與宗法具同品關係的語言，如云：「凡是所作均是無常，如同瓶子，聲音也是所作」；異品遍與宗法具異品關係的語言，如云：「只要不是無常也就不是所作，如同虛空，而聲音是所作。」其中，宗法與兩種周遍，無論先說後說，但實際上並無差別，因此先陳述宗法也可以。不管兩者中的哪一種，都需要加上結束詞。對上述具有周遍前提來說，在「聲音也是所作」的宗法上加結束詞，對具有宗法前提而言，在「瓶子」的周遍上加結束詞。

丑二、於智者前論證方式：

於智者前唯憑因。

在確定所作決定是無常並且口出此語的辯論智者面前，只要說出「聲音也是所作」這一因也就可以證實。

子三、除諍論：

謂與集量之虛詞，分析而說誠相違。

因明論集

彼乃第三格所攝，是故無有何相違。

對方辯論道：你們上面所說的只是以因就可以證實這一點與《集量論》中所說相違。此論中云：「欲求令他者，如自生決定，依宗法相屬，說所立棄餘。」這裡的相屬、所立之間要用連結詞「與」，需要這樣分析說明以後說出宗法、周遍（即相屬）與所立。

駁：但實際上並不是說相屬與所立，而是依相屬來說所立，是屬於第三格施事詞，所以並不相違，因為所立明明涉及到所立法的緣故。

癸二、論式之作用：

令他生起果比量。

在論式中使敵論者的相續中生起果比量，為此因取果名而作為他利比量的名言。

壬二（似論式之分類）分二：一、法相；二、分類。

癸一、法相：

運用錯誤之能立，即似論式之法相。

運用不正確的論式就是似論式的法相。

癸二、分類：

義理思路語言分，相似論式亦三種。

運用因三相不全，義理有過；雖然因三相齊全，但敵論者不可了知，思路有過；儘管能使對方了知三相，但立論用詞不妙，語言有過。通過這樣分類的途徑使得

第十一品　觀他利比量

似論式也有三種。其中在自利當中，只分析義理有過；而在利他過程中，也需要分析思路有過與語言有過。

辛二（破斥他宗之語言）分二：一、真能破；二、似能破。

壬一、真能破：

說過而除邪思維。對境本體用詞分，

故真能破有三類。

通過將過失說為過失的途徑來消除邪分別（，即是真能破的法相）。

分類：從對境的角度來分，包括說法相有過的真能破、說因有過的真能破與說所立有過的真能破三種。從本體來分，包括說義理有過的真能破、說思路有過的真能破與說語言有過的真能破三種。從用詞方式而分為自續真能破與應成真能破兩種。這些分類也是由過失的類別而導致的。

壬二、似能破：

似能破過不說過。外道藏地個別師，

雖作定數不合理。即不說過說非過，

詳細分類不可思。

似能破是指對於過失不說為過失。

對此，雖然外道與藏地有些論師承許二十二種負處、個別似能破的數目、義理思路語言有過等等作了各種各樣的定數，但這是不合理的，因為：這樣一來，即

使立論者運用真因而千方百計讚自毀他，或者講其他無關之語，也不包括在這些當中。為此，總的種類歸納起來就是不說過失與說非過兩種。如果對內部的類別還是一分再分，就會有不可思議的分類。

庚三（由論式而分類）分二：一、自續論式；二、應成論式。

從用詞方式來分，有自續論式與應成論式兩種。

辛一、自續論式：

自續論式前已說。

關於自續論式，前文中已經闡述完畢。

辛二（應成論式）分二：一、應成之安立；二、答覆方式。

壬一（應成之安立）分三：一、破他宗；二、立自宗；三、除諍論。

癸一（破他宗）分二：一、宣說對方觀點；二、破彼觀點。

子一、宣說對方觀點：

謂應成四分十四，諸雪域派如是許。

能遮不能遮遣中，真似應成各有七。

六種與半不招引，第七之半則招引。

雪域派的論師們這樣承許：一般來說，凡是運用應成論式都分為四類，從中又分出十四種。具體而言：根本的四種分類有因遍俱不成、唯因不成、唯遍不成、因

遍俱成。

其一、因遍俱不成：比如在佛教徒面前，立論說：「聲是常有故應成非所量」。

其二、唯因不成：如云「聲是無常故應成非所作」。

其三、唯遍不成：如云：「聲是所量故應成常有」。

其四、因遍俱成：分為四種，即因遍俱依量成、因遍俱依許成、因依量成遍以許成、因依許成遍依量成。

（一）、因遍俱依量成：「聲音所作故應成無常」這種應成論式在佛教徒前運用時，由於因與周遍依量和承許都成立，因此本無相違。在承許聲是常有者面前運用的時候，雖然因以量和承許都成立，但是周遍僅僅以量成立，而以承許不成立，因此它存在承許相違。

（二）、因遍俱依許成：「聲是眼所量故應成常」這一論式在承許「聲音是眼所量，若是眼所量決定是常有」者面前運用時，如果對方確定以量成立聲音是無常，那麼就會招致量相違，如果對方曾經承認（聲是常有），也有承許相違臨頭。如果尚未決定聲音是無常，那麼因周遍二者雖然以量不成立，但以承許成立，所以本無相違。

（三）、因依量成遍依許成：「聲音是所作故應成常有」這種論式在承認「聲音決定是所作、決定是常

因明論集

有」者面前運用時，如果對方確定聲音是無常以量成立，那麼就會有量相違。如果他曾經也承認（聲音是常有），那麼就有承許相違。假設仍舊沒有確定聲音是無常，則因以量和承許成立、周遍以量不成立卻以承許成立，因此本無相違。

（四）、因依許成遍依量成：「聲音是常有故應成非所作」這一論式在承認「聲是常有、決定是非所作性」者面前運用時，此中有無相違的方式與前相同也有三種。

以上十四種應成論式中，對於因遍俱不成，而答覆說「二者俱不成」；對於唯因不成，答覆說「因不成」；對於唯遍不成，答覆說「遍不成」；對於四種本無相違，而答覆「承許」。這七種是通過答覆能予以推翻。所剩餘的那些以答覆不能遮遣。其中，所有後面的這些是真應成，前面的是似應成，每一個各有七種。七種真應成中的有法作為所諍事，各自的因倒過來（也就是立宗與因更換）即是應成，法倒過來運用時，前面六種不引自續因，因為如果反過來則三相不全。這裡所說的第七類或者第四種當中的第四類——因依許成遍依量成當中，具有量相違也有下列兩種情況：如果以聲音的總反體作為有法，則因倒過來就是無常，這一點在聲音的總反體上並不錯，倘若以共相自相作為有法，則成了三相齊全，因此它的一半引出自續因，一半不引自續

因。

這以上是對方的觀點。

子二、破彼觀點：

自續因亦同等故，因無周遍相違故，

似能破定非理故，應成分四不應理。

分二不成屬多餘，相違似應成減缺，

無因遍成實錯謬，是故應成非十四。

如果應成因根本的分類有因遍二者不成等四種合理，那麼應成自續因也同樣該如此分類，理由相同之故。再者，倘若因不成立，則再分析周遍成不成立就如同已經絕命身亡仍然分析根存不存在一樣，顯然相違。因如果不成立，那麼就包括在不成的範疇內，無需另外分類。假設明明無有必要卻仍舊一分再分，就會變成了似能破的定數一樣，因此絕不應理，原因是：因一半不成立、遍一半不成立等應成無窮無盡。所以，應成因分為四類不合道理。如果在不成因之外另行分成「因遍二者不成」的兩種不成實屬多餘；而所謂的「遍相違」答覆的似應成「聲音所作故應成常有」純屬欠缺；本來無因而承許周遍成立顯然是錯誤的，由此可見，應成因分為十四種也完全不合理。

癸二（立自宗）分二：一、真應成因；二、似應成因。

子一（真應成因）分二：一、法相；二、分類。

丑一、法相：

說承許而立不許。

說出對方承許的觀點而建立對方不承許之觀點的語言（，即是真應成因的法相）。

丑二（分類）分三：一、引出能立之應成因；二、不引能立之應成因；三、舉例說明彼等分類。

寅一、引出能立之應成因：

建立應成具三相，雖非真實證成語，

反之則有立法相。有謂應成法倒轉，

引出建立之言詞。應成語引自續因，

宗法失毀諸論式，應成語引自續義，

語言反之非如實。

建立的應成因，需要具足三相是指，敵論者以實執承許其因，周遍以量成立，而立宗有量相違。真實說來，由於因以量不成立的緣故，不是真正的論式，但反過來說，具有以三相齊全來建立的法相。關於轉倒過來如何引出自續因的道理，有些論師說：「應成的法反過來引出建立的語言本身」。但實際上自續的周遍是以應成的周遍反過來引出的，可是宗法是間接引出而並不是直接引出，原因是，如果以應成的語言也能引出自續的宗法，就會失毀論式。所以，應成因的語言反過來只是引出自續因的意義，而並非原原本本引出語言。

寅二、不引能立之應成因：

真應成反不引義。

不引能立之應成因是指真應成因，也就是說，反過來，不引出意義的完整三相。

寅三、舉例說明彼等分類：

當知果自性法相，三不可得不招引。

餘真因皆引能立。倒轉四種引自類，

招引異類有十四。

在這一觀點中，一般來說，真因包括果因與自性因兩種、四種相屬對立不可得、依於不並存相違的十二種相違可得因，再加上依於互絕相違的兩種因，總共定數為二十。具有應成名稱的也有二十種，其中，如「瓶子不可得故應成瓶子無有」一樣的自性不可得應成、如「無煙之故應成無有煙因——功能無阻」一樣的果不可得應成以及如「不具項峰、垂胡故應成不是黃牛」一樣的能遍不可得當中的法相不可得應成，這三種不引自續因。

剩下來，包括其餘能遍不可得應成因在內的十八種都能招引能立，這一點務必要了知。其中倒轉過來引自類自續因有四種，引他類有十四種，全知大上師果仁巴說：「（所謂的十六種，）是在《量理寶藏論》蒙文版本的頌詞與注釋中見到的。」按照大師所說來講：前四種，例如，「有冷觸故應成無火」之類的自性相違自性

⑦十四：在自釋頌詞中有十六，但本釋作者已說明這是蒙文本中出現的。

405

可得應成因引出「無有冷觸，以有火故」之類的自性相違可得自續因；同樣，「有冷霜觸故應成無有檀香火」之類的能遍相違所遍可得應成因引出能遍相違所遍自續因；「存在汗毛直豎故應成無煙」之類的因相違果可得應成因引出因相違果可得自續因；「有觀待故應成不定」依於互絕相違之相違所遍可得應成因引進出自類之自續因。

後十四種，以「無火故應成無煙」之類的因不可得應成因引出「有火，有煙故」果可得自續因；以「有煙故應成有火」之類的果可得應成因引出「無煙，無火故」因不可得自續因。這兩種因不可得與果不可得相互位置顛倒。十二種相違可得中的三種前面已經宣說完畢。

剩餘九種當中，三類相違自性可得：以「有霜觸故應成無火」之類的自性相違所遍可得應成因引出「無有霜觸，有火之故」之類的能遍相違自性可得自續因；以「存在汗毛直豎故應成無火」之類的自性相違果可得應成因引出「無有汗毛直豎，有火之故」一類的因相違自性可得自續因；同樣，以「有冷觸之親因故應成無火」一類的自性相違因可得應成因引出果相違自性可得自續因。

三類相違果可得：以「有霜觸故應成無煙」之類的因相違所遍可得應成因引出能遍相違果可得自續因；以「有冷觸之親因故應成無煙」一類的因相違因可得應成引出果相違果可得自續因；以「有冷觸故應成無煙」之類

的因相違自性可得應成因引出自性相違果可得自續因。

三類相違所遍可得：以「有冷觸故應成無有檀香火」一類的能遍相違自性可得應成因引出自性相違所遍可得自續因；以「有汗毛直豎故應成無有檀香火」一類的能遍相違果可得應成因引出因相違所遍可得自續因；以「有冷觸之親因故應成無有檀香火」一類的能遍相違因可得應成因引出果相違所遍可得自續因。此相違可得在自續因中不可能有因可得因，但是在應成因中完全可以，這是因為對方的承許成為應成因的緣故。互絕相違當中，關於量有害相違前面已經講述過。而在此，能遍相違可得：以「是常法之故應成非所作性」的相違所遍可得應成因引出能遍相違可得自續因。能遍不可得因與自性因互相倒轉過來：以「無樹故應成無沉香樹」之類的能遍不可得應成因引出自性自續因，以「有沉香樹故應成有樹」之類的自性應成因引出能遍不可得自續因。

子二、似應成因：

　　　　　說許未立不承許。

儘管說出承許的觀點，卻沒有建立起不承許觀點的應成因就是似應成因，這類因以回答能夠駁倒。

癸三、除諍論：

謂若承許乃是因，則成容有第四因，

承許若不堪當因，以應成證不合理。

於他遍計之假立，以應成證無過失。

因明論集

有些其他外道聲稱：如果承許可以作為因，那麼所謂的承許因就成了第四真因出現於世，如果承許不能作為因，那麼應成的宗法就不得成立，由此一來所謂以應成來建立的這種方式顯然不合理。

駁：作為自續因，如果連立論者自己都不能證實，則無法建立所立，因此只是他宗承許並不能作為因。可是對於應成因來說，完全不同，原因是，為了指出承認某法的所遍同時不承認能遍的其他愚者遍計所執的假立自相矛盾這一點，才以應成來建立，因此並沒有過失。

壬二（答覆方式）分二：一、破不合理觀點；二、說合理觀點。

癸一、破不合理觀點：

雪域諸師如是說，應成答覆三方式。

相違不定變成一，若許似因變成二。

最終一切相似因，皆攝不成一者中。

若謂不成分二同，抑或相違彼成錯。

雪域派諸位論師說：應成的回答決定有因不成、遍不成、承許三種方式。

駁：如果這樣的話，則單單涉及異品的相違因與俱涉同品異品的不定因二者就成了一種所謂的「遍不成」。如果承認這一點，那麼似因就成了定數為二，並且由於這二者同等都是不成的緣故，到最後，所有的似因均稱為「不成因」了，結果答覆也成了歸屬在一種

「不成」當中。

假設對方說：雖然是二者不成，但需要分為因不成與遍不成，因為如果沒有分開，則不能認識清楚，所以辯論起來不方便。

駁：這種說法也與前面一樣，或者對「遍相違」說為「遍不成」這是錯誤的，比如，「聲音所作性故應成常有」，「所作是無常」有什麼過失呢？如果對此說「遍不成」，那麼間接已承認所作可能存在常有。

癸二、說合理觀點：

是故智者應成答，以四方式而答覆，
以答不能顛覆者，隨從彼乃智士軌。
何者了知諸破立，正理論典之教義，
彼等智者得受持，圓滿正覺教真義。

因此，智者認為，應成的回答是以相違、不定、不成、承認四種方式來答覆。如果是以答覆無法推翻的真應成觀點，那麼，不以懷恨與其餘方法臨陣脫逃而毫不遲疑地跟隨以量成立的觀點，才是智士的風範。任何補特伽羅通達了如此建立合理觀點與駁斥非理觀點，才能領會正理論典的無垢教義，也只有這些智者才能以不被他奪的智慧真正受持圓滿正等覺純潔的聖教。

量理寶藏論中，第十一觀他利比量品釋終。

因明論集

甲三（造論究竟之事宜）分三：一、造論之方式；二、此善迴向佛果；三、宣說作者尊名而對論典起誠信。

乙一（造論之方式）分五：一、宣說作者智慧超群；二、宣說依何而造；三、宣說造論之真實必要；四、宣說是故當依智者；五、以此理由而決定。

丙一、宣說作者智慧超群：

以往生世反覆依，精通智者潛研習，

今生略聞一二次，根嘎嘉村遍知論。

在以往的生生世世中，勤勤懇懇、反反覆覆依止過精通論典的諸位智者，而且在這些並不是只知其一不知其二的了不起的諸位大智者面前，曾經潛心研學過善說及注釋的所有法理，這間接已經說明在今生今世裡，只是略聽一二就能無一遺漏、輕而易舉地了達所有論典的句義，具有如此智慧者就是根嘎嘉村吉祥賢，實際上與至尊文殊菩薩無二無別。

丙二、宣說依何而造：

全勝陳那法稱師，集量釋量彼諸釋，

通達了知因明理，造此正理勝理藏。

作者對於克勝一切敵論者、具德陳那論師與法稱論師的大論典《集量論》及《釋量論》等因明七論連同此等的其他注釋通達無礙，由此對因明理證道的無誤密要的道理瞭若指掌以後，才撰著了這部照亮殊勝正理之道

的《量理寶藏論》。

丙三、宣說造論之真實必要：

為摧淡黃足目師，裸體派師鴟梟子，

受持現世美論士，聲聞雪域諸論師，

彼等惡劣邪尋思，方造此部大論著。

受持淡黃仙人之觀點的數論派承許二十五諦，秉持足目論典的吠陀派、鴟梟子觀點勝論派承許六句義，名為著虛空衣的裸體派承許九句義，現世美受持順世外道的論典，聲聞有部、居於雪域一帶夏、桑、丹等論師承許反體在外境中存在等等自我杜撰的論典各式各樣，正是為了摧毀這些學說的惡尋思，才造了這部大論典。

丙四、宣說是故當依智者：

雖具些微智力未得善說髓，

日夜勤奮論典略知未究竟，

時刻精進禪修背離佛喜道，

濁世滿足之士慎思依智者。

儘管擁有少許的智力，然而並沒有得到善說的精華或者本義；雖然日日夜夜勤奮努力，可是對論典只是一知半解而並沒有窮究到底或者探索究竟；即使時時刻刻修禪打坐，也只是稍稍壓制了分別妄念而完全背離了佛陀歡喜的正道，誤入歧途，目睹以上情形，作者不禁感慨道：悲哉！濁世的人士僅僅一知半解就滿足了，這些人一定要認真思索取捨功過的道理，再度依止宣講真實

因明論集

要訣的智者。

丙五、以此理由而決定：

棄說七論正理即如此，老生常談我說此法理，

知理智者縱然歡喜此，多次聽聞亦非愚行境。

我薩迦班智達闡述這番法理，完全拋棄了說什麼「因明七論中所說的無誤正量真如就是如此如此」之類老生常談的陳規。想必憑藉具有俱生與修行智力而精通正理要點的那些智者一定會認可此論並滿心歡喜，然而由於本論的含義殊勝深奧，因此即使多次聽聞，也恐怕不會成為愚者的行境。

乙二、此善迴向佛果：

依憑善說啟開慧眼已，如實善示所知真如義，

以此善願得見萬法智，而成一切有情之依處。

作者這樣發願：依靠善說打開具有緣分的諸位補特伽羅的慧眼，進而以如理如實認認真真地闡釋甚深微妙所知真如的這一善根，願獲得現量徹見一切深廣含義的智慧，最終成為無偏一切有情的究竟殊妙依處。也作了這樣的發願。

乙三、宣說作者尊名而對論典起誠信：

此《量理寶藏論》，乃出生於印度北方雪域，於聲明、因明、聲律學、詩學、修飾詞、辭藻學名言之一切學問無所不知、具有講辯著才華、無誤通達《集量論》與因明七論、於教理竅訣獲得智慧光芒的釋迦比丘根嘎

造論究竟之事宜

412

嘉村吉祥賢，捨棄措辭語調，淺顯易懂而詮釋，於薩迦寺撰著。

這部《量理寶藏論》，是出生於印度金剛座經過百由旬的北方雪域地帶，對於斷定詞句相違相屬的聲明學、斷定意義之相違相屬的因明學、聲律學、擁有吸引智者優美詞句的詩學、辨別其功過的修飾詞、明曉真名假名道理的辭藻學以及工巧學等所有學問無所不知、無所不曉，從而在講辯著方面才華橫溢，尤其是有關因明《集量論》、因明七論的密意無誤通曉，並對如來的所有教典的教證、決定了義的理證以及輕易通達要義的竅訣獲得了智慧光明，釋迦比丘名為根嘎嘉村吉祥賢，捨棄精心醞釀的措辭語調，而是淺顯易懂地詮釋了要義，於眾多功德寶之源——薩迦寺謹撰。

注釋之後復言：

依三觀察竅訣金剛劍，　盡斬不悟邪悟懷疑網，
爾後獲得堅定之誠信，　即是引向解脫道妙車。
唯以俱生慧見難了論，　衡量才華微薄依眾多，
大善知識竅訣之明燈，　懸掛心間稍見秘要點。
應成論式機器長旋轉，　雖能大大有助理解義，
然為初學輕易而悟入，　掃除自身遺忘之憂書。
此之無餘探究阿秋尊，　善說名為賜語吉祥論，
開顯應成論式若涉足，　惠賜不被他奪之定解。
諸友今生切莫茫茫然，　自慧若未研習諸所知，

因明論集

遍知遙遙猶如虛空際，　此說金剛教義銘記心。

願依勤此善月之光芒，　教法證法睡蓮笑開顏，

驅散眾生一切之意暗，　獲得寂靜清涼勝休養。

願我亦於世世得眼滿，　承蒙諸善知識所攝受，

依斷違屬銳利金剛語，　折服邪說攝受具緣者。

此《量理寶藏論釋.開顯因明七論燈》，大堪布全知香巴根嘎丹畢嘉村、圓滿正覺至尊上師蔣揚欽則旺波為主的眾多殊勝導師足下恭敬頂戴者蔣揚洛德旺波撰著，本人幼年在法相院⑫期間於佛教尊勝寺的大堪布麥彭桑給繞吉與通達五明的大智者阿巴雅西日芒座下無誤聆聽過因類學，尤其在石渠的瑪哈班智達麥彭秀雷南嘉蓮足下長期依止而完整得受了《釋量論》與《量理寶藏論》的講解，期間將凡是記在心中的撰寫成文，後來也觸及自宗確鑿可靠的書籍而淺顯易懂撰寫，以此善根祈願教法證法如意寶繁榮興盛、長久住世。薩瓦達嘎拉雅囊巴瓦德！

2005年12月11日譯畢

造論究竟之事宜

⑫法相院：佛教徒辯論顯教佛學的經院。

因類學

全知麥彭仁波切著

索達吉堪仁波切譯

頂禮文殊菩薩！

下面對因類學加以分析，通常而言，運用論式進行推理，就是因的法相，如果宗依成立，那麼決定可以充當因。分別來說，因分為了知而捨棄的似因與了知而取受的真因兩種。

甲一、似因：

乙一、法相：所運用的任何因三相不全，就是似因的法相。

乙二、分類：有不成、不定與相違三種。

丙一、不成因：

丁一、法相：在欲知法上所運用的因不成立。

丁二、分類：分為於外境上不成、觀待心前不成兩種。

戊一、於外境上不成因也包括四類：

己一、有法不存在：例如，勝義的聲音（有法）……無論在此法上運用任何因，都會由於有法不存在而使宗法不成立。

己二、因不存在：例如……是兔角之故。無論在任

何有法上運用，但由於不是有法的因而使宗法不成立。

己三、有法與因俱無：例如，勝義之聲音（有法），常有（立宗），是兔角之故（因）。這裡的有法與因均不成立。

己四、有法與因雖有但無關聯：此類因又分三種：

庚一、因在欲知法上不容有：例如，聲音（有法），是無常（立宗），是所聞之故或者是眼所量之故（因）。

庚二、因在欲知法上不遍：例如，聲音（有法），決定以識為前提（立宗），是士夫勤作所發之故（因）。

庚三、因在欲知法上有遍不遍二分：例如，顯現二月的根識（有法），是現量（立宗），是無分別、不錯亂之故（因）。雖然無分別成立，但是不錯亂不成立，所以對此要以「不成」來回答。

而過遍是不定，不能以「不成」來回答，因而它不包括在內。於外境上不成因共有以上六類。

戊二、觀待心前不成因也分為四類：

己一、有法不成：例如，在尚未確定是食肉鬼的瓶子，是珠寶還是燈盞的情況下將珠寶作為有法。

己二、因不成：例如，（瓶子是無常，）由離貪者所作故。（在沒有確定是具貪者所作還是離貪者所作的情況下運用此因。）或者，正當對是煙是氣猶豫不決的時候，運用煙作為因。

己三、有法與因俱不成：例如，食肉鬼的瓶子（有

法），是無常（立宗），所作性故（因）。

己四、有法與因關聯不成：此因又分為不容有、不遍、有遍不遍二分。

庚一、不容有：例如，在認為聲音是非所作性者面前立論：聲音（有法），是無常（立宗），所作性故（因）。

庚二、不遍：例如，在承許詞語有士夫所作、非所作兩種情況者面前立論：詞語（有法），非天然形成（立宗），由士夫所作故（因）。

庚三、有遍不遍二分：例如，在承許大多數有實法是無常而認為自在天等可能是常法者面前立論：自在天（有法），是遷變性（立宗），是無常與有實法的同體之故（因）。

現在的善法，是以前的善法，是善法之故；孔雀，在中間的山谷中，傳出孔雀聲之故。這類因是不定的，而不是不成因。觀待立論者等其他情況包括在這其中，例如，聲音是無常，是勤作所發之故：如果考慮勤作所發的聲音，則是外境的真因，而不是不成因；如果考慮聲音內部的水聲等，則是不成因。對總的聲音而言，也是不成因。因此需要這般分析說明。

如此一來，觀待心前不成因也有六類。

綜合起來，不成因共有十二類。

丙二、不定因：

丁一、法相：對於證成所立指出懷疑的因。

因明論集

丁二、分類：總體分為不共不定因與共同不定因兩種。

戊一、不共不定因：又包括反體無異之不共不定因、反體有異而俱不涉二品之不共不定因。

己一、反體無異之不共不定因：包括依因一體、法因一體、依因法一體、聚義因一體四類。

庚一、依因一體：例如，聲音（有法），是無常（立宗），是聲音之故（因）。

庚二、法因一體：例如，聲音（有法），是無常（立宗），是無常之故（因）。

庚三、依因法一體：例如，聲音（有法），是聲音（立宗），是聲音之故（因）。

庚四、聚義因一體：例如，聲音（有法），是無常（立宗），聲音是無常之故（因）。

己二、反體有異而俱不涉二品之不共不定因：包括外境與心識兩種。

庚一、外境不共不定因：例如，聲音（有法），是無常（立宗），是所聞之故（因）。因於同品異品中無而不見。

庚二、心識不共不定因：因於同品異品中有而不見，例如，此士夫（有法），從天界轉生而來（立宗），有眼之故（因）。到底是不是從天界轉生還不能得出結論，因此是於同品異品中不見而存有懷疑。同品中有而

418

不見、於異品中無而不見，也屬於心前不共因。例如，在承認聲是常有者面前立論：聲是無常，所作性故。在與之相反的吠陀派面前立論：吠陀（有法），是常有（立宗），所作性故（因）。

戊二、共同不定因：

己一、法相：既涉及同品也涉及異品。

己二、分類：有外境與心識兩種。

庚一、外境共同不定因：稱為有實法的不定因，它包括四種。

辛一、同品異品俱遍，例如，聲音（有法），是無常（立宗），是所量之故（因）。

辛二、同品遍異品遍不遍：例如，聲音（有法），應成勤作所發（立宗），是無常之故（因）。

辛三、異品遍同品遍不遍：例如，聲音（有法），應成非勤作所發（立宗），是無常之故（因）。

辛四、同品異品俱遍不遍：例如，海螺聲（有法），是所聞（立宗），是勤作所發之故（因）。

庚二、心識共同不定因：也就是觀待心有餘不定因，包括真正有餘與相違有餘兩種。

辛一、真正有餘共同不定因：例如，聲音是無常，所作性故。如果在不了知所作與常有相違者前運用「聲音是無常，所作性故」的論式，對方於同品中見而於異品中不見，但不能確定在異品中不存在而產生懷疑。

因明論集

辛二、相違有餘共同不定因：例如，在不了知常有與所作相違者面前運用「聲音是常有，所作性故」的論式時，對方察見在異品中有，而沒有察見在同品中有，但認為可能在同品中存在，因此相違有餘也同樣是具有懷疑的有餘。或者，以其能發言的因來推測此人不是全知或是全知，雖然似乎是兩種有餘，但由於成為同時涉及對境的同品異品，因此另行不存在。

丙三、相違因：

丁一、法相：依靠某因必定顛倒證成所立。

丁二、分類：有外境相違因與觀待心前相違因兩種。

戊一、外境相違因：包括逆所破相違因與逆能立相違因兩種。

己一、逆所破相違因：顛倒列舉不可得因。（即能破因與所破法二者相違，例如，大火蔓延之地有持續發生的冷觸，以是大火蔓延之處故。）

己二、逆能立相違因：自性因、果因與所立顛倒。（也就是能立因與所立法相違，例如，聲音是常有，所作性故。）

戊二、觀待心前相違因：包括所立相違因與所破相違因兩種。

己一、所立相違因：例如，在承許「聲音是常有」者面前立論：海螺聲（有法），是無常（立宗），是聲

因類學

音之故（因）。

已二、所破相違因：例如，在承許「存在不新生」者面前立論：瓶子（有法），非不新生（立宗），存在之故（因）。

相違因共有以上四類。對此以「相違」來回答。

觀待心識也可以作為似因，但依此不會成為非真因，實際上不是能立，而在心前不管是真因還是似因，都不可能是真因。所以，一定要對實際的似因與真因加以分析。

甲二、真因：

乙一、法相：三相齊全。其中第一相——宗法：此因在欲知法上成立非有否定。第二相——同品：所立隨著因而存在。第三相——異品：所立一經倒轉，因也隨之倒轉。

決定三相齊全的方式：推理的因在所諍事上成立，在同品喻中存在，因在異品喻上倒轉，通過決定這一點的方式來確定某因作為所立的理由，進而由此因來證明所立，這是我們一定要明確了知的。

因此，將似因與真因的所緣區分開來以後，用量引發的定解於對境上進行破立。其中建立，也有建立其是、建立其有兩種。由於所量是隱蔽性的，而不是自然顯露，因此需要借助可以推測它的其他法來比量推理。也就是需要依賴與自身一體的法或者與自身異體的相違

因明論集

421

任意一者來證成某法，因為依靠毫不相干的他法不能證成它。

乙二、分類：有自性因、果因與不可得因三種。

丙一、自性因：與所立同體的法作為因來證成欲知法，三相齊全，就是自性因的法相。

證成因聚合可以生果，從是因本身可生果無有差別的部分而歸屬在自性因當中。

丙二、果因：將與所立彼生相屬的果安立為因，證成欲知法，三相齊全，就是果因的法相。從味推色、從色推處推出其他實體，也是與自相續聚合一體的因法推知果因。

丙三、不可得因：

丁一、法相：運用遮破所破而具全三相的因就是不可得因的法相。

丁二、分類：有可見不可得因與相違可得因兩種，其中僅以不可見不可得雖然不能證明無有，但通過可見不可得的途徑遮破自之本體，以與之相違的他法可得也能破除所破。

戊一、可見不可得：

己一、自性不可得：例如，某地瓶子可見不可得。

己二、因不可得：例如，以火不可得而遮破煙。

己三、果不可得：例如，以煙不可得來遮破其因，即推出火不存在。

因類學

己四、能遍不可得：以樹不可得否定沉香樹。其中，（自性與能遍不可得）是通過遮破同體相屬的所遍自之本體或者它的能遍而使相屬法消失，其餘二者（因與果不可得）彼生相屬境消失而使相屬法不復存在，這一點務必要通達。

戊二、相違可得：

兩種相違中的不並存相違，以能害熱觸的本體與果二者摧毀所害冷觸之因、果、本體與所遍四者的八種因是無誤的。單單火的因不是能害，所遍在火以外另行分類沒有必要，假設僅以數目的最極類別來分倒也可以。在此過程中，分辨清楚建立方式可得這一點至關重要。

互絕相違，真實的互絕相違雖然不可能運用在因與立宗上，但彼之差別的間接相違可得，如此一來，共有九種相違可得因。

以上三種真因總計有十三類。

以某因所立的法相以無有以量已證、以量已違，就認定為欲知法，其中以量已證：例如，聲音是所聞。以量已違：例如，聲音非所聞。不涉及欲知法：例如，聲音刺耳的瓶子等，不能作為所立。而將適合場合的意義、立論者立宗建立、敵論者承許破除的一法就定為所諍事。

此因類學，乃由嘉揚麥彭仁波切親筆手稿中摘錄。

因明論集

下面根據本人（麥彭仁波切）的《智者入門》而寫：

三相齊全是真因的法相，真因的論式中有果因、自性因與不可得因三種。

一、果因：

法相：以果的理由推測因。

分類：分為以下五類：

（一）親因證成因果：例如，有煙的山上（有法），有火（立宗），有煙之故（因）。

（二）先因證成因果：例如，空中的裊裊輕煙（有法），是以自因火為前提（立宗），是煙之故（因）。

（三）總因證成果因：例如，近取蘊（有法），帶有自因（立宗），是暫時有實法之故（因）。

（四）別因證成果因：例如，顯現藍色的根識（有法），帶有自己的所緣緣（立宗），是根識之故（因）。

（五）因法推知果因：例如，口中的糖塊（有法），有色（立宗），有味之故（因）。

二、自性因：

法相：依靠同體相屬來證成就是自性因。

分類：

（一）觀待差別自性論式：例如，聲音（有法），是無常（立宗），所作性故（因）。

（二）淨盡差別自性論式：例如，聲音（有法），是無常（立宗），是有實法之故（因）。

因類學

三、不可得因：

分為不現不可得與可現不可得兩種。

（一）不現不可得：例如，前面的這個地方（有法），看不見食肉鬼的補特伽羅不能確定食肉鬼到底存不存在（立宗），因為其不現不可得之故（因）。

（二）可現不可得：分為所緣可現不可得與相違可得兩種。

1、所緣可現不可得，分為四類：

（1）

自性不可得：例如，這個房間（有法），無有瓶子（立宗），可現而以量不可得之故（因）。

（2）

因不可得：例如，夜晚的海面（有法），無有煙（立宗），無火之故（因）。

（3）

能遍不可得：例如，那邊的石寨（有法），無有沉香樹（立宗），無樹之故（因）。

（4）

親果不可得：例如，無煙的院落內（有法），無有煙的親因⑦（立宗），無煙之故（因）。

2、相違可得：分為依於不並存相違與依於互絕相違的兩種相違可得論式。

因明論集

---

⑦親因：此處藏文中是親果，但應該是親因。

（1）依於不並存相違的相違可得論式包括二十種論式：

其一、自性相違自性可得之所破因：例如，那邊（有法），無有冷觸（立宗），以火蔓延之故（因）。

其二、因相違自性可得之論式：例如，那邊（有法），無有冷觸之親因——功能無阻（立宗），以火蔓延之故（因）。

其三、果相違自性可得：例如，那邊（有法），無有寒冷的後果——汗毛直豎（立宗），無有檀香火之故（因）。

其四、所遍相違自性可得：例如，那邊（有法），無有霜觸（立宗），以火蔓延之故（因）。

其五、自性相違果可得：例如，那邊（有法），無有冷觸（立宗），濃煙噴起四處彌漫之故（因）。

其六、因相違果可得：那邊（有法），無有冷觸之親因——功能無阻（立宗），濃煙噴起四處彌漫之故（因）。

其七、果相違果可得：那邊（有法），無有寒冷的後果——汗毛直豎（立宗），濃煙噴起四處彌漫之故（因）。

其八、能遍相違果可得：那邊（有法），無有霜觸（立宗），濃煙噴起四處彌漫之故（因）。

其九、自性相違所遍可得：那邊（有法），無有冷觸（立宗），檀香火蔓延之故（因）。

其十、因相違所遍可得：那邊（有法），無有冷觸之

因類學

親因——功能無阻（立宗），檀香火蔓延之故（因）。

其十一、果相違所遍可得：那邊（有法），無有寒冷的後果——汗毛直豎（立宗），檀香火蔓延之故（因）。

其十二、能遍相違所遍可得：那邊（有法），無有霜觸（立宗），檀香火蔓延之故（因）。

（2）互絕相違：

直接互絕相違，雖然不可以安立為因與所立，但在運用間接相違的所遍中遮破能遍的違品，例如，聲音，是無常，所作性故或者勤作所發故。這也包括在自性因的論式中。

麥彭仁波切撰寫，善哉！吉祥！

2005年7月15日譯畢

因明論集

因
類
學

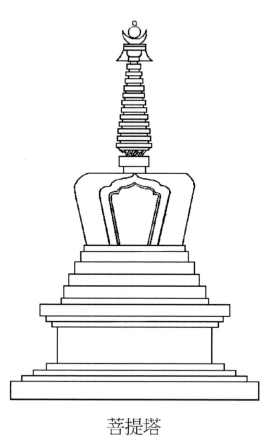

菩提塔